층간소음
갈등 분쟁 관리의
이 론 과 실 제

저자 소개

이순배 (사)한국심리상담복지학회장
분노관리 융합과 소통의 기술(교문사, 2021) 외 다수

이원유 전) 여주대학교 간호학부 교수
지역사회간호학(퍼시픽, 2023) 외 다수

박형규 전) 오산대학교 경찰행정학과 겸임교수
경기도 B아파트 층간소음관리위원회 위원장

강윤석 (사)대한층간소음관리사협회 대표이사
(사)전국아파트입주자대표 평택시 지회장

홍자영 한국 진로 적성코칭센터 대표
놀이지도(교문사, 2018) 외 다수

김명희 광운대학교 정보과학교육원 아동학 교수
언어구성별 언어활동의 실체(공동체, 2015) 외 다수

이경노 마음심리발달연구소 소장
유아과학지도(교문사, 2018) 외 다수

한철조 (사)한국심리상담복지학회 전임교수
대한민국혁신대상 (주)크린버텍 대표이사

송민석 중앙대학교 원격미래교육원 교수
경영학 원론(북넷, 2017) 외 다수

김종대 경희대학교 글로벌미래교육원 지도교수
시니어 매거진 편집위원

김영삼 (주)한울건설 상무이사
기업과 경영(북넷, 2024) 외 다수

이국형 (사)한국심리상담복지학회 전임교수
기업과 경영(북넷, 2024) 외 다수

노영기 상담심리치료학 박사
한국형 에니어그램 강사

층간소음 갈등 분쟁 관리의 이론과 실제

초판 발행 2024년 3월 20일

지은이 이순배 외 12명
펴낸이 류원식
펴낸곳 교문사

편집팀장 성혜진 | **책임진행** 윤정선 | **디자인** 신나리 | **본문편집** 박미라

주소 10881, 경기도 파주시 문발로 116
대표전화 031-955-6111 | **팩스** 031-955-0955
홈페이지 www.gyomoon.com | **이메일** genie@gyomoon.com
등록번호 1968.10.28. 제406-2006-000035호

ISBN 978-89-363-2572-5(93330)
정가 22,000원

층간소음
갈등 분쟁 관리의
이 론 과   실 제

이순배 · 이원유 · 박형규 · 강윤석 · 홍자영 · 김명희 · 이경노
한철조 · 송민석 · 김종대 · 김영삼 · 이국형 · 노영기   지음

교문사

층간소음 갈등 분쟁 해결로 아름다운 이웃 간의 삶

급변하고 있는 이 시대는 물질만능주의와 배금주의 정신으로 인간의 기본 틀(frame)이 되는 인성교육이 무너지고 있다. 이러한 현대사회의 변화 속에 '화와 분노'에 따른 갈등 분쟁은 지속적으로 증가하고 있다.

'화와 분노'는 인간의 핵심 감정이나, 오늘날에는 순기능보다 역기능으로서 표출되는 경우가 많다. 타인에게 과도한 분노 표출로 이른바 사회적 갑질(abuse of power)이라 불리는 사건들이 많이 발생할 뿐만 아니라 우발적인 분노 표현이 심각한 사건으로 이어지면서 폭행, 살인사건 등 사회적 문제로 대두되고 있다.

급속한 산업의 발달로 인구가 도시로 집중하게 되면서, 좁은 면적에 많은 사람들이 생활하기 위한 고층 아파트가 늘어났다. 이에 국민의 약 70퍼센트가 공동주택에 거주하게 되었고, 그에 따른 이웃 간 분쟁, 생활 속 분쟁, 환경 관련 분쟁, 건축 관련 분쟁 등의 발생 사례가 급속도로 증가하고 있다.

층간소음 문제는 공동주택 세대 간 갈등의 쟁점이 되고 있으며, 층간소음에 대한 갈등이 원만하게 해결되지 않아 폭행, 방화, 살인으로까지 이어지고 있는 실정이다. 이웃과의 층간소음은 과도한 스트레스, 신경쇠약증 등 심리적·정신적 어려움을 유발하며, 이러한 고통을 호소하는 사람들이 늘어나 심각한 사회문제가 되고 있다.

층간소음 갈등 분쟁을 해결하기 위한 다양한 대책이 마련되어 있기는 하나, 상황을 극복하기에는 체감도가 낮고 층간소음의 피해자가 되면 무엇을, 어떻게 해결해야 할지 몰라 갈등을 원만히 해결하기에는 부족한 게 현실이다.

층간소음 갈등에 직면했을 때 우리는 무엇을 할 수 있을까? 어려운 층간소음 문제를 어떻게 해결할 수 있을까? 사람들은 각자 처한 상황은 물론 소리에 대한 민감도도 다르기 때문에 자신의 '화와 분노'의 감정을 다스리고, 역지사지(易地思之)로 상황과 마음을 이해하고 배려하며, 소통하는 능력을 키울 필요가 있다.

이 책은 사회적 이슈인 '층간소음 갈등 분쟁 해결'을 위한 이론과 실제를 겸비할 수 있도록 현장에서 주역을 담당하고 있는 전문가와 함께 공동집필하게 되었으며, 책의 출간 목적은 다음과 같다.

첫째, 층간소음은 공동주택에서 흔히 발생하는 문제로 이론적인 배경과 실제 사례를 다루어 '화와 분노'의 감정 관리로 갈등의 원인과 특성에 대한 본질을 이해하고 해결책을 모색할 수 있다.

둘째, 층간소음 갈등 관리 전략과 중재 방법을 제시하여 층간소음 갈등을 효과적으로 해결할 수 있는 지침을 제공할 수 있다.

셋째, 공동주택 내에서 상호 존중과 배려를 강조하는 문화를 조성하고, 사회적 조화를 이루는 방안을 모색할 수 있다.

넷째, 연구자와 실무자들에게 유용한 정보를 제공할 수 있고, 이를 통해 층간소음 갈등 관리에 대한 연구와 실무의 발전을 도모할 수 있다.

다섯째, 층간소음 갈등에 대한 사회적 인식을 높이고, 사회 전반에 걸쳐 갈등 관리의 중요성을 강조하는 데 기여할 수 있다.

이 책은 층간소음 갈등 분쟁의 중재와 상담을 통해 '인간의 삶의 질'을 높이는 데 기여함과 동시에 이론과 실제를 체계화하여 '서로 사랑하고, 더불어 살며, 행복한 삶'을 영위할 수 있도록 하였다. 책의 구성은 총 3부 13장으로, 누구나 알기 쉽게 체계적으로 정리하였다.

제1부 '층간소음 갈등 분쟁 관리의 이해'는 제1장 소음ㆍ진동의 발생 원인에 대한 이해, 제2장 소음ㆍ진동의 생리와 감각, 제3장 층간소음 갈등 분쟁 관리, 제4장 층간소음 갈등 분쟁의 이해로 구성하였다.

제2부 '층간소음 갈등 분쟁 관리 방법'은 제5장 '층간소음 분노의 이해', 제6장 '층간소음 분노의 원인과 결과', 제7장 '층간소음 분노 관리의 이해', 제8장 '층간소음 분노 대처 방법 및 예방', 제9장 '주거환경의 층간소음 갈등 분쟁 예방'으로 구성하였다.

제3부 '층간소음 갈등 분쟁 관리의 실제'는 제10장 '층간소음 갈등 분쟁 해결 전략', 제

11장 '층간소음 갈등 분쟁 사례 관리', 제12장 '층간소음 예방을 위한 관리 방법', 제13장 '층간소음 예방을 위한 발전 방향과 과제'로 구성하였다.

일상생활에서 자주 발생하는 이웃 간의 분쟁, 특히 층간소음에 대한 분쟁조정 절차를 알지 못해 피해를 입고 분쟁 중인 이들에게 현장실무자가 직접 그 해결 방법을 제시하고, 조언함으로써 '자신의 감정'을 다스리고 '이웃 간의 갈등'을 해소하는 데 큰 도움이 될 것이다.

국토부 '공동주택 층간소음 개선방안'에 따르면 2024년 10월부터는 500세대 이상의 공동주택에서는 '층간소음관리위원회' 설치가 의무화된다. 이로써 지역주민 조정인 양성과 층간소음갈등분쟁관리사 교육이 이루어지게 된다. 이는 지역사회의 분쟁을 해결하는 데 대립과 반목보다는 상호 양보와 협상을 통한 분쟁 해결이 '서로에게 좋다'는 인식으로 지역사회 전반에 자리 잡으리라 생각된다. 또한 층간소음갈등분쟁관리사의 역할로 지역 내 층간소음 갈등 분쟁 문제도 쉽게 해결할 수 있는 효과와 함께 주민의 삶의 질도 높아지리라 기대한다.

향후 책의 미흡한 부분에 대해서는 독자들의 다양한 충고를 겸허히 받아들여 후속 연구에서 학문의 깊이를 보완하고자 최선의 노력을 할 것이다. 끝으로 이 책이 나오기까지 많은 도움을 주신 이원유 교수님, 박형규 교수님, (사)대한층간소음관리사협회 강윤석 대표이사님 외 집필진과 교문사 류원식 대표님 및 영업부 정용섭 팀장님, 편집부 여러분들의 노고에 감사를 드린다.

2024년 2월 (사)한국심리상담복지학회에서 집필진과 함께

대표저자 이순배

차 례

PART

1

층간소음 갈등
분쟁 관리의 이해

CHAPTER

1

소음 · 진동의
발생 원인에 대한 이해

소음과 진동은 일상생활에서 불편함과 문제를 일으킬 수 있으며, 적절한 관리 및 제어가 필요하다.
소음 및 진동 관련 문제에 대처하기 위해서는 물리적인 특성과 원인을 이해하는 것이 중요하다. 이
장에서는 소음 · 진동의 개념, 음의 단위 · 음장 · 공명과 음의 잔향에 대해서 살펴보고자 한다.

+ 소음 · 진동의 개념을 정의한다.
+ 소음 · 진동의 영향을 파악한다.
+ 층간소음 허용 기준을 파악한다.

1. 소음·진동의 개념

1) 소음의 개념

(1) 소음의 정의

소음은 주로 불쾌하게 느껴지는 음향의 일종이며, 무질서하고 불규칙한 파동으로 특징지어진다. 소음은 주변 환경에서 원치 않게 발생하는 음향 현상으로, 일상생활에서는 도로 교통, 인공적인 기계 소음, 음악이 아닌 소리 등이 여기에 해당한다. 소음은 소리의 강도(음압의 진폭), 주파수(음의 높낮이), 지속 시간 등 다양한 요소에 의해 특징화되며, 소음이 과도하게 발생하면 건강에 해를 미칠 수 있고, 주변 환경의 편안함을 감소시킬 수 있다(한영란 외, 2022).

(2) 소음의 분류

소음은 주로 발생원, 주파수, 용도, 인지적 특성 등에 따라 분류된다. 아래는 주요한 소음의 분류이다.

① 발생원에 따른 분류

㉠ 자연 소음(Natural Noise) : 풍화, 파도 소리, 동물의 울음 소리 등과 같이 자연적으로 발생하는 소음이다.

㉡ 인간 활동 소음(Human Activity Noise) : 교통 소음, 산업 소음, 건설 소음 등과 같이 인간이 활동할 때 발생하는 소음이다.

② 주파수에 따른 분류

㉠ 저주파수 소음(Low-Frequency Noise) : 주로 기계 및 산업 장비, 발전기 등에서 발생하는 낮은 주파수의 소음이다.

㉡ 고주파수 소음(High-Frequency Noise) : 주로 차량의 경적 소리, 비행기 엔진 소음 등과 같이 높은 주파수의 소음이다.

③ 용도에 따른 분류

- ㉠ 주거 소음(Residential Noise) : 주거 지역에서 발생하는 소음으로, 교통 소음, 이웃의 소음 등이 있다.
- ㉡ 상업 및 산업 소음(Commercial and Industrial Noise) : 공장, 공사현장, 상업시설 등에서 발생하는 소음이다.
- ㉢ 교통 소음(Transportation Noise) : 도로, 철도, 항공 등 교통수단에서 발생하는 소음이다.

④ 인지적 특성에 따른 분류

- ㉠ 유용한 소음(Desired Noise) : 음악, 대화, 자연 소리 등과 같이 우리가 원하는 소음이다.
- ㉡ 불쾌한 소음(Annoying Noise) : 특정 상황에서 불쾌하게 느껴지는 소음, 예를 들어 교통 소음이나 인접 이웃의 소음 등이 있다.

이 외에도 다양한 소음의 분류가 있을 수 있으며, 소음의 특성은 환경과 상황에 따라 다르게 경험될 수 있다. 소음 관리 및 통제는 이러한 다양한 소음 유형을 이해하고 고려하여 이루어져야 한다.

(3) 세계보건기구의 환경 소음 가이드라인

세계보건기구(World Health Organization, WHO)는 소음이 인간 건강에 미치는 영향을 고려하여 환경 소음에 대한 가이드라인을 제공하고 있다(2018). 세계보건기구(WHO)의 환경 소음 가이드라인은 다양한 소음 소스로부터 인간 건강에 미치는 영향을 평가하고 관리하기 위한 권고사항을 제시한다. 주요 내용은 다음과 같다.

① 쾌적성 평가

소음의 쾌적성을 평가하기 위해 사람들이 소음을 어떻게 인식하고 평가하는지에 대한 정보를 제공한다. 이는 소음이 인간의 생활에 미치는 영향을 평가하는 데 중요한 지표이다.

② 건강 영향

소음이 인간 건강에 미치는 다양한 영향을 고려한다. 이러한 영향에는 청력 손상, 수면 장애, 심리적 영향 등이 포함된다.

③ 소음 허용 기준
소음 허용 기준을 제시하여 소음 노출의 안전한 수준을 평가하고 관리하는 데 도움을 주고 있다. 이는 주거 지역, 상업 지역, 공공 공간 등 다양한 환경에서 소음 수준을 제어하는데 도움이 된다.

④ 소음 관리 및 감소 방법
소음 관리 및 감소를 위한 다양한 방법을 제시하고 있다. 이에는 소음저감 장치의 사용, 교통 및 산업 소음 관리, 도시 계획 및 건축 설계에 대한 권고사항 등이 포함된다.

⑤ 사회적 · 경제적 영향
소음이 사회 및 경제에 영향을 미치는 방법에 대한 연구 및 분석을 수행한다. 이는 소음 관리 및 감소의 중요성을 강조하고, 보다 건강하고 지속 가능한 환경을 조성하는 데 도움이된다.

세계보건기구(WHO)의 환경 소음 가이드라인은 국가 및 지역에서 소음 관리 정책과 규제에 영향을 미치는 중요한 참고 자료이다. 이러한 가이드라인은 소음 관리 및 소음에 따른 건강 영향을 최소화하기 위해 의사결정을 지원하는 데 사용된다.

(4) 소음에 대한 사회적 반응
소음에 대한 사회적 반응은 주로 사람들의 소음에 대한 인식, 태도 및 행동에 대한 것을 의미한다. 소음이 주변 환경에 미치는 영향은 매우 다양하며, 이에 따라 사람들의 반응도 다를 수 있다. 아래는 소음에 대한 사회적 반응의 주요 측면이다.

① 인식과 태도
사람들은 주변 소음을 어떻게 인식하고 있는지, 그에 대한 태도는 어떠한지가 중요하다. 일부 사람들은 소음을 불쾌하게 느끼고, 건강에 해로운 것으로 인식할 수 있으며, 이러한 경우에는 소음에 대한 부정적인 태도를 가질 수 있다. 반면 어떤 사람들은 소음을 차분하게 받아들일 수도 있다.

② 행동 및 대응

사회적 반응은 종종 소음에 대한 행동과 대응으로 나타난다. 예를 들어, 소음이 심한 환경에서는 사람들이 귀를 막거나 고요한 장소로 이동하는 등의 대응을 할 수 있다. 또한 공공장소에서는 소음을 줄이기 위한 정책과 규제가 시행될 수도 있다. 학교나 주택지에서의 주·야간 소음 허용 기준을 책정하여 관리하기도 한다.

③ 사회적 관계와 의사소통

소음이 주변 사람들과의 사회적 관계에 어떤 영향을 미치는지도 중요하다. 소음으로 인해 이웃 간에 갈등이 발생할 수 있으며, 이를 해결하기 위한 적절한 의사소통이 필요할 수 있다. 예를 들면, 공동주택에서의 이웃 간 층간소음 문제로 인한 갈등 발생 시 이에 대한 신속한 소통을 통하여 갈등을 해결하도록 한다.

④ 정부 및 기관의 역할

정부 및 기관은 소음에 대한 사회적 반응을 이해하고, 이에 대한 대응책을 마련해야 한다. 이를 위해 공공 정책 및 규제, 환경 소음 관리 방안 등을 개발하고 시행함으로써 사회적 반응을 관리할 수 있다.

소음에 대한 사회적 반응은 지역, 문화, 환경 및 개인의 차이에 따라 다를 수 있다. 따라서 소음 관리 및 소음에 대한 대응책을 마련할 때에는 이러한 다양성을 고려하고, 상황에 따른 문제 해결 방안을 마련하여 소음을 미리 예방하고 관리하는 것이 중요하다.

(5) 소음 허용 기준

세계 각국의 소음 허용 기준은 국가마다 상당히 다를 수 있다. 이러한 기준은 환경, 건설, 국민 건강 등 다양한 측면에서 규제되고 있으며, 각국의 상황에 맞는 독자적인 소음 허용 기준을 정하고 있다(정정호, 2013). 다음은 일부 국가의 소음 허용 기준이다.

① 미 국

미국의 환경보호국(EPA)은 주로 공공 및 주거 지역에서의 소음 수준을 관리한다. 소음 허용 기준은 지역과 사용 용도에 따라 다르며, 주로 지역 음향 규제 및 환경 보호 기관에서 규정되고 있다. 일반적으로 사용되는 측정 지표는 A-가중 데시벨〔A-weighted decibels, dB(A)〕이며, 주로 주택, 상업지역, 산업지역 등에 따라 다른 소음 허용 기준이 적용된다. 일반적으로 주택지역의 경우 주간에는 65dB(A), 야간에는 55dB(A)로 제한하고 있다.

② 한 국

한국의 소음 허용 기준은 「환경 소음 관리법」에 의해 규제되고 있다. 미국과 마찬가지로 A-가중 데시벨을 사용하며, 주거지역, 상업지역, 공장 등에 따라 소음 허용 기준이 다르게 적용된다. 대표적인 소음 허용 기준은 주거지역의 경우 주간에는 55dB(A), 야간에는 50dB(A)로 정해져 있다.

③ 유럽 연합

유럽 연합은 각 회원국이 소음 규제를 갖고 있다. 예를 들어, 독일은 도로와 철도의 주변 지역에서 주간에는 약 59dB, 야간에는 약 49dB의 소음을 허용하고 있다.

④ 일 본

일본의 소음 허용 기준은 지역에 따라 다르다. 일반적으로 주거지역의 경우 주간에는 약 55dB, 야간에는 약 45dB 이하로 유지하는 것이 원칙이다.

⑤ 중 국

중국의 소음 허용 기준은 주로 도시 및 주거 지역에서의 소음을 규제하는 데 중점을 두고 있다. 중국의 소음 규제는 지역에 따라 다르다. 도시 및 주거 지역, 도로, 공항, 공장 등의 주변 지역인 경우 야간에는 약 50dB 이하로 유지하는 것이 원칙이며, 공원, 학교, 병원 등 공공장소 야간에는 약 45dB 이하의 소음이 유지되도록 규제되고 있다.

각 나라별 소음 허용 기준은 환경과 건강에 대한 고려사항을 반영하며, 지역별, 사용 용도별로 차이가 있다. 소음 관리에 관련된 법규와 규정은 지속적으로 변경될 수 있으므로, 현지의 규제를 정확히 확인하는 것이 필요하다.

(6) 층간소음 측정 기준

층간소음은 건물의 다른 층 간에 발생하는 소음으로, 주로 바닥에서 발생한 소음이 아래층으로 전파되어 발생한다. 각 국가 및 지역에서는 층간소음에 대한 허용 기준을 제시하고 있다(정정호, 2013; 조의행, 2013). 다음은 몇 개 국가의 층간소음 허용 기준에 대한 설명이다.

① 미 국

미국에서는 층간소음에 대한 규제가 각 주에서 정해지고 있다. 주로 사용되는 측정 지표는 음향 투과 등급(Sound Transmission Class, STC) 및 충격 절연 등급(Impact Insulation Class, IIC)이다. STC는 공기를 통한 소음을, IIC는 충격음을 측정한다. 일반적으로 STC 50 이상 및 IIC 50 이상이 권장되며, 이 수치가 높을수록 층간소음이 감소한다.

② 한 국

한국에서는 층간소음에 대한 규제가 「주택 및 건축물의 소음 및 진동 방지에 관한 규칙」에 의해 정해지고 있다. 주로 측정 지표로는 공기음전송 소음지수(공기음전송등급, ASTC)와 충격음 흡수성능 등급(AIIC)이 사용된다. 이 법에서는 ASTC 55 이상, AIIC 55 이상이 권장되고 있다.

③ 일 본

일본에서는 「주택 및 건물 소음 대책법」에 따라 층간소음에 대한 규제가 이루어지고 있다. 측정 지표로는 에어본 노이즈 애플리케이션 측정 기준(AN) 및 임팩트 노이즈 발생 기기 측정 기준(IN)이 사용되며, 각각의 규격에 부합하는 수치가 요구된다.

④ 영 국

영국은 층간소음 측정을 위한 각자의 규정과 기준을 가지고 있으며, 이는 건축 및 주택 건설에서 층간소음을 측정하는 데 적용된다. 영국에서는 층간소음을 측정하는 데에 건물 내 소음 및 진동에 대한 지침을 제공하는 표준 BS 8233을 사용하는데, 이 표준은 주로 건축 및 도시 계획 분야에서 층간소음을 평가하는 데 사용된다. 건축 규정 승인 문서 E(Building Regulations Approved Document E)는 영국 건축 규정의 일부로서, 건물 내 소음 제어에 대한 요구사항과 층간소음뿐만 아니라 외부 소음 및 진동에 대한 제어도 다룬다.

⑤ 독 일

독일은 층간소음 측정에 대한 규정과 기준을 마련하여 건축 및 주택 건설에서 층간소음을 측정하는 데 적용하고 있다. 독일의 층간소음 측정 기준은 다음과 같다.

㉠ DIN 4109 : 독일의 건축 기준 중 하나로, 건물 내 소음 및 진동에 대한 요구사항이 다르며, 이 표준은 건축 및 건설 분야에서 층간소음을 평가하고 제어하기 위한 지침을 제공한다.
㉡ VDI 4100 : 주거환경에서의 소음에 대한 기준을 제공하는 지침으로 층간소음 측정에 대한 명확한 절차와 기준을 제시하고 있다.

층간소음 측정은 국가에 따라 다양한 기준과 방법이 사용된다. 여러 국가에서는 소음 측정을 위한 다양한 표준과 규격을 제정하고 있다. 이러한 규격은 소음 측정을 표준화하고, 다양한 환경에서의 소음에 대한 평가를 가능하게 한다. 각 국가별로 환경 및 산업 분야에 맞는 특정 표준을 적용하여 층간소음을 예방하기 위한 노력을 하고 있다.

2) 진동의 개념

진동은 물체가 주어진 축을 중심으로 주기적으로 움직이는 현상을 의미한다. 물체가 수평, 수직 또는 각도를 포함한 어떠한 방향으로든 진동할 수 있다. 진동은 일반적으로 탄성체에서 발생하며, 외부 힘에 의해 물체에 가해진 탄성 복원력이 작용함으로써 발생한다. 진동은 음향의 원리와도 관련이 있으며, 일반적으로 음파나 파동의 형태로 나타날 수 있다.

소음과 진동은 종종 연결된 개념으로 본다. 예를 들어, 기계나 차량의 작동 소리는 엔진의 진동으로 발생할 수 있다. 건물 내부에서 발생한 진동은 다른 구조물을 통해 소음으로 전달될 수 있다. 층간소음이라는 맥락에서는 주로 발생 원인, 전달 경로, 소음의 특성 등을 함께 고려하여야 갈등을 해결하는 데 도움이 될 것이다.

3) 소음 · 진동의 발생 원인에 따른 대응책

소음과 진동은 건물 내에서 다양한 원인으로 발생할 수 있다. 발생 원인에 대한 이해를 통해 적절한 대응과 해결책을 찾을 수 있다. 다음은 소음 및 진동의 원인에 따른 대책이다.

(1) 발걸음 소음
① **원인** : 상층에서 발생한 발걸음 소음이 하층으로 전파될 때 발생한다.
② **대응책** : 바닥재 교체, 특수 소음 차단 패드나 장치 사용, 실내화 착용 등을 유도한다.

(2) 생활 소음
① **원인** : 텔레비전, 라디오, 음악 등 생활 소음이 벽을 통해 전파될 때 발생한다.
② **대응책** : 벽재 및 천장재의 소음 차단재 사용, 가구 배치 변경, 음향 패널 등을 설치한다.

(3) 구조 소음
① **원인** : 건물의 구조적인 특성에서 비롯된 소음으로, 파이프, 배관, 계단 등에서 나오는 소리가 해당된다.
② **대응책** : 소음 차단 장치 설치, 건물 구조 개선, 소음 발생원의 재배치 등을 한다.

(4) 기계 및 전기 장치 소음
① **원인** : 공기조화장치, 냉장고, 선풍기 등의 기계적 장치나 전기 기기로 인한 소음이 발생할 수 있다.
② **대응책** : 소음이 적은 제품으로 교체, 소음 차단 장치 사용, 설치 장소 변경 등을 한다.

(5) 건물 외부 소음
① **원인** : 도로 교통, 공항 소음, 인접 건물에서의 소음이 외부로 들어올 때 발생한다.
② **대응책** : 창문 및 벽재의 소음 차단재 사용, 특수 창문 장치 설치 등을 한다.

(6) 진동 소음

① **원인** : 건물 내에서 발생한 진동이 다른 공간으로 전달될 때 발생한다.

② **대응책** : 진동 차단 장치 및 바닥재의 진동 차단 재료 사용, 진동 저감 설비 도입 등을 고려한다.

(7) 시설 공학적 요인

① **원인** : 건물의 설계 및 시설 공학적인 측면에서 비롯된 소음과 진동이 발생할 수 있다.

② **대응책** : 건축 설계 시 소음 및 진동을 고려한 최적의 구조를 고려하고, 안전한 시설설비를 구축한다.

이러한 발생 원인에 대한 이해를 기반으로, 갈등을 방지하고 적절한 대응책을 찾기 위해서는 소음의 종류와 특성을 정확히 파악하고, 각 상황에 맞는 솔루션을 적용하는 것이 필요하다.

4) 소음 · 진동의 허용 기준

고요하고 편안한 상태가 필요한 주요 시설, 주거 형태, 교통량, 도로 여건, 소음 진동 규제의 필요성 등을 고려하여 소음한도를 초과하거나 초과할 우려가 있는 지역을 우선하여 규제지역으로 지정한다.

「소음 · 진동관리법 시행규칙」 제25조(교통소음 · 진동의 관리 기준)에 의한 도로와 철도 주변에서의 소음과 진동의 허용한도는 [표 1-1] 및 [표 1-2]와 같다.

[표 1-1] 도로 주변 지역의 소음·진동의 허용한도

대상지역	구 분	한 도	
		주간 (06:00~22:00)	야간 (22:00~06:00)
주거지역, 녹지지역, 관리지역 중 취락지구 및 관광·휴양개발진흥지구, 자연환경보전지역, 학교·병원·공공 도서관의 부지 경계선으로부터 50미터 이내 지역	소음 Leq dB(A)	68	58
	진동 dB(V)	65	60
상업지역, 공업지역, 농림지역, 생산관리지역 및 관리지역 중 산업·유통개발진흥지구, 미고시지역	소음 Leq dB(A)	73	63
	진동 dB(V)	70	65

출처 : 국가소음정보시스템 홈페이지

[표 1-2] 철도 주변 지역의 소음·진동 허용한도

대상지역	구 분	한 도	
		주간 (06:00~22:00)	야간 (22:00~06:00)
주거지역, 녹지지역, 관리지역 중 취락지구 및 관광·휴양개발진흥지구, 자연환경보전지역, 학교·병원·공공도서관의 부지 경계선으로부터 50미터 이내 지역	소음 Leq dB(A)	70	60
	진동 dB(V)	65	60
상업지역, 공업지역, 농림지역, 생산관리지역 및 관리지역 중 산업·유통개발진흥지구, 미고시지역	소음 Leq dB(A)	75	65
	진동 dB(V)	70	65

출처 : 국가소음정보시스템 홈페이지

2. 음의 단위·음장·공명

음의 단위, 음장 그리고 공명은 음향학에서 중요한 개념이다. 소음·진동 관리에 필요한 음의 여러 가지 개념을 살펴보면 다음과 같다.

1) 음의 단위

음의 단위는 주파수를 나타내는 데 사용되는 단위이다. 일반적으로 헤르츠(Hertz, Hz)로 표시되며, 1Hz는 초당 한 번의 진동을 의미한다. 음의 높낮이는 주파수와 관련이 있다. 높은 주파수의 소리는 높은 음이며, 낮은 주파수의 소리는 낮은 음이다.

2) 음장

음장(Amplitude)은 소리의 진폭을 나타내는 데 사용되는 용어이다. 소리의 크기나 강도를 의미하며, 높은 음장은 큰 소리를 나타낸다. 음장은 주기적인 진동에서 파동의 크기를 나타내며, 소리의 크기를 측정할 때 데시벨(dB)이라는 단위를 사용한다. 음압 또는 소리의 파동 크기가 클수록 높은 dB 값이 된다.

3) 공명

공명(Resonance)은 어떤 물체나 시스템이 특정 주파수에서 특히 큰 진동을 나타내는 현상을 의미한다. 이는 외부에서 인가되는 주파수가 해당 물체의 고유 진동 주파수와 일치할 때 발생한다. 공명은 음향학에서 악기의 음색 형성, 음향 장치의 성능 향상 그리고 건물이나 다리의 설계에서 고려되는 중요한 현상 중 하나이다.

음장과 공명은 소리의 특성을 이해하고 설명하는 데 중요한 개념이며, 음향공학, 음향학, 음향치료 등 다양한 분야에서 활용된다.

3. 음의 잔향

음의 잔향(Resonance)은 특정 물체나 구조물이 특정 주파수의 외부 진동에 대해 고유한 주파수로 공명하거나 반응하는 현상을 나타낸다. 이는 외부에서 주어진 주파수의 에너지가 물체의 고유 진동 주파수와 일치할 때 특히 강한 진동이 발생하는 현상이다. 음의 잔향은 여러 응용 분야에서 나타날 수 있다.

1) 악기와 음악

악기는 각각 고유한 음색과 고유한 공명 주파수를 가지고 있다. 연주자가 악기를 연주할 때, 해당 악기는 고유한 주파수에서 강한 음의 잔향을 나타내어 음색을 형성한다.

2) 건축 및 구조물

건물이나 다리 등의 구조물은 특정 주파수의 외부 진동에 대해 공명할 수 있다. 이는 지진이나 바람 등의 외부 영향을 받을 때 발생할 수 있다.

3) 전자기 및 전자 공학

전자 회로나 안테나 등에서도 음의 잔향 현상이 나타날 수 있다. 특정 주파수에서 공명하면서 성능이 향상되거나 약화될 수 있다.

4) 음향 처리 및 음향 설계

음향 설계에서는 공간이나 장비의 음의 잔향을 고려하여 원하는 음향 환경을 조성한다. 이는 교실, 극장, 오디토리움 등에서 중요한 역할을 한다.

5) 화학 및 분자 구조

화학에서는 분자의 고유한 진동 주파수가 화합물의 특성에 영향을 미치는데, 이는 분자의 구조에 따라 발생하는 음의 잔향과 관련이 있다.

이상 음의 잔향에 대하여 살펴보았다. 음의 잔향은 시스템이나 구조물의 안정성을 강화하거나 약화시킬 수 있으며, 이를 이해하여 소음관리에 적절한 대응을 하는 것이 중요하다.
그 외에 소음을 이해하기 위해서는 소리의 강도와 주파수의 특성을 파악하여 층간소음에 대처하는 것이 필요하다.

4. 소음의 효과

1) 칵테일 파티 효과와 칵테일 효과

(1) 칵테일 파티 효과
① 개 념
칵테일 파티 효과는 칵테일 파티나 나이트클럽처럼 시끄러운 곳에서도 대화가 가능하거나 자신이 관심을 갖는 이야기를 골라 들을 수 있는 것을 뜻한다. 칵테일 파티 효과는 자기에게 의미 있는 정보만을 선택적으로 받아들이는 선택적 지각(Selective Perception) 덕분이다. 이 효과는 감각기억이 존재하기 때문에 가능하다. 감각기억은 청각에서 일어나는 잔향 기억과 시각에서 일어나는 영상 기억으로 구분되는데, 칵테일 파티 효과는 잔향 기억에서 일어나는 현상이다(전요섭·황미선, 2007).

② 작동 방식
칵테일 파티 효과의 작동 방식은 우리의 뇌가 소음을 필터링하고 원하는 대화에 집중할 수 있도록 하는 여러 가지 메커니즘으로 작동한다. 인간이 자신이 원하는 음만을 골라서 들을 수 있는 것은 온갖 잡음이 섞인 칵테일 파티에서도 자신의 이름을 부르는 소리는 똑똑하게 들을 수 있는 것과 같다고 해서 '칵테일 파티 효과(Cocktail Party Effect)'라고 한다.

③ 역할 및 기능
칵테일 파티 효과는 소음이 많은 환경에서도 의사 소통을 가능하게 하는 데 중요한 역할을 한다. 이 효과는 청력보조기(소음을 증폭하고 원하는 대화를 잘 들을 수 있도록 함), 음향 마스킹(소음을 사용하여 다른 소리를 가리는 기술임), 음성인식 소프트웨어(소음이 많은 환경에서도 음성을 인식할 수 있게 함) 등 다양한 분야에서 응용되고 있다.

④ 긍정적·부정적 효과

칵테일 파티 효과(Cocktail Party Effect)는 소음 측면에서 긍정적인 면과 부정적인 면 두 가지 효과가 존재한다.

ㄱ 긍정적인 효과 : 칵테일 파티 효과는 소음이 많은 환경에서도 우리가 원하는 대화에 집중할 수 있는 인간의 청각 능력이다. 이 효과는 1953년 콜린 체리(Colin Cherry)가 처음 설명하였으며, 그 이후로 많은 연구가 이루어져 왔다.

ㄴ 부정적인 효과 : 칵테일 파티 효과로 인해 특정 대화나 소리에 집중하면서 다른 사람들이나 대화에 대한 무시로 소외감을 느낄 수 있다. 또한 소음 노출로 인하여 청각적 스트레스가 발생할 수 있고, 지속적으로 특정 소리나 음성에 집중하는 것은 인지적인 노력을 필요로 하기 때문에 장기적으로는 주의력과 집중력에 부정적인 영향을 미칠 수 있다.

결론적으로 칵테일 파티 효과는 우리가 소음이 많은 환경에서도 의사소통을 가능하게 하는 데 중요한 역할을 하는 긍정적 효과가 있는 반면에, 여러 음원이 존재할 때 인간은 자신이 듣고 싶은 음을 선별해서 들을 수 있기 때문에 칵테일 파티 효과에 의해 특정 소음에 한 번 신경을 쓰게 되면 지속적으로 그 소음에 의해 스트레스에 노출된다.

층간소음의 주범은 100Hz 이하의 저음인데 저주파음은 청각뿐만 아니라 신체의 촉감을 자극하고 공기울림을 유발하여 가슴압박, 어지러움, 불쾌감 등을 느끼게 한다. 특히 불규칙적이며 갑작스런 소리, 낯선 소리일수록 인체에서는 불안 및 흥분을 유발시켜 혈당의 상승, 동공의 확대, 근육의 긴장, 타액의 감소, 소화기능의 이상, 불면 등을 불러 일으키고, 지속적으로 노출된 경우 단기적으로는 대화 불능 상태, 장기적으로는 인체에 생리적 · 심리적 안정에 악영향을 미친다(신혜경, 2023).

칵테일 파티 효과 관련 예 : 아파트 층간소음

아파트 층간소음 갈등의 상당 부분도 칵테일 파티 효과와 관련이 있다. 윗집은 갈등이 길어지면 아랫집이 과민반응을 한다고 의심하기 시작한다. 나름대로 소음 저감 노력을 해도 항의가 계속되기 때문이다. 이때 아랫집은 실제 고통을 겪는 경우가 대부분이다. 한 번 소음을 느끼기 시작하면 그 소리에 예민해지는 '칵테일 파티 효과' 때문이다. 윗집에서 나는 특정 소음에 오래 스트레스를 받으면 그 소리가 유독 크게 들리는 것이다. 그러므로 소음 관리에서는 칵테일 파티 효과와 칵테일 효과를 이해할 필요가 있다.

(2) 칵테일 효과

① 개 념

소음의 칵테일 효과(Cocktail Effect)는 여러 소리가 함께 혼합되어 개별적으로 듣기 어려운 복합적인 소리 환경을 나타낸다. 이 효과는 다양한 소리원이 동시에 발생하거나 겹칠 때 발생한다. 예를 들어, 도로 교통 소음, 대화 소음, 음악 소음, 기계 소음 등이 함께 발생할 때, 이 소리들이 섞여서 들리면서 개별 소리를 식별하기가 어려워진다.

칵테일 효과는 소음의 강도나 주파수 등이 아닌, 다양한 소리가 동시에 혼합되어 인식이 어려워지는 현상을 설명한다. 이는 특히 도시 지역이나 다중 소음원이 존재하는 환경에서 발생하는 경우가 많다.

② 해소 방법

칵테일 효과의 중요한 측면은 개별 소리의 강도나 특성이 각각이 아니라, 모든 소리가 함께 영향을 미친다는 것이다. 따라서 소음 관리나 환경 개선을 위해서는 모든 소음원을 종합적으로 고려하여 계획하고, 특히 각 소음원 간의 상호작용을 고려해야 한다(전요섭·황미선, 2007). 칵테일 효과를 해소하기 위해서는 다음과 같은 접근 방법이 적용될 수 있다.

㉠ 소음원 제어 : 각 소음원의 발생을 줄이거나 효과적으로 제어하여, 다양한 소음이 겹치지 않도록 한다.

㉡ 음향적 환경 설계 : 건축물이나 도시 계획 시 음향적 환경을 고려하여 설계하고, 소음을 최소화하는 구조물을 채택한다.

㉢ 소음 흡수 및 차단 : 소음을 흡수하거나 차단하는 재료를 사용하여 음향 환경을 개선한다.

㉣ 사용자 교육 : 주민이나 사용자에게 소음에 대한 인식을 높이고, 소음 관리에 참여하도록 교육한다.

㉤ 정책 및 규제 강화 : 관련 정부 정책이나 지방 규제를 통해 소음 발생을 제한하고 통제한다.

칵테일 효과는 소음이 심각한 도시 생활에서 주로 나타나는 문제이며, 종합적이고 효과적인 접근이 필요하다.

2) 도플러 효과

도플러 효과(Doppler Effect)는 소리나 빛의 파동이 관측자에 대한 속도에 따라 주파수나 파장이 변하는 현상을 말한다. 이 효과는 이탈리아의 과학자 크리스티안 도플러(Christian Doppler)가 처음으로 설명하였다. 소리의 도플러 효과는 다음과 같다.

① 접근하는 소리의 경우

소리를 내는 객체가 관측자에게 다가올 때, 소리의 파장이 짧아지면서 주파수가 높아진다. 이로 인해 소리는 높은 음으로 들린다.

② 멀어지는 소리의 경우

소리를 내는 객체가 관측자에서 멀어질 때, 소리의 파장이 길어지면서 주파수가 낮아진다. 이로 인해 소리는 낮은 음으로 들린다.

3) 마스킹 효과

마스킹 효과(Masking Effect)는 주로 소음 제어나 음향 기술에서 사용되는 용어이다. 이 효과는 한 소리가 다른 소리를 숨기거나 감추는 현상을 나타낸다. 마스킹은 주로 소음 환경에서 특정 주파수나 소리를 감추거나 소리를 재생산함으로써 특정 소리의 영향을 줄이는데 활용되며, 일명 음폐 효과라도 한다.

① 음향 마스킹

특정 주파수 대역의 소음이 다른 주파수 대역의 소음에 가려져 듣기 어려워지는 현상을 말한다. 예를 들어, 낮은 주파수의 소음이 높은 주파수의 소음에 마스킹될 때, 낮은 주파수의 소음이 더 잘 들리지 않는 것을 의미한다.

② 음향 마스킹 장치

소음을 제어하기 위해 일부 소리를 다른 소리로 마스킹하는 장치를 의미한다. 예를 들어,

무서운 소리를 듣지 않게 하기 위해 화이트 소음이나 자연 소리 같은 소리를 사용하여 특정 소리를 가려내는 장치가 있다.

4) 일치 효과

소음에서의 '일치 효과(Matching Effect)'는 특정 주파수에서 소리가 서로 일치하거나 맞물릴 때 나타나는 특별한 현상을 의미할 수 있다. 일치 효과는 주로 특정 주파수에서 소리나 진동이 어떻게 상호작용하는지에 대한 이해를 통해 특정 환경에서 발생하는 문제를 해결하는 데 활용될 수 있다. 여러 가지 맥락에서 사용될 수 있지만, 주로 음향이나 소음 관련 분야에서 다양하게 적용된다.

① 음향 일치 효과(Acoustic Matching Effect)
특정 주파수의 소리가 다른 소리와 조화롭게 일치할 때, 두 소리가 서로 강화되는 효과를 나타낼 수 있다. 이는 음향 장비 설계나 음향 처리에서 사용될 수 있다.

② 소음 일치 효과(Noise Matching Effect)
특정 주파수의 소음이 특정 환경에서 일치할 때, 그 소음이 더욱 두드러지게 들릴 수 있다. 이는 소음 관리나 소음 감소 기술에서 고려되는 요소 중 하나이다.

③ 진동 일치 효과(Vibration Matching Effect)
건물이나 기계 등에서 발생하는 진동이 특정 주파수에서 일치할 때, 진동이 더 강조되는 현상을 가리킨다. 이는 건축 구조물의 설계나 진동 통제에서 고려할 사항이다.

5) 호이겐스 효과

호이겐스 효과(Huygens Effect)는 파동의 성질에 관한 개념으로 네덜란드의 과학자 크리스티안 호이겐스(Christiaan Huygens)가 제안한 원리이다. 이 원리는 파동이 퍼져 나갈 때, 각 파동의 점은 독립적으로 파동을 생성하여 전체 파동의 형성에 기여한다는 개념이다. 호이

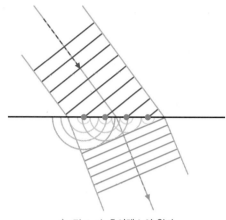

〈그림 1-1〉 호이겐스의 원리

겐스 효과는 물리학에서 광학, 음향 및 파동 현상을 설명하는 데 사용되는 중요한 원리 중 하나이다. 이 효과는 파동의 확산과 각 파동이 독립적으로 전파되는 특성을 설명하며, 파동 현상의 이해를 높이는 데 도움이 된다(〈그림 1-1〉 참조).

호이겐스 효과는 다음과 같은 주요 내용을 포함한다.

① 각 파동 점의 원점 역할
파동이 어떤 매질을 통과할 때, 각 파동의 점은 새로운 원점이 되어 파동을 방출한다. 이때, 새로운 파동은 초기 파동과 독립적으로 퍼져나간다.

② 각 파동의 중첩
호이겐스 효과에 따르면, 다수의 파동이 중첩되어 전체 파동이 형성된다. 이때, 각 파동의 크기와 방향이 합쳐져 파동의 진폭 및 형태가 결정된다.

이러한 개념들은 소리의 강도와 주파수 특성을 이해하고, 소리의 청감 감도를 정량화하는 데 사용되며, 소음 측정 및 분석, 오디오 장비의 보정 등 다양한 응용 분야에서 활용된다.

등청감곡선 · 청감보정 · 등감각곡선

등청감곡선과 청감보정, 등감각곡선은 소리의 강도와 인간의 청각 감도 사이의 관계를 설명하는 데 사용되는 개념이다.

• 등청감곡선(Equal Loudness Contours) : 소리의 강도에 따른 인간의 청감 감도를 나타내는 곡선이다. 즉, 같은 소리의 강도라도 주파수에 따라 인식되는 소리의 크기가 다르다는 것을 보여준다. 주로 등감척도와 함께 사용되며, 주파수와 소리의 강도에 따라 소리의 크기를 보정하는 데 사용된다. 표준 등청감곡선은 A, B, C, D 및 G 등 5개의 곡선이 있으며, 이들은 각각의 주파수 영역에 따라 다르게 적용된다.

• 청감보정(Hearing Correction) : 소리의 주파수 특성을 고려하여 소리를 측정하거나 분석할 때 사용되는 필터링 방법이다. 주로 주변 소음을 측정할 때 사용되며, 인간의 청감 감도에 따라 주파수 영역을 보정하여 소리의 크기를 측정한다. A-가중치(A-Weight)는 저주파수에서 높은 가중치를 부여하고 고주파수에서는 낮은 가중치를 부여하여 인간의 청감 감도에 가깝게 측정한다.

• 등감각곡선(Equal Sensation Curve) : 각기 다른 주파수에 대해 동일한 청감 감도를 가진다고 가정한 곡선이다. 즉, 같은 강도의 소리라도 주파수에 따라 청감 감도가 다르게 인식되는 것을 보상하는 데 사용된다. 또한 인간의 청감 감도를 정량화하고, 소리의 강도를 측정하거나 분석할 때 사용된다.

CHAPTER

2

소음 · 진동의
생리와 감각

소음과 진동은 인간의 생리 및 감각에 다양한 영향을 미친다. 이는 건강에 부정적으로 작용하며, 신체적·심리적인 측면에서 다양한 반응을 유발할 수 있다. 이 장에서는 소음 · 진동의 생리와 감각에 대해서 살펴보고자 한다.

+ 소음·진동의 개념을 정의한다.
+ 소음·진동이 인체에 미치는 영향을 설명한다.
+ 소음·진동의 생리와 감각을 파악한다.

1. 소음·진동에 대한 이해

소음과 진동은 둘 다 에너지의 형태로, 환경에서 인체에 영향을 미칠 수 있는 물리적인 요소이다(김재수, 2013).

1) 소음

(1) 소음의 정의

소음은 기계적인 파동이나 분자의 운동으로 인해 공기나 다른 매질을 통해 전파되는 압력 변화로 발생하는 음향적 에너지이다. 소음은 주로 공기를 매질로 하는 공간에서 전파되며, 주변에서 들을 수 있는 소리로 변환된다. 소음은 주관적인 입장에서 원치 않는 소리로 「소음·진동관리법」 제2조에서는 소음을 기계·기구·시설, 그 밖의 물체의 사용 또는 공동주택 환경부령으로 정하는 장소에서 사람의 활동으로 인하여 발생하는 강한 소리라고 정의하고 있다.

(2) 특징 및 측정

① **주파수** : 소음은 주파수에 따라 낮은 주파수(저주파)와 높은 주파수(고주파)로 나눌 수 있다.

② **소리의 세기** : 소리의 세기는 데시벨(decibel, dB)로 측정되며, 소리의 강도를 나타낸다.

소음의 예
교통 소음(차량 경적, 비행기 소음 등), 산업 소음(공장 기계 소음 등), 주거 소음(이웃의 음악 소리, 가전제품 소음 등) 등이 있다.

[표 2-1] 소음의 예

소음의 크기	소음원
120dB	전투기의 이착륙 소음
110dB	자동차의 경적 소음
100dB	열차 통과 시 철도변 소음
90dB	소음이 심한 공장 안, 큰 소리의 독창
80dB	지하철의 차내 소음
70dB	전화벨(0.5m), 시끄러운 사무실
60dB	조용한 승용차, 보통 회화
50dB	조용한 사무실
40dB	도서관, 주간의 조용한 주택
30dB	심야의 교외, 속삭이는 소리
20dB	시계 초침 소리, 나뭇잎 부딪치는 소리

출처 : 국가소음정보시스템 홈페이지

2) 진동

(1) 진동의 정의

진동은 물체가 주변에 전파되는 파동이나 주기적인 운동으로 인한 물체의 진동으로 발생하는 에너지 형태이다(김재수, 2013). 진동은 공기를 통하지 않고 고체를 통해 전파될 수 있다.

(2) 특징 및 측정

① **진폭** : 진동의 크기를 나타낸다.

② **주파수** : 진동의 주기적인 반복 횟수를 나타낸다.

③ **가속도 및 속도** : 진동의 세기를 나타내는 파라미터 중 하나이다.

진동의 예

건물의 구조적 진동, 기계의 운동에 의한 진동, 지진으로 인한 지구의 진동 등이 있다.

3) 인체에 미치는 영향

소음과 진동은 공간에서 인체에 영향을 미칠 수 있다. 지속적이고 고강도의 소음은 청력 손상, 수면 장애, 스트레스, 집중력 감소 등을 유발할 수 있다(신혜경, 2023). 진동은 물체의 진동이 인체에 전달될 때 몸을 흔들거나 불쾌함을 유발할 수 있다. 환경 소음 및 진동 관리를 위해서는 적절한 규제 및 대책(박광현, 2020), 소음과 진동에 대한 정확한 측정 및 분석이 필요하다. 소음과 진동은 주변 환경에서 발생하는 음향 및 진동 현상으로 이해하고 관리하는 것이 중요하다.

(1) 소음(Noise)
① **정의** : 소음은 불쾌하게 느껴지는 무질서한 음향의 일종으로 정의된다.
② **발생 원인** : 도로 교통, 공장, 기계 작동, 음악 등 다양한 소음 발생원이 있다.
③ **측정 단위** : 데시벨(dB)로 측정되며, 소음의 크기와 강도를 나타낸다.
④ **영향** : 고강도의 소음은 스트레스, 수면 장애, 집중력 저하, 건강 문제 등을 유발한다.
⑤ **관리** : 소음 관리를 위해 고립 장치, 소음 차단 장치, 소음 감소 재료 등이 사용된다.

(2) 진동(Vibration)
① **정의** : 진동은 물체가 주기적으로 왔다 갔다 움직이는 현상으로 정의된다.
② **발생 원인** : 기계 작동, 지진, 교통, 건물 구조 등 다양한 진동 발생원이 있다.
③ **측정 단위** : 진폭, 주파수, 가속도로 측정되며, 주로 미터, 초, Hertz, m/s^2가 사용된다.
④ **영향** : 지속적이고 고강도의 진동은 건강 문제, 건물 손상, 편도진동 등을 유발할 수 있다.
⑤ **관리** : 진동을 줄이기 위해 진동 차단기, 진동 저감 재료, 안전 안정기 등이 사용된다.

4) 소음과 진동의 공통점과 차이점

소음과 진동은 주로 건물 설계, 도로 교통 관리, 기계 설비 등 다양한 분야에서 고려되며, 이를 관리함으로써 주변 환경의 편안함을 증진시킬 수 있다. 소음과 진동의 공통점과 차이점은 다음과 같다.

(1) 공통점

소음과 진동은 주변 환경에서 발생하는 음향 및 진동으로, 인간의 건강과 편안함에 영향을 미칠 수 있다. 둘 다 측정 단위가 있으며, 측정을 통해 크기와 강도를 평가할 수 있다.

(2) 차이점

소음은 불쾌하게 느껴지는 음향으로 정의되며, 진동은 물체의 주기적인 움직임을 나타낸다. 소음과 진동은 측정 단위가 서로 다르다. 소음에는 데시벨, 진동에는 진폭, 주파수, 가속도 등이 사용된다.

2. 소음·진동의 영향

소음과 진동은 주변 환경 및 개인의 건강과 편안함에 다양한 영향을 미칠 수 있다.

1) 소음의 영향

(1) 생리적 영향

고강도의 소음은 혈압 상승, 심박수 증가, 호흡 속도 증가 등과 같은 생리학적인 변화를 유발할 수 있다.

(2) 정신적 영향

지속적이고 높은 소음은 스트레스, 불안, 피로감, 우울증 등 정신적인 문제를 유발할 수 있다.

(3) 수면에 미치는 영향

밤에 발생하는 소음은 수면을 방해하고, 수면의 질을 저하시키며, 만성적인 수면 장애를 유발할 수 있다.

(4) 집중력 저하

작업이나 학습 중에 소음은 집중력을 저하시키고, 성과를 떨어뜨릴 수 있다.

(5) 건강 문제

장기간에 걸친 고강도 소음은 청각 손상, 심혈관 질환, 소화계 문제 등 다양한 건강 문제를 유발할 수 있다. 특히 고강도의 소음은 청각기관에 손상을 일으킬 수 있으며, 장기적으로는 청력 손상을 유발하여 소음성 난청을 초래할 수 있다(조성일 외, 1990).

2) 진동의 영향

(1) 건물 및 구조물 손상

고강도의 지진 또는 진동은 건물이나 다리 등의 구조물에 손상을 입힐 수 있다.

(2) 편도진동

높은 주파수의 진동은 귀를 통해 전달되어 편도진동을 일으키며, 이는 현기증, 귀울림, 두통 등을 유발할 수 있다.

(3) 운전 및 안정성 영향

고강도의 차량 진동은 운전자의 편안함을 저해하고, 안전 운전에도 영향을 미칠 수 있다.

(4) 지진 영향

대규모 지진은 지진파로 인한 지반의 진동을 통해 건물이나 인프라에 피해를 줄 수 있다.

(5) 체외진동과 내진동

외부에서 발생한 진동은 신체의 피부나 근육을 통해 전달되어 불쾌하거나 불안정한 느낌을 유발할 수 있다.

(6) 불편 및 불안

진동은 물체를 흔들어 불편함을 유발하고, 일상 생활에 불안을 초래할 수 있다.

(7) 기계 및 장비의 성능 저하

진동은 기계나 장비의 성능을 저하시키거나 고장을 유발할 수 있다.

(8) 인체의 불편감

진동이 인체에 전달될 때, 몸의 부분적인 불편감이나 떨림을 유발할 수 있다.

(9) 주택 손상

규모가 큰 진동은 주택의 토양과 건축물에 영향을 미치고, 주택 손상을 유발할 수 있다.

위와 같은 영향들은 소음 및 진동 관리의 필요성을 강조하며, 특히 공공시설, 건축물, 교통체계, 산업시설 등에서는 효과적인 소음 및 진동 관리가 중요하다. 관련 규제 및 정책의 마련, 과학적인 방법을 통한 평가 및 예방, 환경을 고려한 설계 및 기술적인 대책들이 적용되어야 한다. 소음과 진동의 영향은 주변 환경, 소음 또는 진동의 강도, 노출 시간 등에 따라 다르며, 적절한 관리와 규제가 필요하다. 환경 소음 및 진동 관리는 건강과 안전, 주거 환경의 향상을 위해 중요한 요소이다.

3. 소음·진동의 생리와 감각

소음과 진동이 인체에 미치는 영향은 생리 및 감각적인 측면에서 다양한 결과를 낳을 수 있다. 소음과 진동이 인체의 생리 및 감각에 미치는 일부 영향은 다음과 같다.

1) 소음의 생리학적 및 감각적 영향

소음은 생리학적 및 감각적 영향을 많이 미칠 수 있다. 이는 주로 고주파수 소음, 저주파수 소음, 지속적인 소음 등 다양한 소음 요인에 따라 다를 수 있다(김재수, 2013; 한영란, 2022). 다음은 소음이 인체에 미치는 주요 영향을 설명한 것이다.

(1) 스트레스 및 신경계 영향

고강도의 지속적인 소음은 스트레스를 유발할 수 있다. 심지어 낮은 데시벨 수준에서도 장기간 노출되면 신경계에 부정적인 영향을 미칠 수 있다. 스트레스 호르몬인 코르티솔의 증가와 관련되어 있다.

(2) 수면 방해

소음은 수면을 방해하고 수면의 질을 저하시킬 수 있다. 특히 야간에 발생하는 소음은 깊은 수면 단계로의 진입을 방해하고 깨어 있는 상태로 만들 수 있다.

(3) 집중력 및 인지 기능 저하

고강도의 소음은 집중력을 방해하고 인지 기능을 저하시킬 수 있다. 작업 환경에서의 소음은 업무 성과에 부정적인 영향을 미칠 수 있다.

(4) 고혈압 및 심혈관 질환 증가

지속적인 소음은 고혈압 및 심혈관 질환의 위험을 증가시킬 수 있다. 이에 심혈관 계통에 미치는 생리학적 영향이 연구되고 있다.

(5) 귀 및 청각 손상

고강도의 소음은 귀에 직접적인 손상을 일으킬 수 있다. 장기간 노출될 경우 청각 손상이 발생할 수 있으며, 소음성 난청이 올 수 있다.

(6) 언어 이해 및 소통 저하

소음이 높을 경우 언어 이해 및 소통이 어려워질 수 있다. 특히 대화가 필요한 상황에서는 음성의 명료성이 저하된다.

(7) 정서적 영향

높은 소음 수준은 우울증, 불안, 피로 등의 정서적인 문제에 영향을 미칠 수 있다. 특히 장기간 노출 시 정신적인 측면에 영향이 크게 나타날 수 있다.

이러한 생리학적 및 감각적 영향은 소음의 종류, 강도, 노출 시간 및 개인의 민감도에 따라 달라질 수 있다. 공공장소, 거주지, 교통 수단 등에서 소음 관리 및 소음 제어가 중요하며, 이는 인간의 건강과 생활의 질을 향상시키는 데 기여할 수 있다.

2) 진동의 생리학적 및 감각적 영향

진동은 우리의 생리 및 감각에 영향을 미친다. 이는 다양한 맥락에서 발생하는 진동에 따라 다를 수 있으며, 양적, 주파수 및 지속 시간에 따라 변할 수 있다. 다음은 진동이 인체에 미치는 생리학적 및 감각적 영향의 몇 가지 예시이다.

(1) 생리학적 영향
① **근육 및 조직의 자극** : 진동은 근육 및 조직을 자극하여 혈액 순환이나 근육 이완에 영향을 줄 수 있다.
② **혈액 순환** : 진동은 혈액 순환을 촉진할 수 있다. 이러한 진동 원리는 일부 의료용 마사지 기기에 적용되기도 한다.

(2) 감각적 영향
① **촉각 및 감각 기관의 자극** : 진동은 피부나 다른 감각 기관을 자극하여 촉각을 일으킬 수 있다. 특히 고주파수 진동은 피부에서 진동을 느끼게 할 수 있다.

② **진동에 대한 감각** : 몇몇 사람은 특히 저주파수 진동에 민감할 수 있으며, 이는 불쾌함이나 두통, 어지러움을 유발할 수 있다.

(3) 음향과의 상호작용

진동은 음향과 결합하여 음향 경험을 향상시킬 수 있다. 이는 일부 음향 기기에서 음악이나 영화 경험을 풍부하게 만드는 데 사용될 수 있다.

(4) 의료 및 치료적 활용

진동은 마사지 치료 및 일부 의료 기기에서 사용되어 근육 이완이나 혈액 순환을 촉진하는 데 도움이 된다.

(5) 엔터테인먼트 및 기술 응용

터치 화면, 게임 컨트롤러 등에서 사용되는 진동은 사용자 경험을 향상시키거나 특정 상황에 대한 피드백을 전달하는 데 사용된다.

(6) 안전 및 경보 시스템

진동은 소음이나 시각적 경보보다 특정 상황에 대한 경고를 전달하는 데 사용될 수 있다.

전반적으로 진동이 인체에 미치는 영향은 사용된 주파수, 진폭, 지속 시간 등에 따라 다르며, 각각의 경우에 따라 달리 느껴질 수 있다. 이러한 영향은 의학, 심리학, 음향학 및 기타 관련 분야에서 연구되고 있다.

CHAPTER

3

층간소음 갈등
분쟁 관리

층간소음 갈등 분쟁은 아파트나 연립주택 등의 다세대주택에서 발생하는 소음으로 인해 유발하는 이웃 간의 갈등을 의미한다. 이 장에서는 층간소음의 개념, 갈등 분쟁의 주요 원인, 해결 방안에 대해서 살펴보고자 한다.

+ 층간소음의 개념을 정의한다.
+ 층간소음 갈등 분쟁의 주요 원인을 파악한다.
+ 층간소음 갈등 분쟁의 해결 방안을 설명한다.

1. 층간소음의 개념과 의의

층간소음은 다주택 건물이나 아파트에서 특히 중요한 문제로 여겨지며, 건물 설계 단계부터 소음 및 진동을 효과적으로 제어하기 위한 다양한 방법이 고려되고 있다. 이 장에서는 층간소음 갈등 분쟁 관리와 관련된 층간소음의 개념, 층간소음 갈등의 주요 원인 등에 대해 살펴보고 층간소음 갈등 분쟁 해결 방안을 찾아보고자 한다.

1) 층간소음의 정의

공동주택에서 입주자의 활동으로 인해 발생하는 소음, 즉 아파트나 다세대주택, 연립주택과 같은 공동주택에서 발생하는 소음공해를 말한다. 구체적으로는 공동주택에서 입주자의 활동으로 인해 발생하는 소음으로 다른 입주자에게 피해를 주는 소리를 의미한다(김진영, 2018).

정부에서는 공동주택 층간소음의 범위와 기준을 재개정하였다. 이는 공동주택에서 발생되는 층간소음으로 인한 생활의 불편을 최소화하고 입주자 간의 갈등을 줄이기 위함이다. 뛰거나 걷는 동작 등으로 발생하는 직접충격소음의 층간소음 기준 중 1분간 등가소음도의 기준을 현재 주간 기준 43dB에서 39dB로, 야간 기준을 38dB에서 34dB로 강화했다(2023. 1. 2. 개정).

2) 층간소음의 범위

「공동주택 층간소음의 범위와 기준에 관한 규칙」 제2조에 따르면 공동주택 층간소음의 범위는 입주자 또는 사용자의 활동으로 인하여 발생하는 소음으로서 다른 입주자 또는 사용자에게 피해를 주는 뛰거나 걷는 동작 등으로 인하여 발생하는 소음인 직접충격소음과 텔레비전, 음향 기기 등의 사용으로 발생하는 소음인 공기전달소음으로 나눈다. 다만, 욕실, 화장실 및 다용도실 등에서 급수·배수로 인하여 발생하는 소음은 제외한다.

3) 층간소음의 기준

층간소음의 기준은 2014년 국토교통부와 환경부가 공동 제정한 「공동주택 층간소음의 범위와 기준에 관한 규칙」에 따른다. 「공동주택 층간소음의 범위와 기준에 관한 규칙」에서 정하는 층간소음 기준은 직접충격소음과 공기전달소음으로 나뉜다. 직접충격소음은 1분간 등가소음도(Leq)와 최고소음도(Lmax)로 평가하며, 공기전달 소음은 5분간 등가소음도로 평가한다. 등가소음도는 소음측정기를 들고 일정 시간 동안 측정한 소음의 평균치를 말한다. 즉, 1분 등가소음도는 1분간 측정한 소음을 평균으로 환산한 것이다. 최고소음도는 측정 시간 동안 발생한 소음 중에서 가장 수치가 높은 소음을 말한다.

직접충격소음의 층간소음 기준은 1분간 등가소음도가 주간 39dB, 야간 34dB이며 최고소음도는 주간 57dB, 야간 52dB이다. 공기전달소음의 층간소음 기준은 5분간 등가소음도가 주간 45dB, 야간 40dB이다. 이때 1분간 등가소음도와 5분간 등가소음도는 측정한 값 중에서 가장 높은 것으로 하며, 최고소음도는 1시간에 3회 이상 기준치를 초과할 경우 층간소음으로 판단한다. 단, 다세대주택이나 연립주택 등 공동주택은 직접충격소음의 기준을 5dB 더해 적용한다. 「공동주택 층간소음의 범위와 기준에 관한 규칙」에 의한 층간소음의 기준은 [표 3-1]과 같다.

등가소음도(等價騷音度, Leq)

소음의 크기를 분류한 표시를 말한다. 소음 진동 공정 시험 방법에서 정한 것으로, 임의의 측정 시간 동안 발생한 변동 소음의 총에너지를 같은 시간 내 정상 소음의 에너지로 등가하여, 데시벨(dB) 단위로 표기한 것이다.

[표 3-1] 층간소음의 기준(제3조 관련)

층간소음의 구분		층간소음의 기준[단위 : dB(A)]	
		주간 (06:00~22:00)	야간 (22:00~06:00)
1. 제2조 제1호에 따른 직접충격소음	1분간 등가소음도(Leq)	39	34
	최고소음도(Lmax)	57	52
2. 제2조 제2호에 따른 공기전달소음	5분간 등가소음도(Leq)	45	40

출처 : 공동주택 층간소음의 범위와 기준에 관한 규칙(개정 2023.1.2.)

4) 공동주택 층간소음 방지 기준

층간소음을 막기 위한 공동주택의 구조 기준은 「주택건설기준 등에 관한 규정」 제14조의2에 따라 공동주택의 콘크리트 슬래브 두께는 210mm 이상, 라멘구조의 공동주택은 150mm 이상이어야 한다. 콘크리트 슬래브는 바닥이나 천장에 사용되는 판 모양의 구조물이다. 공동주택의 층간 바닥은 각 층간 바닥충격음을 기준으로 경량충격음이 58dB 이하, 중량충격음이 50dB 이하의 구조가 되어야 한다. 경량충격음은 가볍고 딱딱한 충격에 의한 바닥충격음이며 중량충격음은 무겁고 부드러운 충격에 의한 바닥충격음을 말한다. 단, 해당 기준에서 공동주택의 발코니, 현관 등의 바닥이나 라멘구조 등의 공동주택은 제외된다.

5) 층간소음 관리의 필요성

공동주택의 입주자는 「주택법」에 따라 층간소음으로 다른 입주자에게 피해를 주지 않도록 노력해야 한다. 「주택법」 제44조의2에서는 층간소음으로 피해를 본 입주자는 관리주체에게 층간소음 발생 사실을 알려야 한다고 명시하고 있다. 「공동주택관리법」 제1조에서는 공동주택의 관리에 관한 사항을 정함으로써 공동주택을 투명하고 안전하며 효율적으로 관리할 수 있게 하여 국민의 주거 수준 향상에 이바지함을 목적으로 한다는 것을 제시하고 있다.

공동주택 관리주체는 사실관계를 파악한 뒤 층간소음 피해를 일으킨 입주자에게 소리를 줄이거나 막도록 권유해야 하며 층간소음을 일으킨 입주자는 이에 협조해야 한다. 만일 관리주체가 개입한 이후에도 층간소음이 계속된다면 피해를 본 입주자는 층간소음 이웃사이센터나 중앙 공동주택관리지원센터에서 상담과 조정을 받거나, 공동주택관리 분쟁조정위원회나 「환경분쟁조정법」에 따른 환경분쟁조정위원회에 조정을 신청할 수 있다.

층간소음 갈등은 주거 지역에서 가장 흔한 문제 중 하나이다. 이러한 갈등은 다른 층에서 발생하는 소음으로 인해 이웃 간에 갈등이 생기는 경우가 많다. 이는 공동주택이나 아파트에서 특히 흔하며, 이러한 갈등은 종종 소음 발생원, 소음 정도 그리고 각 이웃의 우려와 요구사항에 관한 차이로 발생한다(김진영, 2018; 박미진, 2016; 이재원, 2013).

층간소음 갈등 관리의 주요 목표는 이러한 갈등을 해결하고 이웃 간의 조화를 유지하는 것이다. 이를 위해 몇 가지 전략이 사용될 수 있다. 먼저, 소음 발생원을 파악하고 해당 소음을 줄이기 위한 조치를 취하는 것이 중요하다. 이는 바닥재 교체, 소음 차단 장비의 설치, 소음 발생 시간의 조정 등을 포함할 수 있으며, 또한 이웃 간의 대화와 협력을 촉진하여 소통을 통해 서로의 우려와 요구사항을 이해하고 공동의 해결책을 찾을 수 있도록 하는 의사소통 시스템을 구축하고 공동체 의식 고취를 통한 교육 프로그램을 운영한다. 경우에 따라 중재자나 조정자의 개입이 필요할 수도 있다.

마지막으로, 적절한 법률 및 규정을 준수하는 것이 중요한데, 대부분의 공동주택이나 아파트는 층간소음에 대한 규제를 갖고 있으며, 이를 준수하여 모든 이웃이 공정하게 대우받을 수 있도록 해야 한다. 층간소음 갈등 분쟁 관리는 이웃 간의 관계를 유지하고 주거 환경을 개선하기 위한 중요한 과제이다. 이를 위해 적절한 조치와 이해심 있는 소통이 필요하다.

6) 층간소음 관리의 의의

소음은 청각으로 느끼는 감각공해로서 피해 범위가 좁아 국지적이며, 소음이 발생할 때만 느끼는 일과성이지만, 어떤 기계가 60dB의 소음을 발생하는 경우 이와 동일한 기계가 10대 가동하면 소음의 크기는 70dB이 되며 사람의 귀로는 약 2배로 크게 느끼게 되는 특성이 있다. 그렇기 때문에 층간소음은 이웃 간에 불만족과 갈등을 일으킬 수 있으며, 편안한 주거 환경을 해치는 요소로 작용할 수 있다(김진영, 2018; 박미진, 2016). 따라서 층간소음 관리는 주거 환경의 품질을 유지하고 이웃 간의 관계를 개선하기 위해 중요한 요소가 되며, 이러한 층간소음 관리의 의의는 다음과 같다.

(1) 이웃 간의 조화 유지
층간소음 관리는 이웃 간의 갈등을 예방하고 조화로운 이웃 관계를 유지하는 데 도움을 준다.

(2) 주거 환경의 개선
품질 좋은 주거 환경은 주민들에게 안락함을 제공하며, 층간소음 관리는 이러한 환경을 보호하는 일부로 작용한다.

(3) 법적 규정 준수

많은 국가에서는 다층 주택에서의 층간소음을 규제하고 있으며, 이를 준수함으로써 건축물 소음 규정을 준수할 수 있다.

(4) 건강 및 안녕 증진

지속적이고 고강도의 층간소음은 수면 장애 유발, 이웃 간의 갈등을 촉발하여 스트레스의 원인이 되기도 하는 등 건강에 부정적인 영향을 미칠 수 있으므로, 이를 관리함으로써 건강 및 안녕을 증진시킬 수 있다.

층간소음은 일상생활에서 발생하는 다양한 소음 요소에 기인하고, 주거 환경의 품질과 생활 편의성, 건강 등에 영향을 미칠 수 있기 때문에 관리와 조치가 필요하다. 건물의 설계, 재료 선택, 방음시설의 적절한 구축, 규칙과 규정의 제정 등을 통하여 이를 해결하기 위한 건축 설계 단계부터 입주 후의 관리에 이르기까지 층간소음 발생 예방 및 관리를 위한 다양한 방법의 접근이 필요하다.

2. 층간소음 갈등 분쟁의 주요 원인

「공동주택관리법」에서는 층간소음을 직접충격소음(뛰거나 걷는 동작 등으로 발생하는 소음)과 공기전달소음(텔레비전, 음향기기 등의 사용으로 발생하는 소음)으로 분류하고 있다. 층간소음 갈등 분쟁의 원인은 다양하며, 주거 환경에서 발생하는 소음이 다른 거주자들에게 미치는 영향으로부터 비롯될 수 있다. 이러한 원인은 각각의 상황과 환경에 따라 다를 수 있으나 일반적으로 층간소음 갈등 분쟁의 주요 원인은 다음과 같다.

① 발음 소음(음성 소음)

위층에서의 대화, 노래, TV 소리 등이 아래층 거주자에게 전파되는 경우가 있다. 이는 층간 소음의 주요 원인 중 하나로 인식된다.

② 터치 소음(발걸음 소음)

위층 거주자의 걷는 소리, 가구 이동 시 소음 등이 아래층 거주자에게 전달되어 불편함을 초래할 수 있다.

③ 가전제품 및 음향기기

위층에서 사용되는 가전제품(세탁기, 건조기 등)이나 고음량의 음향기기가 다른 거주자들에게 소음으로 전달될 수 있다.

④ 구조 소음(시설 및 재료의 부적절한 설계)

건물의 구조나 건축 재료의 부적절한 선택으로 인해 소음이 층간으로 전달되기 쉽다. 건물의 구조적 특성으로 발생하는 구조 소음은 파이프, 배관, 계단 등에서 나오는 소리가 해당된다.

⑤ 소음 절감 시설 부재(인테리어 및 바닥재 선택)

충분한 소음 절감 시설이 부족하거나 유지 · 보수가 제대로 이루어지지 않을 경우 소음이 층간으로 전파될 가능성이 높아진다.

⑥ 문화 차이 및 생활 스타일의 충돌

주거민 간의 문화적인 차이, 생활 스타일의 충돌이 소음 갈등을 유발할 수 있다.

⑦ 소음에 민감한 개인의 존재

일부 사람들은 소음에 민감하여 다른 거주자들의 소음에 예민하게 반응할 수 있다.

⑧ 시간대 충돌

작업이나 활동으로 인해 특정 시간대에 소음이 집중되는 경우, 이는 이웃 간에 충돌을 일으킬 수 있다. 특히 야간에 소음이 발생하는 경우 더 큰 갈등을 유발할 수 있다.

⑨ 의사소통 부족

이웃 간의 소통 부족은 갈등을 심화시킬 수 있다. 이웃 간에 소음에 대한 우려를 공유하고 협력적인 대화가 이루어지지 않으면 갈등이 해결되기 어려울 수 있다.

이러한 다양한 원인들은 각 건물이나 상황에 따라 다를 수 있으므로 종합적으로 고려되어야 하며, 각각의 상황에 따라 적절한 해결책이 필요하다. 층간소음 갈등을 예방하고 해결하기 위해서는 상호 존중과 소통의 역할이 중요하며, 또한 층간소음 갈등을 예방 및 해결하기 위해서는 건물의 설계, 적절한 시설 유지·보수, 이웃 간의 소통 통로 등을 활성화하여 주민들 간의 이해와 신뢰 관계를 수립하는 것이 필요하다.

3. 층간소음 갈등 분쟁의 해결 원칙과 접근 방법

층간소음 갈등 분쟁을 해결하기 위해서는 상호 존중과 협력을 기반으로 하는 다양한 원칙과 접근 방법을 고려할 필요가 있다. 다음은 층간소음 갈등을 해결하는 데 도움이 될 수 있는 일반적인 원칙과 접근 방법이다(신형석, 2014).

1) 개방적인 소통

거주자들 간에 개방적이고 존중하는 소통을 촉진하고, 소음을 발생시키는 특정 행동이나 활동에 대한 이해를 도모하고, 상호 간의 견해를 듣고 이해하도록 한다. 커뮤니케이션을 강화하여 주민들 간의 열린 소통을 촉진하고 소음 관련 이슈에 대한 피드백을 수용하며 건물 관리팀과 주민 간의 원활한 소통을 유지한다.

2) 중재 및 조정

갈등 상황에서 중립적인 중재자나 조정자의 개입을 통하여 이해 당사자 간의 대화와 협의를 촉진하며, 갈등의 원인과 해결책을 찾기 위한 조정 프로세스를 구축하고, 중립적인 중재인을 선정하여 공정한 관점에서 갈등을 조정하는 데 도움을 받을 수 있도록 한다.

3) 규칙 및 규정 설정

건물 관리 규정에 명확한 층간소음 규칙을 도입하거나 휴식 시간과 소음을 허용하는 시간 등을 명시하고 모든 거주자에게 알리며, 규칙을 지키지 않는 경우의 제재를 명시하고 이를 준수하도록 한다.

4) 정기적인 점검 및 유지 · 보수

건물 내 소음 절감을 위한 기술적인 개선을 실시한다. 건물 내 소음 관련 시설을 주기적으로 점검하고 유지 · 보수하며, 필요한 경우에는 시설을 개선하여 소음 문제를 방지한다. 예를 들어, 바닥재 교체, 방음 패널 설치, 소음 절감 재료 사용 등이 해당된다.

5) 이웃 간의 계약 또는 합의서 작성

갈등의 원인과 해결책을 명확히 하기 위해 이웃 간에 계약이나 합의서를 작성할 수 있다. 이를 통해 각 이웃이 자신의 의무와 책무를 준수할 수 있도록 한다.

6) 교육 및 공동체 의식 증진

거주자들에게 층간소음에 대한 교육 프로그램을 제공하고, 소음을 최소화하기 위한 행동 및 관리 방법을 실천할 수 있도록 장려한다. 주민에게 층간소음이 주민 간의 공동 책임임을 알리는 교육프로그램을 실시하며, 소음에 민감한 이웃들과 소음을 일으키는 이웃 간의 이해를 촉진하는 워크숍 등을 개최한다.

7) 지속적인 모니터링과 개선

층간소음 관리 정책 및 시설을 정기적으로 검토하고 개선할 수 있는 기회를 마련한다. 해결책이 도출된 이후에도 상황을 계속 모니터링하고 필요한 조치를 지속적으로 취하는 것이 중요하다.

8) 층간소음 신고 및 조치

소음 신고를 쉽게 할 수 있는 메커니즘을 마련하고, 즉각적이고 효과적인 조치를 취할 수 있는 관리 시스템을 도입한다. 문제 발생 시 전문가의 자문과 도움을 받아 해결 방안을 모색하여 상황이 악화되는 것을 예방하는 것도 필요하다. 예를 들면, 음향기술자나 건축전문가의 도움을 받는 것이 유용할 수 있다.

9) 법률적인 조치

갈등이 해결되지 않을 경우 법률적인 조치를 고려한다. 이는 각 국가 또는 지역의 관련 법규와 규정을 준수하는 범위에서 이루어져야 한다.

이러한 원칙과 접근 방법은 층간소음 갈등을 예방하거나 해결하기 위한 다양한 차원에서의 접근을 나타낸다. 실제 상황에 따라 적절한 방법을 선택하고 적용하여 효과적으로 갈등을 관리하는 것이 중요하다. 층간소음은 일상생활에서 발생하는 문제로 주거 환경에서 발생하는 흔한 문제 중 하나이기도 하나 예방이 가능한 문제이다(김진영, 2018). 건물 구조, 주거 습관, 소음 발생 원인 등을 고려하여 접근하고, 예방 조치 등을 취함으로써 문제의 발생을 최소화하도록 하며, 이웃과 상호 간의 이해관계를 형성하고 대화를 통해 문제를 해결하도록 노력함으로써 쾌적한 주거 환경을 조성할 수 있다.

CHAPTER

4

층간소음 갈등
분쟁의 이해

층간소음 갈등은 상당히 복잡하며, 해결하기 위해서는 주민 간의 원만한 대화와 상호 이해, 건물
구조 및 관리의 개선 등 다양한 접근 방식이 필요하다. 이 장에서는 층간소음 갈등 분쟁의 심리적
측면과 관련 법규와 규정을 살펴보고자 한다.

+ 층간소음 갈등 분쟁의 심리적 측면을 파악한다.
+ 층간소음 갈등 분쟁과 관련된 법규를 파악한다.
+ 층간소음 갈등 분쟁과 관련된 제도를 파악한다.

1. 층간소음 갈등 분쟁의 심리적 측면

1) 층간소음 갈등 분쟁 시 고려사항

층간소음 갈등 분쟁은 다층 건물에서 이웃 간에 발생하는 소음으로 인한 불만이나 갈등을 의미한다. 이는 주로 아파트, 공동주택, 다세대주택 등에서 발생하며, 거주자들 간의 삶의 질과 안락성에 직접적인 영향을 미칠 수 있다(박민영 외, 2003). 층간소음 갈등 분쟁 시 고려사항은 다음과 같다.

(1) 다양한 소음 원인
층간소음은 발걸음 소음, 생활 소음, 구조 소음 등 다양한 원인에 기인할 수 있다. 각 소음의 특성과 원인을 이해하는 것이 갈등 해결에 중요하다.

(2) 주거 환경에서의 민감성
주거 환경에서는 이웃 간의 상호작용이 빈번하게 일어나기 때문에, 소음은 더 큰 문제로 떠오른다. 거주자들은 집에서 편안하게 쉬고 생활하는 것을 기대하며, 소음으로 인한 갈등은 심리적인 부담을 유발할 수 있다.

(3) 문화적 차이와 선호도의 불일치
이웃들 간의 문화적 차이나 생활 스타일의 불일치가 갈등의 원인이 될 수 있다. 각각의 거주자가 소음에 대한 민감도나 기대치가 다르기 때문에 이러한 차이를 이해해야 한다.

(4) 건축 구조 및 소음 전파
건물의 구조나 재료, 소음 전파 경로 등이 갈등의 원인이 될 수 있다. 각 건물의 특성을 파악하고 적절한 대책을 마련하는 것이 중요하다.

(5) 소통 부재와 오해

이웃 간의 소통 부재는 갈등을 심화시킬 수 있다. 갈등이 발생하면 소통이 중요하며, 오해와 오해의 방지를 위해 명확한 의사소통이 필요하다.

(6) 법적 측면과 규제 준수

많은 국가에서는 층간소음에 대한 법적 규제를 갖고 있다. 건물 소음에 관한 규정을 준수하고 법적인 해결책을 찾는 것이 갈등 분쟁 해결에 도움이 될 수 있다.

(7) 심리적 영향

층간소음은 거주자들의 심리적인 건강에도 영향을 미칠 수 있다. 스트레스, 불안, 분노 등의 감정이 발생할 수 있으며, 이는 거주자들의 삶의 질을 저하시킬 수 있다.

충간소음 갈등 분쟁을 해결하려면 위의 측면을 종합적으로 고려하여 상황을 이해하고 적절한 대응책을 마련해야 한다. 각각의 거주자와 건물의 특성을 고려하여 솔루션을 찾는 것이 중요하다.

2) 층간소음 갈등 분쟁의 심리적 측면

층간소음 갈등 분쟁은 물리적인 소음 이상으로 심리적인 영향을 미칠 수 있다. 이러한 심리적 측면은 주로 이웃 간의 관계, 스트레스, 불안, 피로, 분노 등과 관련이 있다(신혜경, 2023). 다음은 층간소음 갈등 분쟁이 심리적 측면에 미치는 영향들이다.

(1) 스트레스와 불안

지속적이고 고강도의 층간소음은 주민들에게 스트레스와 불안을 유발할 수 있다. 일상적인 생활에서 휴식과 안정을 제공받지 못하게 되면, 거주자들은 신체적·정신적인 피로를 경험할 수 있다.

(2) 수면 장애

층간소음은 특히 수면활동에 영향을 미친다. 지속적인 소음으로 인해 밤에 깊이 잠들지 못하거나 깰 수 있으며, 이는 수면 부족으로 이어져 건강에 부정적인 영향을 미칠 수 있다.

(3) 분노와 적개심

지속적인 층간소음은 이웃 간에 분노와 적개심을 유발할 수 있다. 소음으로 인해 거주자들이 갈등 상태에 놓이면, 상호 간의 관계가 손상될 수 있다.

(4) 사회적 고립

소음으로 인해 주거 환경이 불쾌해지면 거주자들은 외부 활동이나 이웃과의 소통을 피하게 될 수 있다. 이는 사회적 고립을 초래할 수 있다.

(5) 집중력 감소와 업무 성과 하락

소음은 집중력을 저하시키고 업무 성과에도 영향을 미칠 수 있다. 특히 재택근무를 하는 경우, 층간소음으로 인한 업무 환경의 악화가 더 큰 문제로 작용할 수 있다.

[표 4-1] 소음이 인체에 미치는 영향

소음 크기	음원의 예	소음의 영향	비 고
20dB	나뭇잎 부딪치는 소리	쾌적	
30dB	조용한 농촌, 심야의 교회	수면에 거의 영향 없음	
35dB	조용한 공원	수면에 거의 영향 없음	WHO 침실 기준
40dB	조용한 주택의 거실	수면의 깊이가 낮아짐	
50dB	조용한 사무실	호흡, 맥박수 증가, 계산력 저하	환경 기준 설정선(주간)
60dB	보통의 대화소리, 백화점 내 소음	수면 장애 시작	
70dB	전화벨소리, 거리	TV·라디오 청취 방해	공사장 규제 기준
80dB	철로변 및 지하철 소음	청역장애 시작	
90dB	소음이 심한 공장 안	난청 증상 시작, 소변량 증가	
100dB	착암기, 경적소리	작업량 저하, 단시간 노출 시 일시적 난청 발생	

출처 : 국가소음정보시스템 홈페이지

(6) 대화 거부 및 감정 억누름

층간소음이 지속되면 이웃 간에 대화가 더 어려워질 수 있다. 거주자들은 갈등을 피하기 위해 소음에 대한 불만을 표현하지 않고 감정을 억누르게 될 수 있다.

이러한 심리적인 영향은 개인의 행복과 삶의 질에 영향을 미친다. 따라서 층간소음 갈등 분쟁의 심리적 측면을 고려하여 해결책을 찾는 것이 중요하다. 이를 통해 거주자들의 심리적인 피로를 완화하고 쾌적한 주거 환경을 조성할 수 있다.

2. 층간소음 갈등 분쟁 관련 법규

층간소음에 대한 법규는 국가나 지역에 따라 다르며, 건물의 용도와 관련된 규정에 따라 상이할 수 있다. 대부분의 국가에서는 층간소음을 규제하고 이를 관리하기 위한 법적인 조치를 마련하고 있다(박광현, 2020; 원해욱, 2006; 이은기, 2009; 최준혁, 2014). 다음은 우리나라를 비롯하여 일부 국가에서 시행하고 있는 층간소음 갈등 분쟁과 관련된 주요 법규를 살펴보고자 한다.

1) 한 국

우리나라에는 층간소음에 대한 법규 및 규제가 있는데, 다양한 법령과 규칙이 층간소음 갈등 및 분쟁을 다루고 있다. 주요 법규는 다음과 같다.

(1) 소음 및 진동 방지에 관한 법률

이 법은 2004년에 제정되었으며, 주로 소음 및 진동의 방지 및 관리에 관한 사항을 규정하고 있다. 건축물의 설계, 시공, 사용에 관한 기준을 제시하고, 소음 및 진동 허용 기준을 정하고 있다.

(2) 경범죄

'악기, 라디오, 텔레비전, 전축, 확성기, 전동기 등의 소리를 지나치게 크게 내거나 큰소리로 떠들거나 노래를 불러 이웃을 시끄럽게 한 사람은 10만 원 이하의 벌금, 구류 또는 과태료 형으로 처벌한다라'고 규정하고 있다.

(3) 주택법

「주택법」은 주택의 설계, 시공, 유지 및 보수에 관한 사항을 규정하고 있다. 이 법에서는 주택의 소음 관리에 대한 기준을 제시하고 있다.

(4) 환경분쟁조정법

이 법은 환경분쟁의 알선, 조정 및 재정의 절차 등을 규정함으로써 환경분쟁을 신속, 공정하고 효율적으로 해결하는 것을 목적으로 한다.

이 외에도 관련 법규나 규정은 실제 상황에 따라 현행 법률을 확인하는 것이 중요하다. 또한 층간소음 분쟁 발생 시에는 관련 법률 및 규정에 따라 분쟁을 해결하기 위한 중재나 조정 기구를 활용할 수 있다.

2) 미 국

미국에서는 층간소음과 관련된 법규가 주로 지방, 주 그리고 지역 단계에서 정해지고 시행된다. 다음은 미국에서 일반적으로 시행되고 있는 층간소음 갈등 및 분쟁과 관련된 주요 법규와 규정이다.

(1) 국가 수준의 법규

미국에서는 층간소음 및 환경소음에 관한 규제가 주로 국가 수준이 아닌 주 및 지역 수준에서 이루어진다. 그러나 국가 수준에서도 일부 법규가 존재할 수 있다.

(2) 주별 소음 규제

주별로 다양한 소음 규제가 존재한다. 주로 주택, 다가구 주택, 상업용 건물 등 다양한 건물 유형에 대한 층간소음 규정이 정해져 있다. 주의 환경부나 건강 및 환경 담당 기관에서 이를 관리하고 있다.

(3) 지방자치단체의 규정

층간소음 분쟁은 종종 지방자치단체에서의 규제와 관련이 있다. 도시 또는 카운티에서는 건축물의 사용 용도, 주거 구역과 상업 구역의 분리, 소음 규제에 대한 규칙을 수립하고 시행한다.

(4) 아파트 단지 규정

아파트 단지나 다가구 주택의 경우, 관리 규정이 있을 수 있다. 이는 아파트 단지 내에서 발생하는 층간소음에 대한 규제 및 분쟁 조정을 다루는 데 도움이 된다.

(5) 공공집회 규정

공공장소에서의 소음에 관한 규제도 있다. 특히, 공공 이벤트나 음악 행사와 같은 공공집회에서는 소음 수준에 대한 규제가 적용될 수 있다.

미국의 법규는 주별로 상당히 다를 수 있으며, 주별 환경규제 기관이나 주택 건설 규정을 확인하여 해당 주의 규제를 확인하는 것이 중요하다. 또한 소음 분쟁을 해결하기 위해 현지 법률 전문가나 중재 기구의 도움을 받을 수 있다.

3) 영 국

영국에서는 층간소음과 관련된 법규가 주로 국가 수준과 지역 수준에서 정해지고 시행된다. 다음은 영국에서 시행되고 있는 층간소음 분쟁과 관련된 주요 법규와 규정이다.

(1) 환경 소음 규제

환경 소음 규제는 영국에서 층간소음 문제를 다루는 핵심 법규 중 하나이다. 이 규제는 주로 환경 및 음향 관리 기관인 「환경보호법 1990(Environmental Protection Law 1990)」에 기반하고 있다. 소음 허용 수준과 관련된 규정, 측정 방법, 소음 제어 조치 등을 다룬다.

(2) 건축물 소음 규제

건축물의 소음에 관한 규제는 「건축 규정(Building Regulations)」에 포함되어 있다. 이 규정은 건축물의 설계와 건설 단계에서 소음 통제를 위한 기준을 제시하고 있다.

(3) 임대주택 소음 규제

임대주택에서의 층간소음 문제는 「환경보호법 1990」에 따라 규제되며, 주로 지역 음향 규제와 관련이 있다. 또한 임대주택의 소음에 대한 기준과 조치에 관한 규정도 포함될 수 있다.

(4) 근로 시간 소음 규제

영국에서는 근로 시간 동안의 소음에 대한 규제가 있다. 「작업장 소음 통제 규정 2005 (Control of Noise at Work Regulations 2005)」는 작업 장소에서 발생하는 소음에 대한 규정을 제시하고 있다.

(5) 지방자치단체의 규정

지방자치단체는 주거 지역과 상업 지역의 소음 규제를 관리하고 있다. 이는 지역 음향 규제 및 행정 규정으로 나타날 수 있다.

영국에서는 층간소음 분쟁이 발생했을 때, 주로 환경 기관이나 지방자치단체에서 중재 및 해결을 위한 서비스를 제공하고 있다. 또한 온라인 중재 서비스나 소음 통제 전문가의 도움을 받을 수도 있다.

4) 독 일

독일에서는 층간소음과 관련된 법규가 주로 국가 수준과 지방 수준에서 정해지고 시행된다. 다음은 독일에서 시행되고 있는 층간소음 분쟁과 관련된 주요 법규와 규정이다.

(1) 건축법
독일의 각 주는 자체적으로 「건축법」을 가지고 있다. 이 법은 건물의 설계, 건축, 사용에 관한 기준을 제시하며, 층간소음에 대한 규제도 다루고 있다.

(2) 이웃관계법
독일의 「이웃관계법」은 이웃 간의 분쟁 및 소송을 조절하는 법률이다. 층간소음 문제 역시 주로 주거 지역에서 발생하는 문제로 여겨지며, 이 법에 따라 해결될 수 있다.

(3) 소음 및 진동 방지법
독일에서는 환경 및 소음 통제에 관한 법률이 존재한다. 이 법은 측정, 평가, 소음 허용 기준, 소음 관리 및 감시 등을 다루고 있다.

(4) 근로 시간 소음 규제
직장규제라 불리는 독일의 근로 시간 소음 규제는 작업 장소에서 발생하는 소음에 대한 규정을 제시하고 있다.

(5) 관할 지역 음향 규제
독일의 각 도시나 지방은 지역 음향 규제를 수립하여 지역사회의 소음 문제를 다룬다. 이는 지방자치단체가 책임지고 있다.

독일에서는 층간소음 분쟁이 발생할 경우 이웃 간의 합의나 중재 과정을 통해 문제를 해결하는 것이 일반적이다. 이 과정에서 도움이 필요하면, 지역의 관련 기관이나 법률 전문가의 조언을 받을 수 있다.

5) 일 본

일본에서는 층간소음과 관련된 법규가 국가 수준에서 정해지고 있다. 다음은 층간소음 분쟁과 관련된 주요 법규와 규정이다.

(1) 주택 및 건물 소음 대책법

일본에서는 주택 및 건물에서 발생하는 소음에 대한 규제를 위해 「주택 및 건물 소음 대책법」을 시행하고 있다. 이 법은 건축물의 설계, 시공, 사용에 관한 규칙을 제시하고, 층간소음에 대한 제한을 규정하고 있다.

(2) 환경 소음 규정

일본에서는 「환경 소음 규정」을 통해 다양한 소음 관련 규제를 수립하고 있다. 이 규정은 주로 주거 지역 및 상업 지역에서의 소음 허용 기준 및 관리 방법을 다루고 있다.

(3) 지방자치단체의 규정

지방자치단체는 지역사회의 특별한 상황에 따라 소음 규제를 조정할 수 있다. 지방 읍·면·동의 규정이나 지방 음향 규제가 해당될 수 있다.

(4) 주택 소음 허용 기준

주택에서 발생하는 소음에 대한 기준이 설정되어 있으며, 이는 주택 소유자 및 입주자들에게 일정 수준의 소음을 허용하고 있는지를 판단하는 기준으로 사용된다.

(5) 중재 기관 및 중재 서비스

층간소음 분쟁이 발생할 경우, 지방 읍·면·동이나 시의 소음 통제 담당 기관에서 중재 서비스를 제공할 수 있다.

6) 호주

호주에서는 층간소음과 관련된 법규가 주로 주 및 지역 수준에서 정해지고 있다. 호주는 주별로 다양한 법규 및 규제를 가지고 있다. 일반적으로 참고될 수 있는 주요 법규와 규정은 다음과 같다.

(1) 환경 보호 및 관리법
호주의 각 주는 「환경 보호 및 관리를 위한 법률(Environmental Protection and Management Laws)」을 갖고 있으며, 이 법률은 소음 규제에도 적용될 수 있다. 각 주의 환경 보호 기관에서 소유 허용 기준 및 규제를 정하고 있다.

(2) 주택 건축법
각 주는 「주택 건축에 관한 법률(Residential Building Laws)」을 갖고 있으며, 주택에서 발생하는 층간소음에 대한 규제가 포함될 수 있다. 이는 건축물의 설계와 건설 단계에서부터 주거환경에서의 소음에 대한 규정을 다룬다.

(3) 지방 음향 규제
지방 읍·면·동이나 시에서는 지역 음향 규제를 수립하여 주민들의 소음 문제를 다룬다. 이는 지방자치단체에서 시행되는 규정이다.

(4) 건물 코드 및 규정
건물 코드와 규정은 건축물의 설계와 건설에 대한 기준을 제시하며, 층간소음에 대한 규제도 포함될 수 있다.

(5) 소비자 보호법
「소비자 보호법(Consumer Protection Laws)」에는 주택을 소비자로 하는 경우와 관련된 규정이 포함될 수 있다. 이는 주거 환경에서의 품질 및 안전에 대한 요구사항을 다루고 있다.

이 외에도 다양한 국가에서는 층간소음에 대한 법규를 가지고 있다. 건물소음에 대한 규제는 건축법, 소음 관련 법률, 환경보호법 등 다양한 법적 규정에서 다뤄진다. 지역에 따라 법규가 상이하므로, 특정국가나 지역의 법률을 확인하는 것이 중요하다. 층간소음 분쟁이 발생할 경우, 해당 주나 나라의 법규를 확인하고, 지방자치단체 및 환경 기관의 지원을 받는 것이 중요하다. 분쟁 조정을 위해 법률 전문가나 중재 서비스를 활용하는 것도 고려할 수 있다.

3. 층간소음 갈등 분쟁 관련 제도

층간소음 갈등 분쟁은 이웃 간에 발생할 수 있는 문제로, 이를 해결하기 위해 다양한 제도와 절차가 있다(송경렬 외, 2019). 층간소음 갈등 분쟁과 관련된 주요 제도 및 절차에 대한 내용은 다음과 같다.

1) 주거 단지 내 규제 및 조정

많은 국가에서는 아파트 단지나 다가구 주택에서의 층간소음을 위한 규제 및 조정 제도가 있다. 아파트 단지 내의 주민들 간에 발생한 층간소음 갈등은 아파트 단지 내 규제 기구나 주민 모임을 통해 조정되기도 한다. 이 규정에는 소음에 대한 규제와 해결 방법에 대한 내용이 포함될 수 있다. 우리나라의 경우 「공동주택관리법」에 의한 지자체별 공동주택관리규약 준칙을 제정하여 오후 10시부터 다음날 오전 6시까지 금지행위 등을 제시하고 관리하고 있다.

2) 층간소음 허용 기준

건축 법규나 주거 환경에 관한 규정에서는 층간소음에 대한 허용 기준을 제시할 수 있다. 이는 건축 시에 측정되어야 하는 소음 수준에 대한 기준을 의미한다. 우리나라에서는 「공동주택 층간소음의 범위와 기준에 관한 규칙」 제3조에 층간소음의 기준을 정하여 관리하도록 하고 있다. 예를 들며, 5분간 평균 소음 허용한도를 주간에는 45dB, 야간에는 40dB로 제한하고 있다.

3) 소음 모니터링 및 측정

층간소음을 해결하기 위해 소음 모니터링과 측정이 진행될 수 있다. 전문가가 소음 수준을 측정하고 문제의 원인을 파악하여 적절한 대책을 제시한다. 「공동주택 층간소음의 범위와 기준에 관한 규칙」에 층간소음의 기준을 제시하여 지키도록 하고 있다([표 4-2] 참조).

4) 주민 참여 및 커뮤니티 회의

층간소음 분쟁이 발생하면, 아파트 단지나 주거 지역 내에서 주민들 간의 회의나 참여를 통해 문제를 해결하는 노력이 이루어진다. 이는 자발적인 협력과 이해를 통해 갈등을 조정하고 해결하기 위한 공동체의 자율적인 의사소통이다. 지역 주민들 간의 소음 문제를 해결하기 위해 지역 주민 모임이나 지역별 커뮤니티(Community) 회의를 개최할 수 있다. 이를 통해 이웃 간의 소통을 강화하고 공동체 의식을 통한 해결책을 모색할 수 있다.

5) 중재 및 조정 서비스

몇몇 지역에서는 층간소음 갈등을 중재하고 조정하는 서비스를 제공한다. 중립적인 중재자나 조정자가 갈등 당사자들 간의 대화를 주도하고 해결책을 모색한다. 우리나라의 경우 「공동주택법」에 근거한 공동주택관리규약 준칙에서 층간소음관리위원회를 구성하여 운영하도

[표 4-2] 시간대별 소음 측정횟수 및 측정시간

구 분	측정횟수	측정소음도	
		수 동	연 속
낮 시간대(06:00~22:00)	2시간 이상 간격 4회	5분 등가소음도 산술평균(4회)	1시간 등가소음도 산술평균(4회)
밤 시간대(22:00~06:00)	2시간 이상 간격 2회	5분 등가소음도 산술평균(2회)	1시간 등가소음도 산술평균(2회)

출처 : 국가소음정보시스템 홈페이지

중앙 공동주택관리 분쟁조정위원회

「공동주택관리법」 제71조에 근거한 중앙 공동주택관리 분쟁조정위원회는 공동주택관리 관련 갈등 및 분쟁을 변호사, 회계사, 주택관리사 등 15인의 전문가로 구성된 위원회를 통해 신속·공정하게 해결하기 위해 설립된 분쟁조정기구이다.

록 하고 있다. 층간소음 갈등 분쟁 시 상담과 조정에 대한 도움을 받을 수 있는 곳으로는 층간소음 이웃사이센터, 중앙 공동주택관리지원센터, 중앙 공동주택관리 분쟁조정위원회, 환경분쟁조정위원회 등이 있다. 〈그림 4-1〉은 중앙 공동주택관리 분쟁조정위원회 분쟁 조정절차이다.

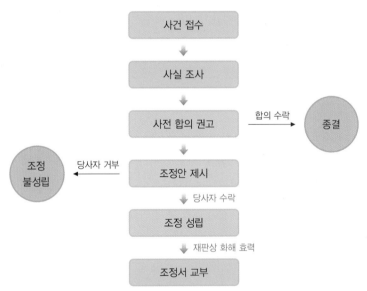

〈그림 4-1〉 중앙 공동주택관리 분쟁조정위원회 분쟁 조정 절차
출처 : 중앙 공동주택관리 분쟁조정위원회 홈페이지

6) 소음 차단 및 절연 시설 설치

건축물 설계나 리모델링 단계에서는 소음을 줄이기 위한 차단 및 절연 시설을 설치하는 것이 중요하다. 바닥재, 벽재, 천장재 등에 소음 차단 장치를 사용하여 층간소음을 최소화할 수 있다. 한국은 국토부에서 저소득층 대상 층간소음 저감매트지원사업을 실시하고 있다.

7) 법적 대응 및 소송

최후 수단으로 층간소음 갈등이 해결되지 않을 경우, 법률적인 절차가 필요할 수 있다. 소송 절차는 각 국가 및 지역의 소음 규제 및 관련 법률에 따른다. 심각한 갈등이나 법적 분쟁의 경우, 법적인 대응이 요구된다. 건물 소음에 관한 법률에 기초하여 소송을 진행하거나 법원에서 해결할 수 있다. 우리나라의 경우 고의로 발생시키는 소음에 대하여 「경범죄처벌법」 제3조와 「형법」 제20조를 적용하여 처벌할 수 있다. 독일의 경우 청각을 해치는 소음이 생리적 기능의 장애를 유발하는 것으로 보고 '신체침해죄'를 인정하고 있다(박광현, 2020).

8) 관련 전문가의 참여

층간소음갈등분쟁전문가, 건축가, 음향 기술자, 중재자, 법률 전문가 등 갈등 해결을 위한 다양한 전문가들의 참여가 필요할 수 있다. 일부 국가나 지역에서는 지역 음향 관리 기관이 층간소음과 같은 소음 문제에 대해 중재 및 해결 서비스를 제공한다. 관련 전문가 집단은 소음 허용 기준을 감독하고, 갈등 분쟁에 대한 중재 역할을 수행한다.

   이러한 제도와 절차는 갈등의 심각성에 따라 다양하게 적용될 수 있다. 가장 효과적인 해결 방안은 양측이 협력하여 상호 합의점을 찾는 것이며, 이를 위해 다양한 제도와 서비스가 제공되고 있다.

PART

2

층간소음 갈등 분쟁 관리 방법

CHAPTER

5

층간소음 분노의 이해

이 장에서는 층간소음의 분노에 대한 개념 정리와 정의를 이론 중심으로 설명하고, 층간소음 분노의 순기능과 역기능에 대해서 살펴보고자 한다.

+ 층간소음의 분노에 대한 개념을 다양한 이론가의 정의를 통해 파악한다.
+ 층간소음 화와 분노에 대해 개념적으로 정의한다.
+ 층간소음 분노의 순기능과 역기능을 논의한다.

1. 층간소음 분노

1) 층간소음 분노의 개념

인간은 개별화의 존재이다. 현대를 살아가는 대인관계에서 자기의 사고나 느낌, 의견 등 본인이 간절하게 나타내고 싶은 것이 있어도 체면이나 자존심 등으로 인하여 자기 자신의 권익을 스스로 포기하고 얌전한 체하며 자신의 내면을 표현하지 못하는 경우가 있다. 또한 상대방의 기분을 맞추기 위해서 전혀 마음에도 없는 말이나 행동을 하는 경우도 있고, 혼자 고민하면서 분노를 경험하기도 한다. 빛의 속도로 가속화되고 있는 이 시대에 층간소음은 아파트, 연립주택 등 공동주택에서 발생하는 소음으로, 이웃 간의 분쟁과 갈등을 일으키는 주요 원인 중 하나이다(이순배, 2021).

몽형(蒙衡, 2009)은 소음(騷音)을 '사람에게 불쾌감을 주거나 유해한 음향'으로 정의했다. 공동주택 층간소음이 사람에게 주는 영향으로 스트레스로 인한 두통, 불면증, 신경쇠약증(환경부, 2015)뿐만 아니라, 대화 및 집중력 방해, 불쾌감, 아동의 학습장애(박영민 외, 2015), 행동장애가 있으며, 심지어 이웃주민을 사망에도 이르게 한다(李白庆·刘坤文, 2002).

강순주(姜淳柱, 2007)는 소음을 주거 불만의 원인으로 꼽았다. 최근 층간소음 관련 민원이 끊이지 않고 방화나 살인사건(이철한·장도환·송우석, 2014)까지 발생하여 보도되는 등 심각한 사회문제로 대두되고 있다. 영국은 주택의 소음을 반사회적 행위(Anti-Social Behavior)의 하나로 규정하고 있다.

층간소음 분노는 건물이나 아파트 등에서 발생하는 소음으로 인해 이웃들이나 건물 주민들이 느끼는 강한 분노나 불편함을 나타낸다. 층간소음은 주로 바닥에서 발생한 소음이 위층에 전달되어 발생하며, 발걸음 소음, 가구 이동 소음, 음악 소음, 물건 떨어지는 소음, TV 소리 등이 해당된다. 이것으로 사람들은 분노를 느끼게 되는 것이다.

층간소음으로 인한 분노를 다루는 방법은 다양하다. 이웃과의 대화와 상호 이해, 소음을 줄이기 위한 조치, 소음 차단을 위한 방음 시설 설치 등의 도움과 분노 관리 기술을 배우고 실천하는 것도 도움이 된다. 이를 통해 분노를 조절하고, 스트레스를 효과적으로 관리할 수 있는 인간의 가장 기본적인 감정 중 한 가지인 분노를 다루는 방식의 변화를 통하여, 개인의 심리적 · 내적인 요인들을 효과적으로 통제함으로써, 분노의 공격적인 표현을 감소시켜 분노로 야기되는 여러 가지 문제점을 효율적으로 해결해야 할 필요가 있다.

2) 층간소음 분노의 정의

분노는 강한 불만이나 불편함, 불평 등에 대한 강한 감정으로, 일반적으로 즉각적이고 강렬한 반응을 동반한다. 이 감정은 주로 어떤 상황이나 사건에 대한 불평, 불만, 불안, 혹은 무력감 등이 누적되어 발생할 수 있다. 분노는 감정의 한 종류로서, 일반적으로 사람들이 자신의 가치나 목표에 대한 간겸이나 억압을 느낄 때, 그리고 자신의 통제가 힘들거나 손실을 경험할 때 나타날 수 있다. 분노는 양성적인 행동을 유발할 수도 있지만, 때로는 부정적인 결과를 초래할 수도 있다.

일반적으로 분노는 다음과 같은 특징이 있다.

[표 5-1] 학자별 분노의 정리

학 자	정 의
샥터와 싱어(Schacter & Singer, 1962)	분노는 상황을 어떻게 해석하느냐 하는 인지적 요인에 의해 좌우된다.
노바코(Novaco, 1975)	공격의 저변에 깔려 있는 주요 요소이며, 감정적인 문제에 직면했을 때 나타나는 공격적 행동이다.
노바코(Novaco, 1979)	스트레스에 대한 생리적 반응이다.
스필버거와 런던(Spielberger & London, 1982)	미미한 짜증 혹은 곤혹감에서 강한 격분이나 격노에 이르기까지의 여러 강도를 가지는 정서 상태이다.
프라이스(Price, 1982)	교감 신경계를 자극하여 노르에피네프린(norepinephrine)을 방출시키고, 말초혈관을 수축시켜 혈압을 높이며, 맥박을 증가시킨다.
스필버거(Spielberger, 1985)	인간의 기본적인 정서들 중 하나이며, 모든 사람들이 공통적으로 지니고 있는 감정이다.
파인들러와 엑톤(Feindler & Ecton, 1986)	인지적 관점에서 분노 유발 사건에 대한 정서적 스트레스 반작용이다.
카터와 미너스(Carter & Minirth, 1993)	개인적인 성장, 필요한 욕구, 기본적인 확신을 보존하려는 의지이다.
이성정(2006)	분노는 인간이 살아가기 위한 하나의 적응 기제로서 긍정적인 면이 있는 반면 과도한 분노 표현은 신체적·정신적·사회적으로 문제를 야기하는 부정적인 면도 포함한다.
이정숙 외(2010)	상당히 객관적인 사실로부터 추상적인 사실에 이르기 까지를 모두 포함한다.
안정미(2013)	분노를 구성하고 있는 정서적·생리적·인지적·환경적·행동적 영역들 각각은 서로 상호작용하며, 수많은 상황적인 변인에 따라 그 반응이 달라진다.

① 물리적 반응은 땀이 나거나 심장 박동이 증가하는 등의 생리적인 변화를 동반할 수 있다.

② 언어적 욕설, 과격한 언어, 공격적인 표현 등으로 나타날 수 있다.

③ 행동 변화는 폭력적인 행동이나 공격적인 자세로 나타날 수 있으며, 가끔은 타인이나 물건에 대한 공격적인 행동으로 표출될 수 있다.

충간소음 분노 관리는 충간소음으로 인한 분노와 스트레스를 조절하고, 상황을 조화롭게 해결하기 위한 방법을 의미하며, 이웃 간의 갈등을 예방하고 건강한 생활환경을 유지하는 데 의의가 있다.

분노는 자연스러운 감정으로서 적절하게 표현되고 다루어지면 건강한 감정으로 기여할 수 있으며, 너무 과도하거나 통제가 어려운 분노는 문제를 야기할 수 있다. 따라서 감정 관리, 대화, 심리적 지원 등을 통해 건강한 방식으로 분노를 관리하고 조절하는 것이 중요하다.

2. 충간소음 화와 분노

화(怒)와 분노(憤怒)는 강한 감정으로, 불만, 불평, 불안, 억압 등에 대한 강력한 반응을 나타낸다. 이 두 감정은 유사한 맥락에서 사용되기도 하지만, 세밀한 차이점이 있다.

화(怒)는 일반적으로 누군가가 자신에게 불공평하거나 불쾌한 행동을 하였을 때 느끼는 감정이다. 주로 타인의 부정적인 행동이나 상황에 대한 불만이나 불평이 화로 표현되는 것이 특징이다.

분노(憤怒)는 주로 상황에 대한 불만이나 억압, 무력감 등에 대한 강한 감정으로 나타난다. 주로 더 큰 부정적인 상황에 대한 불만이나 억압, 무력감 등이 분노로 표현되며, 감정의 세기가 화보다 강하고, 감정의 표출이 보다 공격적일 수 있다.

표출 방식으로 강한 언어적 표현이 있으며, 공격적이고 날카로운 언어를 사용할 수 있다. 행동은 화보다 더 강한 행동으로 나타날 수 있으며, 폭력적인 행동을 동반할 수 있다.

충간소음은 많은 사람들에게 화와 분노를 일으킬 수 있는 문제로 이웃 간의 갈등을 야기

층간소음으로 인한 화와 분노 관리 방법
• 대화 : 가장 효과적인 방법은 이웃과 대화를 나누는 것이며, 예의를 갖추며 상황을 설명하고, 서로의 의견을 듣고 이해하려고 노력해 보는 것이다.
• 소음 차단 : 집 안에서 소음을 줄이기 위해 카펫을 깔거나 소음 차단용 패드를 사용하는 등의 방법을 고려해 보는 것이다.
• 시간 조정 : 층간소음이 특히 민감한 시간대에 발생하는 경우, 그 시간대에는 소음을 최소화하는 노력을 해 보는 것이다.
• 중재 서비스 이용 : 심각한 경우, 아파트 관리위원회나 관련 기관의 '층간소음 갈등관리협의회' 등 중재 서비스를 이용해 보고, 층간소음 문제에 대한 전문적인 조언을 제공받는 것이다.
• 자기 관리 : 스트레스를 관리하고, 화와 분노를 조절하는 방법을 익히는 것도 중요하다. 심호흡, 명상, 운동 등의 기법을 활용해 보는 것이다.

할 수 있으며, 일상생활에 불편을 초래할 수 있다.

　층간소음은 매우 민감한 문제이지만, 대화를 통해 상호 간의 이해를 도모하고 화와 분노의 해결책을 찾는 것이 중요하다. 화와 분노는 모두 감정의 일종으로, 상황과 감정을 적절히 관리하는 것이 중요하며, 감정을 인식하고 표현하면서, 타인과의 대화 및 관계에서 적절한 대처가 필요하다. 이를 통해 건강하고 조절된 감정 표현이 가능해지는 것이다.

1) 분노와 우울함의 관계

분노는 괴로움과 동격인 감정이다. 어떤 형태의 우울증은 분노의 감정으로 나타나기도 하는데, 이는 분노를 뜻하는 영어 단어 'anger'가 괴로움을 뜻하는 'anguish'와 같은 어원이라는 면에서도 유사성을 확인할 수 있다. 한국 사람에게 많은 '화병(火病)'은 형태적으로는 신체형 장애와 유사하지만 감정적으로는 우울증과 유사하다. 그래서 '울화병(鬱火病)'이라는 말을 쓰기도 한다. 그런 면에서 '화병'은 한국의 억압적 문화 속에서 변형된 우울 장애로 볼 수도 있을 것이다. 그렇다고 해서 억지로 화를 참는 것도 능사는 아니다. 마음속에 꾹꾹 눌러 담은 화는 스트레스가 되어 여러 신체 증상으로 나타나기도 하고, 정서적으로는 우울감이나 불안감 등으로 표현되기도 하며, 때로는 이러한 억압된 분노가 대상에 대한 수동 공격형 방어로 나타나는 경우도 있다.

수동 공격성이란 잘 드러나지 않는 방법으로 고집을 부리거나 잘못된 태도를 취하고 지시에 꾸물거리는 등의 소극적인 방법으로 상대에게 분노를 표출하는 것을 말한다. 요즘 말로 흔히 얘기하는 '소심한 복수'이다. 층간소음으로 아래 위 층간에 똑같은 방법으로 보복의 행동을 취하여 분노를 표출하는 것을 심심찮게 볼 수 있다. 결국 이것은 인간관계와 작업 능률에 지장을 주어 스스로에게 피해를 가져오는 결과를 낳는다.

2) 분노 표출의 이유

인간은 화와 분노의 마음을 도대체 왜 가지고 있는 것일까? 인간은 사회적 동물로 하루에도 수많은 만남을 통해 사람들과 관계를 맺으며 살고 있다. 층간소음의 이해관계와 부딪히거나, 적대적인 감정 교감이 일어나는 등의 위협적인 대상이 생기기도 한다. 일반적으로 우리는 위협적인 대상과 맞닥뜨리게 될 경우 협상, 도망, 투쟁의 세 가지 전략 중 하나를 선택한다. 처음에는 우선 협상을 통해서 대상의 공격성을 누그러뜨리려고 하지만, 그것이 통하지 않으면 대뇌 편도체가 활성화되면서 도망치는 전략을 구사한다. 그러나 이마저 여의치 않으면 편도체가 최대로 활성화되어 분노가 동반된 적극적인 공격을 시도하게 된다. 이것이 '화'이다.

미들바이 클레멘츠와 그레니어(Middleby-Clements & Grenyer, 2007)는 분노의 표현이 주는 효과에 대해서 이른바 '무관용 접근(Zero-tolerance Approach)'이라는 개념을 제시하였다. 분노를 하면 당장은 큰 비용으로 비난, 신체 고통 등이 나타나게 된다. 그러나 장기적으로 봤을 때 분노하는 사람에게 다른 사람들이 함부로 대적하지 않게 되기 때문에, 원시 사회에서 분노는 생존을 위한 유리한 전략이었을 것이라는 주장이다.

우리는 어떤 일이 옳지 못하다고 느꼈을 때 분노한다. 분노 표출은 때로는 부당한 대우에 항거하는 매우 정당한 행위라고 믿곤 한다. 사람들이 분노를 표출한 이후에 감정적으로 후련함을 느끼는 것도 어떤 면에서는 자신이 할 일을 했다고 믿기 때문이다. 그러나 연구에 의하면 사람들이 분노할 때는 분노 감정에 관여하는 편도체의 활성이 먼저 일어나고, 뒤따라서 상황을 해석하는 신피질이 작동한다. 쉽게 말해서 분노가 먼저 일어나고 그에 대해서 적당한 이유를 찾는 것이지, 정당한 이유가 있기 때문에 분노하는 것은 아니라는 것이다. 적절한 층간소음의 분노 표현은 자신의 건강에 활력소가 되는 것이다.

3) 분노의 중독성

사회적 부조리에 항거하는 정당한 분노는 우리 사회를 발전시키는 큰 힘이 되어온 것이 사실이다. 그러나 개인의 수준에서 분노를 다스리지 못하는 것은 여러모로 대단히 불리하다. 한때 마음속 분노를 모두 분출하면 신경증이 좋아진다고 하여 '카타르시스 치료법'이 인기를 끈 적도 있었다. 그러나 대다수의 의사들은 이런 방법이 거의 치료 효과가 없다고 하였다.

사실 분노는 표출하면 할수록 점차 증폭되고 강화된다. 처음에는 소리를 지르던 수준에서 점차 물건을 던지고 사람을 때리는 수준으로 발전하게 된다. 그리고 그런 수준에 이르면 스스로는 도저히 억제할 수 없는 상황에 빠지곤 한다. 특히 청소년의 우울 장애는 종종 분노를 동반한 탈선으로 나타난다. 아이들은 자신의 부적절함과 불편한 감정을 감당해 내는 성숙함이 부족하기 때문에 분노를 원색적으로 드러내면서 폭력이나 비행으로 이를 표현하고자 하는 것이다.

성인들 또한 화나 분노를 잘 참지 못한다면 마음이 충분히 성숙하지 못한 사람이라고 할 수 있다. 분노가 잘 조절되지 않는 것은 상대가 나를 화나게 했기 때문이 아니라 나의 마음이 충분히 수양되지 않았기 때문이다. 설령, 정말 부당한 대우를 받는 상황이라도 분노를 직접 겉으로 드러내는 것보다는 평온하고 침착한 마음으로 차분하게 대처하는 것이 훨씬 유리하다. 분노로 감정을 쏟아내기 전에 자기 자신의 마음을 다스리는 방법을 먼저 배워서 현실에 적용하는 것이 층간소음의 갈등 관리를 해결하는 데서 중요하다.

4) 분노와 화병의 관계

화병은 한국의 민간인들이 오랫동안 사용해 왔던 용어로서, 문화 관련 증후군으로 알려진 장애이다. 그 증상은 화남, 억울하고 분한 감정, 피해 의식, 열감, 치밀어 오름, 심계항진, 목과 가슴의 덩어리, 숨이 답답함, 구갈, 좌불안석인 상태, 눈물, 한숨, 하소연, 비관, 허무함, 덥거나 갇힌 상태에 대한 거부감 또는 집 밖으로 뛰쳐나가는 등이 특징인 증후군이다. 환자는 분노, 억울함과 분함 그리고 때때로 증오에 대해서는 눈물을 흘리면서 길게 이야기하나, 폭력성은 거의 보이지 않는 것이 특징이다. 환자들은 흔히 화병이 만성적인 병으로 오랫동안 화나는 것, 억울하고 분한 것 등을 참고 참아 억눌린 것이 쌓여 생긴다고 말하고 있다.

DSM-IV(Diagnostic and Statistical Manual of Mental Disordersthird Edition) 진단 기준에 의하면 화병은 한국의 한 농촌 지역 인구의 4.21%에서 나타나며, 특히 중년 이후의 여자에게 많이 생긴다. 화병은 우울증과 신체적 장애의 복합 증후군으로서 분노를 억제한 결과로 본다(이순배, 2021). 층간소음의 갈등을 잘 조절하여 화와 분노를 잘 다스리는 것이 중요하다.

3. 층간소음 분노의 기능

분노는 생존에 필요한 자연스러운 감정 중 하나로 다양한 기능을 수행하며, 적절하게 다루어지고 표현되면 개인 및 집단의 복리에 기여할 수 있다. 그러나 분노가 지나치게 통제되지 않거나 부적절하게 표현될 경우 문제를 야기할 수 있다. 따라서 분노를 적절하게 관리하고 표현하는 방법을 배우는 것이 중요하다. 심리적인 지원, 감정 관리 기술, 대인관계 스킬 등을 통해서 층간소음 갈등 관리는 건강한 방식으로 분노를 다룰 수 있을 것이다.

분노의 기능

- 자기보호 기능 : 분노는 자기보호의 역할을 하고, 위협적인 상황에서 개인이 자신을 보호하고 방어할 수 있도록 도와준다.
- 행동 유발 및 에너지 제공 : 분노의 문제 상황에 대한 대응 행동을 유발하고, 행동을 취할 때 필요한 에너지를 제공하며, 어려운 상황에서 대처할 수 있는 능력을 강화한다.
- 사회적 신호 : 분노가 타인에게 개인의 가치와 경계를 보여주는 사회적 신호로 작용할 수 있으며, 타인에게 억압을 받았을 때 이를 표현함으로써 자신의 효력을 강화할 수 있다.
- 문제 해결 유도 : 분노가 문제 상황에 대한 불만이나 불평을 통해 문제 해결을 유도한다. 이는 상황을 개선하고 불합리한 것을 극복하는 데 도움을 줄 수 있다.
- 자아보호 및 자존감 유지 : 분노가 자아를 보호하고 자존감을 유지하는 데 도움을 줄 수 있다. 불합리한 행동이나 대우에 대해 분노를 표현함으로써 개인은 자신의 가치를 지키려고 노력할 수 있다.
- 공정성 강조 : 분노가 공정성을 강조하는 데 도움을 줄 수 있다. 불공평한 상황에 대한 분노 표현은 개인이나 집단의 권리를 지키려는 노력을 나타낼 수 있다.

1) 분노의 순기능과 역기능

분노는 순기능도 있지만 일반적으로 역기능이 많다. 분노는 가족 문제, 직장 문제, 심리적 건강이나 신체적 건강 문제들과 밀접한 상관을 보이고, 이러한 문제들을 예측하는 데 중요한 요인으로 언급된다. 고대로부터 동서양을 불문하고 분노의 부정적 결과들이 지적되었고, 많은 철학자나 종교 지도자들이 분노를 잘 조절하여야 한다고 하였다(Tavris, 1989).

이에 분노 조절에 대한 관심과 연구가 많아지고 있다. 최근 연구들에서 분노의 경험이나 표현에서 인지적 요인이 강조되고 있다(서수균, 2004; 이근배, 2008; Beck, 2000). 이러한 인지적 요인 중에서, 정서 조절 중의 하나로서 공통된 주제를 보이며 상황적 요구가 없는 데도 반복적으로 되풀이되는 의식적 사고(Conscious Thoughts)인 '반추'에 대한 관심이 증가하고 있다.

반추는 첫째, 의식되는 인지적 활동이고, 둘째, 부정적 기분이나 내용에 관한 것이고, 셋째, 과거 사건에 관한 것이고, 넷째, 자동적이거나 통제할 수 없는 것이고, 다섯째, 개인이 반추하는 동안 밖으로 표현하지 않는다(Papageorgiou & Wells, 2004). 그들은 반추를 '부정적 정서를 유발시킨 과거 사건들에 대한 의식되고, 자동적이고, 되풀이되는 사고 혹은 심상'이라고 정의하였다. 대부분의 사람들은 이러한 되풀이되는 혹은 반복되는 사고가 도움이 된다고 생각하는 경향이 있다. 즉, 부정적 기분이 발생했을 때 통찰을 얻거나 문제를 해결하기 위해 자신의 내부에 집중하여 자신의 감정이나 상황을 평가해야 한다고 믿는다.

루보미르스키와 놀렌 헥세마(Lyubomirsky & Nolen-Hoeksema, 1993)에 의하면, 반추하도록 한 우울 집단은 자신이나 자기 문제에 대해 통찰할 수 있었다고 보고하였고, 자신이 문제를 잘 해결하지 못하였을 때조차도 통찰에 도움이 된다고 하였다. 즉, 반추가 문제를 해결거나 기분을 호전시키는 데 도움이 된다. 마틴과 테서(Martin & Tesser, 1996)는 반추가 목표 불일치를 감소시키거나 상위 목표들을 달성하기 위한 수단이 된다고 주장하였다. 물론 반추가 항상 개인이 원하는 목표를 달성할 수 있도록 해 주는 것은 아니라고 하였다. 반추가 개인에게 내부에 집중하도록 하여 자신의 감정이나 문제 상황을 평가하도록 도와 통찰을 주는 역할을 할 수 있다고 주장하였다. 그에 의하면, 다른 경험이나 행동을 처리할 수 있는 정도에서 자신이 경험하는 부정적 정서에 몰입하거나 벗어나는 과정을 정서 처리(Emotional Processing)라 하였는데, 부정적 정서 자체에 지속적으로 주의를 집중하는 것이 정서를 성공적으로 처리하는 데 중요한 요소이고, 층간소음 갈등 분쟁 관리를 위해서는 인간의 삶에 긍정적인 마인드를 갖추는 데 도움을 줄 수 있다.

(1) 분노의 순기능

분노는 외부 자극에 대한 자연스러운 반응이기도 하지만, 부정적 결과를 일으키는 경우가 많아 일반적으로 좋지 않게 지각되는 정서이다. 부당한 대우나 자신을 평가 절하하는 외부 자극에 감정적 혹은 행동적 반응은 자연스러운 것이다. 분노는 위협 상황에서 인간의 생존을 도와줄 수 있고, 자신의 욕구에 대한 위험이 있을 때, 이를 피하도록 동기화시켜 줄 수도 있다(서수균, 2004).

이와 같이 분노는 부정적인 기능만 있는 것은 아니다. 분노는 다른 정서와 마찬가지로 사람들이 역경에 처했을 때 우리의 에너지를 활성화시켜 주고 좌절이나 부당함에 직면했을 때 인내심을 증진시켜 주며 가치감을 공고하게 해 준다(Novaco, 1994). 또한 분노는 대인 관계 시 행동의 조절뿐만 아니라 자기 방어 및 통제력과 관련된 내부의 생리적·심리적 과정을 조직화하고 조절해 주는 등 다양한 적응적인 기능을 제공한다(심유진, 2008).

분노는 적절히 잘 표현하면 대인 관계를 향상시킬 수 있고 자신의 심리적 방어로 불안을 감소시키며, 얻고자 하는 것을 더 많이 얻을 수 있다. 또한 분노 표현은 돌보아 주는 사람에 대해서 의사소통인 사회적 신호를 제공하고, 유아에게는 어떻게 행동하는 것이 좋은 방법인지를 신호로써 알려준다. 이러한 학자들의 순기능 이론을 바탕으로 층간소음 갈등 분쟁을 해소하는 데 의의가 있다.

(2) 분노의 역기능

분노는 인간에게 있어서 빈번히 경험되는 일차적이고 보편적인 정서로 다른 사람과 상호작용하는 동안에 종종 발생하며 여러 가지 형태로 표현된다. 분노가 제대로 표현되지 못하거나 지나칠 경우 공격성이 표현되기도 하며, 분노 표현이 부적절하게 이루어질 때, 육체적·심리적·정서적인 상해를 입거나 인간관계의 어려움, 반사회적인 성향이 표출되고 인격 장애로 발전하기도 한다(이정숙 외, 2010).

헤이즈브룩 등(Hazebroek et al., 2001)의 연구에서는 특성 분노가 높은 사람들이 특성 분노가 낮은 사람들보다 해석 편향, 타인 비난, 타인의 의도에 대한 부정적인 평가와 같은 역기능적인 인지적 특성과 관련이 있는 것으로 보고되었다.

분노는 우울증을 비롯하여 현대인이 경험하는 정신 장애와 관계가 깊다(최성일 외, 2001). 분노는 심리적 건강뿐만 아니라 신체적 건강에도 부정적 영향을 주는 것으로 나타난다. 분노는 질병에 대한 취약성을 증가시키거나 면역 체계를 약화시킬 수 있으며 심혈관계 질병으로 인한 사망 위험을 증가시킬 수 있다. 수인(Suinn, 2001)은 이러한 결과가 일어나는 이유로 분노가 건강에 도움이 되는 행동들을 감소시키거나 건강을 해칠 수 있는 심리사회적 특성들을 증가시킨다고 주장하였다. 즉, 분노를 역기능적으로 표출하면 신체적·정신적·사회적 문제가 발생할 수 있으므로 분노를 적응적으로 조절하도록 층간소음의 갈등 해결에 자신의 가치나 욕구, 신념뿐 아니라 상대방의 정서 또한 고려할 수 있어야 한다.

2) 분노의 다른 기능

(1) 에너지를 주는 기능

분노는 인류가 진화하고 발전해 가는 과정에서 만나는 수많은 도전과 위험을 대처하기 위해서 중요한 역할을 했고, 종족의 생존을 위해서 필요한 요소였다. 이러한 기능 중 하나는 행동을 하기 위한 에너지를 준다는 것이다. 이것은 층간소음으로 문을 쾅 닫는다든지, 목소리를 높이는 것과 같이 강한 반응으로 나타난다. 에너지를 주는 효과들은 분노 유발 자극에 자신감 있게 직면하게 한다. 또한 어떤 사람들은 분노를 경험할 때 활력과 자신감, 신체적인 강인함, 용감함을 느끼게 된다. 사회적인 변화를 추구하는 거의 모든 사회적인 운동들은 분노를 추진력으로 삼고 있다.

(2) 표현 기능

분노는 중요한 표현적 혹은 의사소통적인 기능을 한다. 사람들은 자신의 기대나 욕구가 좌절될 때 분노를 경험할 수 있는데, 이것이 과도하고 부적절하게 표현될 경우 친밀한 인간관계를 파괴할 수 있다. 건강한 관계는 분노를 제대로 표현하는 것에 달려 있다. 대인관계의 여러 문제들은 사람들이 자신의 분노를 표현하는 방식에 따라 다양하게 일어난다.

(3) 방어 기능

불안과 분노는 밀접하게 관련되어 있다. 분노는 자신이 아닌 대상으로 주의를 돌림으로써 자신의 문제와 책임감을 방어한다. 즉 분노를 경험하는 사람들은 "나에게 잘못된 것은 아무것도 없다. 너에게 무엇인가가 잘못이 있다"라는 식으로 분노의 원인을 자신에게 찾지 않고, 주의를 외부로 돌림으로써 자신에 대한 문제를 방어한다.

(4) 유능화 기능

사람들이 분노를 경험할 때는 유능감의 느낌을 유발하기 때문에, 분노는 때때로 우리 뜻대로 일을 이루는 데 효과적으로 이용되기도 한다(Novaco, 1979). 사람들은 강렬하게 분노를 표현함으로써 다른 사람에게 충격이나 위협을 주어서 굴복시킬 수 있다. 건설적인 행동과 문제 해결 쪽으로 분노를 사용하는 한 분노는 적응적인 가치를 지닌다. 또한 분노는 사람들이 분노를 유발한 자극을 다루기 위한 능력이 있다고 자각하면 할수록 더 효과적으로 조절될 수 있다.

이러한 기능을 잘 적용하여 층간소음 갈등 관리를 원만히 해결하여 이웃 간의 소통으로 행복한 삶을 실행하는 것이 중요하다.

CHAPTER

층간소음 분노의 원인과 결과

분노는 현상이나 변화에 따라 사람마다 다르게 나타날 수 있다. 이 장에서는 층간소음 분노의 유형과 분노의 증상 및 결과, 층간소음 분노 표현에 대해 살펴보고자 한다.

+ 층간소음 분노의 유형에 대해서 설명할 수 있다.
+ 층간소음 분노의 증상과 결과를 분석할 수 있다.
+ 층간소음 분노 표현의 조절에 대해서 논의해 본다.

1. 층간소음 분노의 유형과 원인

오늘날 많은 사람들은 욱하고 치미는 성질을 조절하지 못해 고민을 한다. 물론 전 세계 인구의 대부분이 상습적으로 살인을 저지를 만큼 심각한 분노를 보인다는 것은 아니지만 많은 사람들이 때때로 분노를 참지 못해 나중에 후회할 말이나 행동을 하고 있다. 이런 분노의 모습은 다양하게 나타날 수 있다. 분노가 우리 삶에 미치는 영향과 층간소음 분노 표현 방식을 살펴보고자 한다.

1) 분노 유형

분노는 다양한 유형과 원인에 기인할 수 있다. 포터 에프론(Potter-Efron, 2007)은 분노의 유형을 다음과 같이 분류하였다.

(1) 돌발성 분노

돌발성 분노란 갑자기 예기치 않게 성격이 돌변할 정도로 화가 치밀어 감정이나 생각, 행동을 전혀 하지 못하거나 일부밖에 통제하지 못하는 상황이다. 돌발성 분노는 무의식중에 일

일반적인 분노 유형

- 급격한 분노(Explosive Anger) : 갑작스러운 폭발적인 분노로, 주로 상황에서 불쾌함이나 억압을 느낄 때 나타난다.
- 억압된 분노(Suppressed Anger) : 감춰진 상태에서 나타나는 분노로, 오랫동안 불만을 느끼고 참아둔 후 적절하지 않은 순간에 표출될 수 있다.
- 패턴화된 분노(Patterned Anger) : 특정한 상황이나 관계에서 반복적으로 나타나는 분노로, 일종의 행동 패턴이 되어 일어난다.
- 소리 내는 분노(Verbal Aggression) : 말이나 소리로 표출되는 분노로, 공격적인 언어, 욕설, 비난 등이 포함될 수 있다.
- 냉소적인 분노(Passive-Aggressive Anger) : 직접적인 표출이 아니라 간접적인 방식으로 나타나는 분노로, 비판적이거나 반항적인 행동이 포함된다.

어난다. 다른 사람들에게는 대수롭지 않은 사건인 데도 불구하고 자신만 욱해서 이성을 잃고 악을 쓰며 상대방을 위협하고 억압하며 공격한다. 마치 폭주 기관차처럼 엄청난 속도로 보통 수준의 화를 넘어 폭발한다.

(2) 잠재적 분노

분노가 항상 특정 사건에 대해 즉각적인 반작용으로 나타나는 것은 아니다. 때로는 자신이 불공평하다고 느끼는 상황에 대한 반응으로 천천히 누적되기도 한다. 이 같은 화는 이성이라는 장막 아래에서 수년간 용암처럼 이글거리고 있다가 결국 바깥으로 분출되며, 이를 잠재적 분노라고 한다. 특정 개인이나 자신에게 피해를 주었다고 생각하는 모임이나 집단을 향해 분노가 장기적으로 쌓였을 때, 자신이 불공평하다고 느끼는 상황에 대해 병적인 집착을 보인다.

그리고 가해자 집단에게 도덕적인 분노와 증오를 나타내며 성격 변화, 복수를 하는 상상, 가해자를 계획적으로 습격하는 등의 행동을 한다. 잠재적 분노를 가지고 있는 사람들은 보통 자기가 얼마나 화가 났는지를 감추곤 한다. 그래서 눈에 보이지 않는 곳에 엄청난 크기의 분노가 쌓여 있는데도 그것을 한눈에 알아차리기가 힘들다.

(3) 생존성 분노

생존성 분노는 자신의 육체적 안위와 생존이 크게 위협받았거나 위협받고 있다는 상상을 했을 때 밀려오는 강력한 분노이다. 생존성 분노의 증상을 보이는 사람들 중 대부분은 살아오면서 생명이 심각하게 위험했던 경험이 있다. 자신이 작고 약했던 어린 시절이었든, 청소년 시절 조직 생활을 했을 때이든, 심한 교통사고나 아니면 성폭행을 당했거나 현재 폭력적인 만남이 진행되는 상황이든 생명이 위험한 상황에 놓여 있었다면 모두 포함된다. 이 생존성 분노를 가진 사람들은 분노하는 성질을 고치기가 가장 어렵다. 왜냐하면 이들은 본인의 욱하는 성질을 관리하려고 진지하게 노력하기보다는 자신은 희생자라는 생각을 갖고 이런저런 핑계를 대기 때문이다.

(4) 체념성 분노

인생을 자기 마음대로 조절할 수 없거나 중요한 상황에서 아무런 영향을 미칠 수 없다는 사실을 참기 힘들 때 폭발하는 분노다. 이러한 분노는 하늘에 대고 삿대질을 하며 왜 내 아들을 데려갔냐고 신을 향해 절규하는 아버지의 분노처럼 자신이 아무것도 할 수 없다는 무력감에서 비롯된다.

(5) 수치심에서 비롯된 분노

자신이 창피를 당했다거나 비난을 당했거나 모욕을 당했다고 느꼈을 때, 이는 누구나 싫어하는 상황이다. 이럴 때 민감하게 반응하는 사람들이 있다. 이를 수치심에서 비롯된 분노라고 하며, 자신을 수치스럽게 만든 사람에게 욕설을 퍼붓는다거나 폭력적인 행동을 한다.

수치심에서 비롯된 분노는 위험할 수 있으며 때로는 치명적이기까지 하다. 자신이 모욕을 당했다는 생각 때문에 수많은 살인 사건이 일어난다. 수치심은 감정인 동시에 확신이다. 그것은 불쾌한 감정이다. 사람들은 흔히 수치심에 대해 이야기할 때 얼굴이 빨개지는 것이 느껴지거나, 숨고 싶지만 몸이 꿈쩍도 않는다거나 다른 사람과 눈을 못 맞추겠다거나, 몸에서 힘이 쭈욱 빠지면서 나약하고 무력한 느낌이 들었다고 말한다. 이런 감정을 견디기란 무척 힘들다. 그래서 수치심을 분노로 바꾸기도 하는 것이다. 수치심이 심한 사람들은 자신을 쓸모없고 부족한 존재라고 생각한다. 그래서 자신이 싫어지고 그럴수록 수치심을 줄 수 있는 것들을 더욱 피하려고 한다. 그러한 행동들이 수치심에 대해 더욱 민감하게 반응하도록 하고, 작은 사건에도 어마어마한 크기의 수치심을 느끼는 상황에 이르는 것이다.

(6) 버림받음에서 비롯된 분노

버림받음에서 비롯된 분노는 어린 시절부터 시작된다고 한다. 애착 이론의 아버지로 알려진 볼비(Bowlby, 1958)는 어린이들이 세상이 얼마나 믿을 만한 곳인지에 대해 오래 지속되는 판단을 내린다고 하였다. 버림받음에서 비롯된 분노의 원인은 어린 시절의 상처만이 아니라 성인이 되어서 맺은 유익하지 못한 관계도 큰 영향을 미칠 수 있다. 자신이 사랑한 사람이 거짓말을 하고, 배신을 했을 때 나타나기도 한다. 이상과 같은 분노의 6가지 유형의 판단 기준을 다음과 같이 제시하였다.

활동지

—
분노 유형 판단 기준

다음의 주어진 답 가운데 자신과 가장 비슷한 것을 각 문항에 적으시오.

Y : 네, 저는 종종 그렇습니다.

N : 아니요, 그런 생각이나 행동은 하지 않습니다.

M : 잘 모르겠습니다. 이 문장이 내 행동이나 생각과 일치한다고 확신할 수 없습니다.

＊네, 정말 그렇습니다. 매우 심각하고 위험하며 무서운 일입니다.

돌발성 분노

1. 화가 급속도로 극심하게 치솟는다. ☐
2. 가끔 너무 화가 나서 행동이나 말을 주체할 수 없다. ☐
3. 사람들은 내가 화가 많이 났을 때 나더러 이상하다, 무섭다, 혹은 미친 것 같다고 말한다. ☐
4. 화가 많이 났을 때(술이나 약물 때문이 아니라) 기억이 끊어져서 내가 한 말이나 행동이 기억나지 않은 적이 있다. ☐
5. 나는 화가 많이 났을 때 누군가를 심하게 다치게 하거나 죽일까 봐 걱정된다. ☐
6. 화가 나면 내 평상시 모습이 아니라 다른 사람이 된 것 같다. ☐
7. 누군가가 나를 모욕하거나 협박하면 즉각 화가 치민다. ☐

> 1~7번 중에 Y 또는 ＊로 답한 문항 개수 :

잠재적 분노

8. 과거에 모욕을 당했거나 상처받았던 일을 계속 곱씹는다. ☐
9. 과거에 모욕당한 일 때문에 화났던 게 누그러지거나 풀리기는커녕 시간이 갈수록 더 심해진다. ☐
10. 나는 가끔 나를 다치게 한 사람들에게 복수하는 강렬한 환상에 사로잡힌다. ☐
11. 다른 사람이 내게 저지른 짓 때문에 그 사람을 증오한 적이 있다. ☐
12. 내가 겉으로 드러내지 않아서 그렇지 속으로 얼마나 화가 났는지를 알면 사람들은 놀랄 것이다. ☐
13. 사람들이 은근슬쩍 넘어가려는 것을 보면 화가 머리끝까지 난다. ☐

14. 쉽게 용서하지 못한다. ☐

15. 화가 점점 쌓여가도 다른 사람에게는 아무 말도 하지 않는다. ☐

16. 당한 만큼 갚아 주기 위해 상대를 고의적으로 다치게(육체적으로나 말로나) 한다. ☐

8~16번 중에 Y 또는 *로 답한 문항 개수 :

생존성 분노

17. 내가 다른 사람과 몸싸움이 났을 때 여러 사람이 달려들어서야 간신히 나를 떼어 냈다. ☐

18. 화가 많이 나면 다른 사람을 크게 다치게 하거나 죽이겠다고 협박한다. ☐

19. 나는 곧잘 깜짝 놀란다. 가령 누가 뒤에서 어깨만 살짝 쳐도 화들짝 놀란다. ☐

20. 화가 나면 마치 내가 살아남기 위해 싸우는 것 같은 기분이 든다. ☐

21. 상상 속 위험에서든 진짜 위험에서든 나 자신을 지키기 위해 물불 안 가리고 분노를 터뜨린 적이 있다. ☐

22. 다른 사람들이 나를 해칠 것이라고 믿는 것은 거짓이며 편집증 증세가 있다는 말을 자주 듣는다. ☐

23. 나는 정말 화가 나면서도 사실은 두려운 투쟁 도주 반응(위기 상황에서 본능적으로 싸울 것인지 도망칠 것
    인지를 결정하는 반응)을 보인다. ☐

17~23번 중에 Y 또는 *로 답한 문항 개수 :

체념성 분노

24. 사람들이 나를 인정하지 않고 내 말을 듣지 않을 때 폭발할 것만 같다. ☐

25. 혼자 '더 이상 못 참아'라고 생각한 뒤에 욱하는 성질이 폭발한 적이 있다. ☐

26. 내가 통제할 수 없는 상황에 처하면 화가 나고 무기력한 느낌이 든다. ☐

27. 내 뜻대로 일이 되지 않으면 물건을 부수고, 바닥을 주먹으로 내려치거나 악을 쓴다. ☐

28. 너무 화가 나면 설혹 그것이 상황을 악화시키는 일이라 해도 무슨 일이든 해야 직성이 풀린다. ☐

29. 나를 조절할 수 있는 통제권이나 힘이 있는 사람에게 폭력을 행사하거나 복수하는 생각을 한 적이 있다. ☐

24~29번 중에 Y 또는 *로 답한 문항 개수 :

수치심에서 비롯된 분노

30. 사람들이 나를 존중하지 않으면 분노가 치민다. ☐

31. 나에게는 내 평판을 지키는 일이 무척 중요하다. ☐

32. 사람들이 나를 바보, 못난이 혹은 무능력자라고 생각할까 봐 자주 걱정한다. ☐

33. 나는 누군가가 내 잘못을 지적했을 때처럼, 창피를 당하면 정말 화가 난다. ☐

34. 비판에 지나치게 민감하다는 소리를 자주 듣는다. ☐

35. 사람들이 나에 대한 혹평을 했다 싶으면 계속 마음에 담아 둔다. ☐

36. 사람들이 나를 무시하면 화가 난다. ☐

30~36번 중에 Y 또는 *로 답한 문항 개수 :

버림받음에서 비롯된 분노

37. 내가 버림받았거나 배신당했던 때를 생각하면 분노가 치민다. ☐

38. 질투심이 너무 강해서 괴롭다. ☐

39. 소위 나를 걱정한다는 사람들이 못 믿을 사람들임을 증명하기 위해 증거를 찾는다. ☐

40. 사랑하는 사람들로부터 냉대를 박거나 무시를 당하면 견딜 수 없다. ☐

41. 나를 버리고 떠나거나 나를 냉대한, 혹은 배신한 옛 배우자나 현 배우자에게 복수하겠다는 생각에 집착하게 된다. ☐

42. 내 배우자나 자녀들, 혹은 친구들이 나를 사랑하고, 챙겨 주고, 관심을 가져 주는 것보다 내가 주는 게 훨씬 많아서 손해 보는 기분이 든다. ☐

43. 일단 누군가에게 화가 많이 나면 그 사람이 어떤 따뜻한 말이나 안심시키는 말을 해 주어도 전혀 받아들이지 못한다. ☐

37~43번 중에 Y 또는 *로 답한 문항 개수 :

진 단

최소한 몇 점 이상이면 화를 조절하는 데 문제 있다고 정해진 것은 없지만 대답 가운데 Y 또는 *가 많이 있다면 끓어오르는 화를 조절하는 데 어려움이 있다는 의미이다.

일반적으로 Y 또는 *가 많을수록 분노 문제가 심각하다는 것이며, 어느 특정 유형에서 Y와 *가 더 많이 나왔다면 해당 유형의 분노 문제를 갖고 있을 확률이 높다.

2) 분노 원인

분노는 가치나 욕구 신념이라는 자기보전의 감정이 만족되지 못하고 무시당하거나 거부당할 때 일어나는 반응이며, 불의에 정당하지 못한 상황이나 의롭지 않은 상황에서 일어나면 공분하여 분노가 발생하게 된다.

분노는 감정의 한 종류로, 원인과 유형은 각 개인이나 상황에 따라 다를 수 있다. 중요한 것은 분노를 인식하고 적절하게 다루어 갈 수 있는 습관을 갖는 것이다.

다음에서 다양한 분노의 원인을 살펴보자.

(1) 자아 가치의 보존

사람들은 자신이 모욕된다고 지각할 때 강한 분노를 경험하면서, 보복을 하려는 충동을 느낀다. 그리고 때때로 자신을 모욕한 사람을 공격해야만 상처받은 자신의 자아가 온전하게 복구된다고 생각한다. 또한 사람들은 타인에게 거부를 당하거나 무가치한 존재로 취급당할 때, 그리고 존중받지 못한다고 느낄 때 분노를 느낀다. 예를 들어, 식당에서 종업원이 불친절하게 행동할 때, 직장 상사가 다른 직원들 앞에서 자신을 노골적으로 비난할 때 사람들은 분노를 경험하게 된다.

(2) 욕구 보존

사람들은 서로 다른 욕구를 가지는데, 자신의 욕구가 충족되지 않거나 무시당할 때 분노를 느낀다. 욕구 중 특히 분노에 영향을 미치는 것은 사랑의 욕구이다. 사람들의 분노는 자신이 사랑하고 몰입하고 있는 조건에서 가장 빈번하게 일어난다. 발달 과정에서 아동은 자신의 욕구와 사랑이 충족되지 않을 때 부모에게 분노를 느끼게 되며, 동일한 방식으로 나중에 성인이 되었을 때 자신이 사랑하고, 몰입한 대상에서 사랑이 충족되지 않을 때 강하고 빈번한 분노를 느끼게 된다.

(3) 신념 보존

사람들은 다른 사람이 자신이 지닌 신념을 인정해 주지 않는다고 느낄 때, 다른 사람이 자신이 중요하게 생각하는 신념과 어긋나는 행동을 하는 것을 볼 때 분노를 느낀다. 사람들이 중요하게 생각하는 신념은 약속이나 신의 등이 있으며, 중요하게 생각하는 신념은 사람들 마다 서로 다르다. 사람들이 신념 때문에 분노를 경험하는 이유는 자신이 중요하게 생각하는 신념 역시 자아에 속하는 중요한 부분이기 때문이다.

(4) 지배성

지배성을 지닌 사람들이 전하는 기본적인 메시지는 "나는 올바르고, 너는 틀렸다."는 것이므로, 지배성에 대한 분노는 타인의 의견대로 행동해야 한다는 강요에 대해서 반항을 표시하는 것이다. 이것은 이자드(Izard, 1991)의 구속과 비슷한 개념이다. 사람들은 어떤 경우 자신이 선호하는 삶의 틀과 방식이 있지만, 타인이 강요할 때는 화가 나게 된다.

(5) 다른 정서

통증의 감각이 생각이나 기억이 끼어들 틈도 없이 분노를 일으킬 수 있는 것과 같이 다른 정서도 분노를 일으킬 수 있다. 지속되는 슬픔은 분노를 일으킬 수도 있는데, 우울증에서 분노는 매우 빈번하게 슬픔과 연관되어 있다. 자신이 너무 뚱뚱하다거나 못생겼다는 등의 자신에 대한 혐오 감정이나 타인에 대한 혐오 감정도 분노를 일으킬 수 있다.

(6) 만족과 기대의 불일치

예상했던 것과 현실 간의 차이, 혹은 불만족스러운 결과가 나타날 때 분노가 발생할 수 있으며, 자아에 대한 위협은 자존감이나 자아에 대한 위협을 느낄 때 분노가 표출된다.

(7) 피로 및 스트레스

지속적인 피로나 과도한 스트레스는 분노를 증가시키고 상처나 실망감은 강한 분노를 유발할 수 있다. 특히 중요한 관계에서의 상처는 더 큰 분노를 유발할 수 있는데 통제 불가능한 상황에서 무력감을 느낄 때, 억압된 감정을 참아둘 경우, 나중에 갑작스러운 분노로 폭발하게 된다. 타인의 불공평하거나 불쾌한 분노의 원인이 되며, 층간소음의 환경 요인은 소음, 혼잡, 불편한 환경 등이 분노를 증가시킬 수 있다.

인간은 개별된 존재이이다. 이로 인하여, 층간소음의 소리를 느끼는 감정, 갈등을 표현하여 행동하는 과정 등 다양한 성격을 기준과 원칙의 교육을 통하여 소통하여 감정을 표현하는 것이 중요하다.

2. 층간소음 분노의 증상과 결과

1) 분노 증상

분노는 사람들이 일상생활에서 가장 빈번하게 경험하는 정서로서, 예상되는 목표를 획득하는 데 방해를 받을 때, 자존심이 손상당한다고 지각될 때, 혹은 위협을 받을 때 유발된다. 분노의 증상을 다음에서 자세히 살펴보자.

(1) 분노의 생리적인 변화

사람들이 분노를 경험하면 대뇌의 변연계를 자극하게 되는데, 2가지 과정을 거치게 된다 (Davitz et al., 1969). 첫 번째 과정은 뇌 속에 카테콜아민(Catecholamine)이 방출되어서 공격 혹은 회피 상황에서 격렬한 행동을 일으키는 강한 에너지를 분출하게 된다. 이것은 수분 동안 지속되는데, 이때 사람들은 상대방을 공격할지 혹은 회피할지를 결정하게 된다.

두 번째 과정은 부신피질 신경계가 흥분하면서 언제라도 행동을 일으키는 긴장 상태를 만드는데, 이것은 몇 시간 혹은 며칠씩 지속되게 된다. 이러한 생리적인 변화 때문에 분노는 다른 어떤 정서보다도 건강에 중요한 영향을 미치게 된다. 분노를 경험할 때는 특히 심혈관계의 반응이 강하게 일어나는데, 에피네프린(Epinephrine)과 노르에피네프린

[표 6-1] 분노의 증상

구 분	증 상
생리적 증상	높은 혈압과 심박수 증가, 호흡 속도 증가, 근육 긴장 및 불안
감정적 증상	흥분과 공포, 분노, 불만, 불평, 증거 없이 타인을 비난하는 감정
정신적 증상	집중력 감소, 판단 능력 및 객관적 사고 불가능, 스트레스와 불안감 증가
행동적 증상	공격적인 행동(욕설, 폭력, 물건을 파손하는 등)과 회피 행동(다른 사람들이나 상황을 피하려는 경향)

(Norepinephrine)의 혼합된 반응으로 일어나며, 운동할 때의 심장 반응과 유사하다.

(2) 분노의 주관적인 경험

다비지 등(Davitz et al., 1969)은 사람들에게 분노를 느낄 때 어떤 것이 경험되는가를 기술하게 한 결과, 사람들이 분노를 경험할 때는 혈압이 상승하며, 몸 전체가 긴장되고, 맥박이 빨라지며, 이를 꽉 다물게 되며, 치거나 부수거나 발로 차고 싶거나 물고 싶은 충동을 느끼며, 지각의 범위가 좁아져서 한 가지에만 주의를 기울이게 되는 것으로 나타났다. 사람들이 분노를 느끼면 강한 생리적인 변화를 경험하며, 분노를 유발한 대상을 공격하고 때려눕히려는 충동적인 힘을 느끼게 된다. 분노가 강하면 강할수록 분노를 경험하는 사람은 신체적인 행동을 해야겠다는 강렬한 욕구를 느끼게 된다. 사람들이 강한 분노를 경험할 때는 강렬한 충동성도 느끼기 때문에, 사회는 다른 정서보다도 분노 표현에 대한 규칙을 더 중요하게 생각한다.

(3) 분노의 행동 경향성

분노를 경험하는 사람들은 분노를 유발한 상황을 자기 방식대로 바로잡고 싶어 한다. 따라서 사람들이 강하고 격렬한 분노를 경험할 때는 언어적인 공격성과 신체적인 공격성이 강하게 나타날 수 있다.

아베릴(Averill, 1982)은 사람들에게 최근에 분노를 경험했던 때를 회상하고 어떻게 반응하였는지를 말하도록 한 결과, 반응 유형은 크게 비공격적인 반응과 공격적인 반응으로 구분되었다. 구체적으로 살펴보면 다음과 같다.

① 비공격적인 반응

- 진정시키는 행동하기
- 무례한 사람을 해치려는 의도 없이 중립적인 입장에서 사건에 대해서 말하기
- 적개심을 드러내지 않고 무례한 사람과 함께 사건에 대해서 말하기
- 분노 자극에 반대되는 행동하기

② **공격적인 반응**

- 간접적인 공격이 있는데, 이것은 분노를 유발한 대상에게 복수하기 위해서 제삼자에게 말하기, 분노를 유발한 대상에게 중요한 어떤 것에 해를 입히기 등이 포함되었다.
- 대체된 공격, 즉 일종의 전의라고 할 수 있는데, 사람뿐 아니라 사람이 아닌 대상에 대한 공격 모두를 포함하였다.
- 직접적인 공격으로, 말 혹은 상징적인 공격뿐 아니라 육체적인 공격이나 처벌을 포함하였다.

2) 분노 결과

분노는 다양한 신체적·정서적·행동적 증상을 유발한다. 이는 일상적인 기능 및 대인관계에 부정적인 영향을 미칠 수 있으며, 다음과 같은 내용을 담고 있다.

① **건강 문제** : 지속적이고 고강도의 분노는 생리적인 스트레스를 유발하여 건강에 부정적인 영향을 미칠 수 있으며, 혈압 상승, 심혈관 질환, 소화계 문제 등이 발생할 수 있다.
② **대인관계 문제** : 과도한 분노 표출로 주변 사람들과의 관계에 영향을 미칠 수 있다. 가족, 친구, 동료와의 대화 및 협력이 어려워질 수 있다.
③ **직업적 문제** : 분노가 직장에서의 성과에도 영향을 미칠 수 있다. 충동적인 행동이나 소통의 어려움은 직업적인 성공을 어렵게 할 수 있다.
④ **법적 문제** : 폭력적인 행동이나 과도한 분노로 인해 법적 문제가 발생할 수 있다. 폭력 행위, 상해, 명예훼손 등의 범죄 행위로 이어질 수 있다.
⑤ **자기 조절력 상실 문제** : 과도한 분노는 자기 조절력을 상실하게 만들어, 이성적인 판단과 행동을 어렵게 할 수 있다.

분노의 증상과 결과는 각 개인 및 상황에 따라 다르며, 특히 강한 분노가 일상적으로 발생하는 층간소음 갈등 관리를 위해서는 분노의 적절한 관리가 필요하다.

포터 에프론(Potter-Efron, 2007)은 분노의 결과로서 우리의 생활에 미치는 부정적인 영향, 분노 때문에 치르는 삶의 대가 그리고 지혜로운 분노 관리의 필요성 등을 제시하였다.

(1) 분노가 우리 생활에 미치는 영향

화를 잘 내는 사람은 해고당하기 쉬우며, 이웃 간의 갈등 분쟁으로 인해 삶의 안식처에 영향을 미치며, 스스로 직장을 그만두기 쉽다. 또한 원하지 않는 직장을 전전하는 경향이 있다. 화를 잘 내는 아이는 다른 아이보다 학업을 중단하기 쉽고, 결과적으로 성공하기 어렵다.

분노는 이외에도 오늘날의 주요 사망 원인인 당뇨병, 자살 등과도 밀접하며, 그뿐만 아니라 두통, 요통, 불면증, 위궤양, 호흡기 질환, 비뇨기 질환, 관절염, 천식, 만성 피로 증후군, 만성 가려움증, 습진, 녹내장, 알코올 중독, 비만, 거식증, 과식증, 우울, 가정 폭력, 약물 남용 등과도 밀접한 관계를 맺고 있다.

(2) 분노의 대가

분노를 조절하지 못해 치르게 되는 삶의 대가는 크다. 다음에서 자세히 살펴보자.

① **자유 제한** : 감옥, 접근 금지 명령, 법원의 분노 관리 혹은 가정 폭력 방지 프로그램 교육 명령은 욱하는 성질이 있는 사람들이 자주 맞이하는 결과이다. 다른 이들에게 정신적·육체적 피해를 주며, 다른 사람은 물론 자신이 사랑하고 아끼는 사람들에게까지 해를 끼친다. 나중에 아무리 죄책감으로 괴로워한다 해도 이미 때늦은 후회이다.

② **인간관계 상실** : 결혼, 우정, 가족 관계가 망가진다. 언제 터질지 모르는 시한폭탄 곁에 그 누가 있고 싶겠는가?

③ **자신과의 약속을 깨뜨림** : 다시는 누군가에게 그런 상처를 주지 않겠다고 맹세하지만 얼마 안 가서 성질이 또 폭발하고 만다.

④ **해고, 정학, 퇴학 등** : 회사나 학교에서 자주 욱하고 성질을 내는 사람은 결국 아무 일도 못하게 된다.

⑤ **재정 압박** : 망가뜨린 물건을 변상하거나 일을 못해서 급여 등에 손해를 본다.

⑥ **두려움의 대상이 되며 신뢰를 잃는 것** : 자주 분노하는 성질 때문에 일으킨 사고로 소중한 사람들에게 신뢰를 받지 못한다거나, 자기가 집에 왔을 때 자신의 자녀가 무서워서 방에 숨는다는 사실은 가슴 아픈 일이다. 집착, 편집증, 고립된 생활을 하게 된다.

⑦ **자기 혐오** : 욱하는 성질을 가진 사람들 중 자기 감정을 조절하지 못하고 사랑하는 사람들에게 상처만 주는 상황에서 분노를 자신에게 돌려 스스로를 벌주는 사람을 흔히

볼 수 있다. 자신의 얼굴을 할퀴거나, 머리로 벽을 들이받거나, 심지어 욱하고 성질을 낸 후 부끄러움과 죄책감으로 자살을 생각하기도 한다.

(3) 신체적 건강에 미치는 영향

분노를 밖으로 드러내어 표현하는 방법이 폭력적이고 공격적일 경우 대인관계를 해치고, 자신에게도 많은 문제를 발생하게 만들지만, 분노를 억제할 때에도 이에 못지않은 부정적 결과들이 발생한다. 분노의 강도, 빈도 그리고 지속 정도가 과도할 때, 또한 분노 표현의 문제에 있어서 분노 억압이 장기화될 때, 개인의 심리적 건강에도 악영향을 미칠뿐 아니라 자신의 신체에 여러 질병을 일으키는 원인이 된다.

(4) 심리적 건강에 미치는 영향

분노와 우울이 서로 관계가 있다는 이론적 기반과 경험적 연구들은 많이 보고되고 있다. 정신분석 이론가들은 내부로 향한 분노가 죄책감과 우울을 초래한다고 주장하였다. 즉, 우울한 사람은 욕구 좌절로 인해 분노 감정이 일어날 때, 그 분노의 원인을 타인이나 바깥의 상황에서 탓을 찾지 않고, 분노가 자기 내면을 향하여 자기 탓을 하는 것으로 표현될 때, 우울 감정을 느낀다는 것이다. 이는 자기를 상실된 대상과 동일시하여, 분노를 자기 내면을 향하여 표현하기 때문이다(최성일 외, 2001).

릴리 등(Riley et al., 1989)에 의하면, 우울한 사람들과 우울하지 않은 사람들이 대략적으로 동등한 수준의 분노 표현을 보고하지만, 우울한 사람들이 보다 강한 주관적 분노 경험을 보고하고 있고, 또한 우울한 사람들이 그렇지 않은 사람들보다 분노를 억압하기 위해 더욱 많은 노력을 기울인다고 하였다. 파바와 로젠바움(Fava & Rosenbaum, 1998)은 우울증 환자의 30~40%가 분노 발작을 보이는데, 이들 대부분이 자신의 분노 표현에 대한 두려움을 가지고 있기 때문이라고 하였다.

우울 정서의 한 원인으로 분노 억압이 있을 수 있음을 보여주는 것으로서, 정신분석학에서 주장하는 관점을 지지해 준 것이었다. 이는 인간이 적절히 분노를 표출해야 심리적 건강이 유지될 수 있음을 보여준 것이며, 우울증이 반드시 분노 억압으로부터 온다고 주장하는 것은 아니다. 우울은 분노 억압 외에도 편집적 성격, 양극성 장애, 반사회적 성격 등 많은 임상적 특성과 관련되어 있다. 그러나 이들 연구가 제시하고 있는 것은 우울을 주로 호소하는 환자들이 많은데, 이들의 상담과 치료에 있어서 분노의 문제를 탐색하는 것은 내담자에 대한 이해의 폭을 넓혀주는 것이며, 분노 조절을 통해 우울을 감소시키려는 계획에 중요한 시사점을 제공해준다.

(5) 지혜로운 분노 관리의 필요성

분노가 위와 같이 우리 생활에 부정적인 영향을 미친다고 화를 참기만 할 것인가? 불행하게도 화를 무조건 참는 것도 그리 좋은 방법이 아니라고 학자들은 말한다. 미국의 보스턴 대학교의 연구 결과에 의하면 무작정 참고 사는 아내가 남편과 싸우는 아내보다 심장병 등 각종 질병에 걸려 죽을 확률이 4배나 높았고, 분노를 표현하지 않는 '병리적으로 착한 사람들'이 암이 걸리기 쉬운 C(Conscientiousness)형 성격으로 나타났다. 즉, 겉으로는 허허 웃으면서도 속으로는 끙끙 앓는 사람일수록 암에 걸리기 쉽다는 뜻이다. 이런 이유로 우리는 층간소음 갈등 분쟁 관리를 잘 조절할 수 있도록 분노 관리의 방법을 익힐 필요성이 있는 것이다.

3. 층간소음 분노의 표현

분노는 다양한 방식으로 표현될 수 있으며, 각 개인이나 문맥에 따라 다르게 나타날 수 있다. 일반적으로 분노가 표현되는 방식은 [표 6-2]와 같이 다양하다. 표에 나타난 표현들은 각각

[표 6-2] **분노의 표현 방식**

구 분	내 용
언어적 표현	욕설, 공격적인 언어 사용, 비난, 비판적인 발언, 고함, 소리를 내는 것
신체적 표현	근육 긴장, 주먹을 쥐거나 물건을 파손하는 행동, 거친 동작이나 몸의 흔들림 등
감정적 표현	눈물이나 미소와 함께 공격적인 표정, 증오, 혐오, 불만의 표현된 분노에 대한 감정의 표출 등
행동적 표현	폭력적인 행동과 남에게 공격하거나 상처를 입히는 행동, 물건을 던지거나 파손하는 행동, 사회적 또는 신체적으로 회피하는 행동 등
내적 표현	분노를 감추고 숨기는 행동, 억압된 분노로 인해 내부적인 긴장이나 불안을 느끼는 것, 타인에게 표현하지 않고 내면에 묻어두는 것
사회적 행동	타인에 대한 비판이나 책임 전가, 대화에서의 고립 또는 대화를 거부, 과도한 주장이나 고집 등
표출된 행동	분노를 통제하려는 노력, 사과, 해결책 제시, 대화 등을 통해 분노를 관리하려는 노력

상황에 따라 적절하거나 부적절할 수 있다. 분노를 건강하게 표현하고 관리하기 위해서는 자기 인식, 감정 인식, 대처 전략 등을 개발하는 것이 중요하다. 정서적인 지원이나 전문가와의 상담을 통해 분노를 다루는 방법을 학습할 수 있는 것이다.

우리는 행복이라는 감정을 매우 중요한 단어로 생각한다. 분노의 감정 또한 매우 중요한 핵심적인 감정이다. 분노는 표현하여야 하기 때문에 자신을 소중하게 생각하고 권리를 보호하기 위한 정서이다. 분노는 자기보전의 감정과 분노 표현 방식에 대하여 학자들마다 조금씩 다르게 표현하고 있는데, 스필버그(Spielberger, 1983)는 분노 표출, 분노 억제, 분노 조절로 구분하였다.

1) 분노 표출

분노 표출(Anger-out)은 분노를 타인이나 다른 대상을 향해 표현하는 것이며, 분노를 비난, 폭언, 욕설, 모욕과 같은 언어적 폭력과 과격한 행동으로 표현하는 것이 그 예가 될 수 있다. 물론 분노 표출은 공격 행동의 형태로 나타날 수도 있지만, 분노가 반드시 공격 행동을 일으키지는 않는다. 오히려 분노 표출은 화난 표정을 짓거나, 자신의 발을 구르는 등의 행동과 같이 비공격적인 행동으로 나타난다. 분노 표출은 고혈압 또는 심혈관계 질환의 핵심 유발 요인이며, 알코올 관련 문제와 소화계 질환에도 높은 관련이 있다.

2) 분노 억제

분노 억제(Anger-in)는 화는 나 있지만 이를 겉으로 드러내지 않는 것으로, 화가 나면 오히려 말을 하지 않거나 사람을 피하고 속으로만 상대방을 비판하는 경우가 이에 해당된다. 분노를 억제하는 것은 분노를 유발한 상황에서 냉정하고 긴장하지 않은 체 행동을 하는 것이다. 사람들이 분노를 억제하는 이유는 첫째, 자신의 감정을 무시하는 권위적인 인물에 대한 두려움으로 인해서 분노를 억제하는 법을 배웠기 때문이거나, 둘째, 도덕적인 우월감 때문에, 즉 교양이 없는 사람만이 화를 낸다고 생각하기 때문이다. 그러나 분노를 억제하는 것은 분노를 제거하는 것과는 무관하며, 정서를 억제하는 것은 강한 반어적인 효과(Ironic Effect)가 나타날 수 있다. 분노 억제 또한 분노 표출과 마찬가지로 많은 신체적·정신적 질환과 관련이 있다. 분노 억제를 주로 하는 사람들은 심혈관계 및 소화기 질환과 관련이 높다 (김교헌, 2000). 또한 분노 억제는 우울감과 편집증, 절망감, 섭식 장애와 같은 심리적인 문제를 심화시키며, 나아가 분노 억제는 자살의 위험성과도 연관되어 있다(Zaitsoff et al., 2002).

3) 분노 조절

분노 조절(Anger-control)은 적응적인 분노 표현 방식으로 분노를 유발하는 상황이나 대상에 대해서 이성적으로 지각하여 이를 적절하게 해결하기 위해서 다양한 방법들을 사용하는 것이다. 즉, 감정적으로 그 상태를 인식하기보다는 이성적으로 상황을 판단하고 타인을 이해하려고 노력하는 것이다. 대부분의 문제 해결 과정에서 분노의 경험과 이에 따른 적절한 분노 표현은 그 해결을 도와주는 역할을 한다.

층간소음 갈등 분쟁 해결에서 분노를 원만히 조절한다는 것은 무조건 참는 것을 의미하는 것이 아니라 적절한 시기에 적절한 강도로 분노를 표현하는 것이다.

CHAPTER

7

층간소음 분노 관리의 이해

인간은 전인적인 존재이다. 따라서 분노 관리도 신체적·심리적·사회적·영적 수준 등 다양한 수준을 고려해야 한다. 이 장에서는 층간소음 분노 관리의 정의, 층간소음 분노 관리 방법 그리고 층간소음 분노 관리의 과정에 대해 살펴보고자 한다.

+ 층간소음 분노 관리의 정의를 이해하고 설명할 수 있다.
+ 층간소음 분노 관리 방법을 살펴본다.
+ 층간소음 분노 관리의 과정을 논의해 본다.

1. 층간소음 분노 관리의 개념

분노 관리는 감정적인 상황에서 발생하는 분노를 적절하게 인식, 이해하고 조절하는 과정을 의미한다. 전통적인 가족 체계가 해체되고 경쟁적이고 복잡하며 변화가 빠른 사회에서 살아가는 현대인에게 가장 파괴적인 감정 중의 하나인 분노를 잘 관리하고 올바른 방향으로 처리하여 층간소음의 갈등 관리를 하는 것은 매우 중요하다.

근본적인 원인을 다루는 것에서부터 그 증상을 파악하고 처리하는 것에 이르기까지 여러 가지가 있을 것이다. 하지만 분노는 오랜 기간 분노 치료 또는 분노 조절과 같은 주제로 다루어져 왔으나, 분노 관리를 이론적으로 다룬 것은 하워드와 레이몬드(Howard & Raymond, 2002)의 저서 『분노 관리(Anger Management)』에서부터이다. 아동, 청소년, 성인, 노인 등에게 분노를 촉발하는 사건이 너무 광범위하고 다양하며, 내담자의 살아온 환경이 너무 다르기 때문에 통합화된 분노 관리 방법을 만드는 것은 쉽지 않을 뿐만 아니라 현명하지 않을 수도 있다.

전겸구(2010)는 분노 관리의 의미를 다음과 같이 정의하였다.

① 분노 관리는 소극적으로 분노를 제거하는 데 있지 않고, 적극적으로 행복한 삶을 추구하는 데 있다. 많은 사람들은 분노 조절을 통해서 분노를 없애기 바란다. 그러나 분노는 우리의 삶에서 생산적이고 필요한 기능을 가지고 있다. 즉, 진정한 분노 관리는 우리의 감정을 단순히 부정적 상태(-)에서 중성적 상태(0)로 바꾸는 것이 아니라, 부정적 상태에서 긍정적 상태(+)로 변화시키는 것이다.

② 분노 조절을 제대로 하려면 원리의 이해와 함께 실천이 반드시 필요하다. 수영을 잘하려면 원리의 이해와 함께 충분한 연습이 필요한 것과 마찬가지로 분노 관리도 원리를 이해하고 실습을 하려는 노력이 필요하다. 또한 인간의 습관은 단시간에 고쳐지는 것이 아니므로 완전한 습득을 위해 지속적으로 노력해야 한다.

③ 인간은 전인적인 존재이다. 따라서 분노 관리도 신체적 수준, 심리적 수준, 사회적 수준, 영적 수준 등을 모두 고려해야 하지만, 이 모두를 다루기에는 영역이 너무 광범위하기 때문에 분노의 근원인 심리적 수준을 우선 고려하여 살펴보는 것이 필요하다. 심리적 수

준을 우선적으로 살펴보아야 하는 이유는 분노는 근원적으로 심리적 현상이기 때문이다. 더 나아가 심리적으로 자신의 생각만 바꾸어도 층간소음 갈등에 따른 분노 관리가 더욱 효과적일 것이다.

2. 층간소음 분노 관리의 방법

일반 상담 및 심리 치료에서는 감정 표출(Ventilation) 요법이 효과가 있다고 입증하면서 이를 권장하고 있다. 감정 표출 요법은 분노를 느끼는 사람이 언어적 그리고 물리적으로 자신의 분노를 표출하도록 북돋아 주는 방법이다. 예를 들어, 마네킹을 자신에게 분노를 유발시킨 사람으로 인식하고 그것에 폭력을 행사하는 방법이다. 분노를 표현하고 분출함으로써 그것을 제거할 수 있다는 연구가 있을지라도 분노를 표현하여 분출시키는 것으로 해소하려는 것은 잘못된 생각이다.

크랩(Crabb, 1984)은 분노를 배출하기 위해 부모에 대한 증오심을 거리낌 없이 표현하라고 말하는 사례를 비평적으로 소개하였다. 분노 관리를 위해서는 상황에 따른 변화에 관심을 가져야 한다. 그는 이러한 측면에서 다음과 같은 분노 관리 방법을 제시하였다.

1) 인지적 재구성

분노는 분노를 느끼고 있는 자신의 사고를 전환하지 않으면 회복 및 해결이 어렵게 되는데 이처럼 인식을 전환시키는 것을 일컬어 '인지적 재구성(Cognitive Restructuring)'이라고 한다.

인간은 어떤 사건을 경험했을 때, 그것에 대한 반응으로 분노가 나타날 수도 있고 분노가 나타나지 않을 수도 있다. 그런데 어떤 사건이 분노로 바로 이어지는 경우에 사건과 분노 사이에는 일종의 인지적인 자동화 프로그램이 존재해 있다. 이런 인지적 구조를 수정하지 않으면 분노는 구조화되어 계속해서 발생될 것이다. 그러므로 어떤 사건을 경험했을 때 그것을 자동적으로 분노로 이끄는 구조를 찾아내는 것이 중요하다(McAll, 1982). 용서는 인지적 재구성의 한 예라고 할 수 있다. 상황이 바뀐 것은 아무것도 없지만 용서하기로 작정하는 순간 분노는 사라지기 때문이다. 즉, 다른 사람에게 용서를 베풀게 될 때 분노는 재구성되는 것이다. 분노의 대상을 용서하기 위해서 인간은 우선 분노에 직면하여 재구성을 위한 변화가 있어야 한다.

2) 분 리

분리(Splitting)는 원래 대상관계 이론에서 다루어지는 용어로서, 그 의미는 유아가 좋은 사람과 나쁜 사람을 분리해 내고 좋은 사람에게 호감을 갖고 나쁜 사람을 거절하는 것을 배우게 됨으로써 정신 질환에 노출된다는 의미이다. 즉, 분노를 극복하기 위해서는 그 반대의 개념으로 상황과 본질을 분리해 내야 한다. 사실과 느낌 그리고 상황과 본질을 분리시키지 못하기 때문에 부정적인 감정에 직면될 때 분노를 비롯한 심각한 문제를 야기시킨다(Parrott, 1994). 즉, 자신이 받은 정서적 자극에만 집중시키면 분노가 표출되는 것이다. 분노를 나타내는 사람의 전인격과 분노 상황을 분리할 수 있어야 한다. 분노를 나타냈다고 해서, 그 사람의 전인격을 분노의 사람으로 평가해서는 안 된다.

3) 욕구 및 기대 감소

모든 분노는 자신의 욕구나 기대가 충족되지 못했을 때 발생되는 정서이다(McMinn & Phillips, 2001). 분노를 나타낼 만큼 관심과 욕구, 기대, 이익 등이 있었으나, 그것이 충족되지 못했다는 것으로 분석할 수 있다(Jones, 1986). 그렇기 때문에 관심과 욕구 및 기대를 줄이는 것이 분노 감소를 위해 중요하다. 또한 인간의 욕구와 기대가 클 때, 기대에 미치지 못한 간격에 실망, 좌절 및 분노가 자리 잡게 된다. 분노는 거부와 좌절에서 비롯되는데, 바로 거부와 좌절의 본질은 욕구와 기대라고 할 수 있다.

4) 고백을 통한 정화

누구에게든 분노를 표출한다는 것은 자신에게 어떤 필요와 동기 및 과오가 있다는 것을 역설적으로 인정하고 드러내는 것이다. 분노는 어떤 일의 과정과 결과에 대해서 부정적으로 인식하고, 외부적으로 귀인시키는 데서 비롯된다. 그렇기 때문에 잘못을 인정하고 고백하는 것은 분노가 폭발되는 것을 예방하기 위해서 필요다. 인간들은 자신의 정서 가운데 분노가 발생되는 것을 인정하는 것과 공격적으로 분노를 분출하는 것은 엄연히 다르다는 사실을 인식해야 한다. 사회에서는 분노를 얼마큼 참고 견디느냐에 따라 인격의 정도를 평가받는 것으로 생각하고 있으며, 분노를 표출 또는 폭발했을 때는 미성숙의 표시로 이해하려는 경향이 있다. 따라서 인간들은 때에 따라서는 고통스러운 환경에 처해도 마치 분노가 없는 것처럼 자신의 정서를 억누르면서, 분노의 감정을 드러내서는 안 되는 것이라고 생각하므로 분노를 위장하려고 한다(Crabb, 1984). 그러나 층간소음 갈등 분쟁 해결 관리를 하기 위해서는 순기능의 감정 표현으로 원만하게 해결해 가는 것이 중요하다.

3. 층간소음 분노 관리의 과정

층간소음 분노 관리는 감정을 인식하고 이해한 후, 그 감정을 효과적으로 조절하고 관리하는 과정을 의미한다.

분노 관리의 과정은 크게 2가지로 접근할 수 있다. 첫째, 인간은 상황이나 사건에 대하여 어떻게 해석하는가에 따라서 서로 다른 정서를 경험한다. 이러한 해석 과정이 인지평가 과정이며, 분노의 심리적 과정 또한 인지 평가 과정을 거친다(최명희, 2007) 즉, 분노 관리가 인지 평가 과정과 유사하다고 보고, 인지 치료 과정을 토대로 분노 관리의 과정을 제시하는 방법이다. 둘째, 분노의 6가지 유형별 분노 관리의 방법을 제시하는 것이다. 여기에서는 분노의 유형에 따른 분노 관리의 과정을 제시하기로 한다. 이와 같은 방법을 선택한 데에는 분노의 유형별 분노 관리 과정을 제시하는 과정에서 인지 치료 이론가인 엘리스(Ellis, 1995)의 합리적 정서 치료 이론(Rational Emotive Behavior Therapy, REBT / A-B-C-D-E 이론으로 알려져 있음)이 적용되기 때문이다(《그림 7-1》 참조). 이러한 합리적 정서 치료는 인간이 합리적이고 '올바른' 사고와 비합리적이고 '올바르지 못한' 사고를 할 수 있는 가능성을 모두 가지고 태어난다는 가정에 기초한다. 사람은 자기 보존, 행복, 사고와 언어, 사랑, 다른 사람들과의 대화, 성장과 자기실현 등의 경향을 가지고 있다.

그들은 자기 파괴, 사고 회피, 게으름, 실수의 끝없는 반복, 미신, 인내심 없음, 완벽주의와

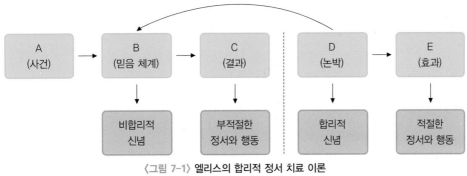

〈그림 7-1〉 엘리스의 합리적 정서 치료 이론

출처 : 이순배(2016)

자기 비난, 성장 잠재력의 실현 회피 등의 경향도 가지고 있다. REBT는 인간이 실수를 할수 있다는 것을 인정하고, 계속 실수를 하면서도 더 평화롭게 사는 것을 배우는 창조물로서의 자신을 수용하도록 돕는다. 엘리스가 초기에 제시한 A-B-C 이론은 REBT 이론의 중심이다. A(Activating Event)는 사실, 사건, 개인의 행동이나 태도 등이다. C(Consequence)는그 사람의 정서적 · 행동적 결과 혹은 반응이다. 반응은 적절할 수도 있고 부적절할 수도있다. A가 C를 직접적으로 일으킨다고 할 수 없다. A에 대한 그 사람의 신념인 B(Belief)가주로 정서 반응인 C의 원인이 된다.

기본 A-B-C 모형에 D-E가 추가되어 〈그림 7-1〉의 A-B-C-D-E 모형이 된다. D(Dispute)는 논박을 의미한다. 본질적으로 D는 내담자가 그들의 비합리적인 신념에도 전하도록 도와주기 위해 과학적인 방법을 적용하는 것이다. 여기서 내담자들은 논리적 원리들을 배우고,이 원리를 통해 비현실적이고 증명할 수 없는 가설을 파괴할 수 있다. 이러한 논박 과정의3요소로 탐지, 반박, 변별이 있다. 첫째, 내담자는 그들의 비합리적 신념들, 특히 그들의 "~하지 않으면 안 된다.", "나는 ~해야 한다."는 식의 절대적인 관념과 '끔찍스러운 자기 비하'를탐지하는 방법을 배운다. 그리고 난 후에 내담자는 논리적이고 경험적으로 질문하는 방법과 그들 자신에게 강력하게 논쟁해서 그것을 행하지 않는 방법을 배움으로써 그들의 역기능적인 신념을 반박한다. 마지막으로 내담자는 합리적인 신념과 비합리적인(자기-패배적) 신념을 변별하는 것을 배운다(Ellis, 1995).

분노 관리는 개인의 성격, 환경, 경험에 따라 다양하게 적용될 수 있다. 각 단계에서 실제 상황에 적용하면서 효과를 검증하고, 필요한 경우 조절하며 발전시켜 나가는 것이 중요하다.

- 감정 인식 : 자기 자신이 분노를 느끼고 있는지를 인식하고, 이 감정이 어떤 상황에서 발생하는지를 파악한다.
- 감정 이해 : 분노를 느끼게 하는 상황의 원인과 개인적인 반응에 대한 이해를 증진시키며, 감정의 기원을 파악하고, 왜 그 상황에서 분노를 느끼는지를 이해하는 것이 도움이 된다.
- 자기 조절 : 감정이 높아지는 상황에서 자기를 조절하고 긴장을 풀기 위해 여러 기술을 사용한다. 깊게 숨을 들이마시고 내쉬기, 감정을 표현하지 않고 내면에서 조절하는 등의 기술이 여기에 해당한다.
- 문제 해결 및 대응 전략 수립 : 감정이 안정화된 후, 상황을 객관적으로 파악하고 적절한 대응 전략을 수립한다. 문제를 해결하기 위한 전략을 찾고, 비판적 사고를 통해 합리적인 선택을 할 수 있도록 노력하는 것이다.
- 대화와 표현 : 분노를 효과적으로 표현하고, 타인과의 대화를 통해 의사소통하는 방법과 감정을 건강하게 표현하고 상대방과의 관계를 유지하기 위해 필요한 대화 기술을 익히는 것이다.
- 스트레스 관리 : 분노와 스트레스는 서로 연결되어 있기 때문에, 스트레스를 관리하고 예방하는 방법과 정기적인 운동, 명상, 휴식 등이 스트레스를 관리하는 데 도움이 된다.
- 지속적인 학습과 적응 : 분노 관리는 지속적인 학습과 적응이 필요한 과정과 새로운 상황에서 발생하는 분노에 대해 학습하고, 적절한 대응 방법을 찾아나가는 것이 중요하다.
- 전문가의 도움 : 전문가의 도움이 필요한 경우, 전문가의 도움을 받아 감정 관리 및 대인관계 스킬을 향상시키며, 상담이나 행동치료를 통해 더 효과적으로 분노를 다룰 수 있다.

(1) 돌발성 분노에 대한 분노 관리 과정

- 1단계 : 분노를 관리할 수 있다는 믿음으로 희망 갖기
- 2단계 : 노력하겠다는 각오로 임하기/부인하는 습관 버리기/축소시키기 멈추기/자기 합리화 멈추기/무력감과 절망에 찬 소리 멈추기/미루기 멈추기
- 3단계 : 자신의 돌발성 분노 방식 분석하기
  - 처음 발생했던 사건은 무엇이며, 시기는 언제인가?
  - 분노가 발생했던 시기에 스트레스를 받고 있던 일은 무엇이며 왜 분노가 발생했는가?
  - 분노 시 술이나 약물을 먹었는가?
  - 먹었다면 그 상황이 자신에게 어떤 영향을 미쳤는가?
  - 그 상황에 관련 있는 사람은 누구인가?

- 분노를 촉발시킨 게 무엇인가?(말, 행동 등)

- 분노 시 무슨 말을 하였는가?

- 어떤 생각을 하였는가?

- 어떤 느낌이었는가?

- 어떤 행동을 하였는가?(무슨 말, 어떤 생각, 어떤 느낌, 어떤 행동)

- 분노는 어떻게 멎었는가?

- 분노 시 통제력을 되찾기 위해 얼마나 노력했는가?

- 어떻게 했는가?

- 효과는 있었는가?

- 분노 시 완전히 이성을 잃었는가? 부분적 분노였는가? 전혀 이성을 잃지 않았는가?

- 돌발성 분노를 터뜨린 다음 자신에게 무슨 일이 있었는가?(이별, 수치감, 불면 등)

- 얼마나 자주 분노가 발생하는가?

- 분노를 관리하기 위해 어떤 방법들을 적용해 봤는가?

• 4단계 : 과거 비폭발 분노를 살펴보고, 어떻게 하여 분노를 관리했는지 탐색하기

• 5단계 : 과거에 있었던 부분적 분노 경험을 자세히 살펴보기

• 6단계 : 안전 계획을 세워 돌발성 분노가 발생할 확률 낮추기/행동 바꾸기/생각 바꾸고

반박하기

- A : 전조, 자신을 화나게 만드는 일(분노 초대)

- B : 상황에 대해 화가 더 많이 나도록 만드는 부정적인 믿음

- C : 분노에 따른 결과, 홧김에 저지르는 행동

- D : B를 대신하며 화를 가라앉힐 수 있는 새로운 생각으로 전환 및 반박

- E : 새로운 생각이 미치는 영향(보통 마음을 비우거나 분노에서 비롯된 에너지를 다른 일에

쏟기)

- 스트레스에 반응하는 방식을 바꾸기/정신을 바꾸기

• 7단계 : 세계관 바꾸기

- 타인들 속에서도 안정감을 느끼기

- 자신을 아끼기

- 정상적이고 건강한 사고 갖기

(2) 잠재적 분노에 대한 분노 관리 과정

- 1단계 : 선택의 여지는 늘 있음(조종당하느냐, 안 당하느냐의 선택)
- 2단계 : 불평하기보다는 마음의 평화를 위해 의식적으로 노력하기
- 3단계 : 현재 자신의 행동이나 생각이 잠재적 분노의 원인이 될 수 있는 장기적 분노가 될 가능성이 있는지 판단하기
- 4단계 : 잠재적 분노의 원인이 되는 분노에 반박해 보기(A-B-C-D-E 모형 적용)
- 5단계 : 공감하는 법 훈련하기
- 6단계 : 분노의 증오를 해결하기
  - 전환 : 머릿속에 있는 불필요한 집착 몰아내기 "인생을 즐겁게 살자."
  - 감정적 무관심 : 지난 일을 두고 계속 불행해야 할 필요 없다.
  - 용서 : '용서는 누군가를 다시 마음속으로 받아들이는 일'이다.
  - 화해 : 믿음을 전제로 두 사람의 관계를 회복하는 것(확인)

(3) 생존성 분노에 대한 분노 관리 과정

- 1단계 : 어느 상황에서든 위험을 인지하는 자신의 능력에 대해 의문 갖기
- 2단계 : 자신이 위협을 감지했을 때 스스로에게 메시지 전달
- 3단계 : 안전한 사람들로 가득한 환경 만들기
- 4단계 : 현재를 과거와 분리하여 인식하고, 과거에 받았던 상처(트라우마)에서 벗어날 수 있도록 도움 요청

(4) 체념성 분노에 대한 분노 관리 과정

- 1단계 : 무엇이 문제인지 분석하기
- 2단계 : 효과 없는 방법은 멈추기
- 3단계 : 현실적인 목표 세우기
- 4단계 : 목표를 이루기 위한 구체적인 목표 세우기
- 5단계 : 새로운 행동 방식을 실천하기
- 6단계 : 경과 상황을 점검하고 대안 지침 만들기

(5) 수치심에서 비롯된 분노 관리 과정

- 1단계 : 지금 여기에서 수치심이 비롯된 분노를 통제하겠다는 약속하기
- 2단계 : 수치심이 분노로 변하고 있는 것을 알아차리고, 자신이 경험한 수치스러운 생각과 감정에 직면해 보기
- 3단계 : 자신이 분노를 통해 어떻게 수치심에서 벗어나는지를 살펴보기(수치심에서 분노로 가는 길은 평화와 거리가 멀다. 내가 던진 수치심은 다른 사람이 차지한다.)
- 4단계 : 수치심과 분노의 연결 관계를 끊기 위해 수치심 되찾기(예 : "수치심과 대면하다 죽었다는 사람 이야기 못 들었어.")
- 5단계 : 수치심을 나타내는 문장을 전환하기(나는 사랑받을 수 없는 존재 → 나는 사랑받고 있는 사람이다.)
- 6단계 : 타인을 존중하고 공손하기
  - 정성 : 네 이야기를 진지하게 듣기 위한 시간을 마련할게.
  - 감사 : 너가 하는 일, 그리고 하는 방식도 다 좋아.
  - 수용 : 너는 지금도 충분히 좋아.
  - 지지 : 네가 존재한다는 것은 참 감사하고 행복해.
  - 체크 목록
    ▶ 오늘 사람들에게 충분히 집중하였는가?
    ▶ 충분히 고마움을 표현했는가?
    ▶ 수용적인 태도를 취했는가?
    ▶ 열린 마음을 가졌는가?
    ▶ 지지하는 태도를 보였는가?
- 7단계 : 비판보다 칭찬하기
- 8단계 : 자신을 존중해 주는 사람들 속에서 지내기
- 9단계 : 수치심에서 비롯된 분노가 예전 상태로 가는지 징후 알아차리기(분노의 징조가 되는 생각, 감정, 행동 등)

(6) 버림받음에서 비롯된 분노 관리 과정

- 1단계 : 거부당한 두려움을 언제 느꼈으며, 두려움이 어떻게, 왜 분노로 바뀌었는가? 누구에 대한 분노인가?
- 2단계 : 질투, 공허, 외로움, 상처, 불안, 위험 등에 분노를 막기 위해 최선을 다하기
- 3단계 : 버림받음에서 비롯된 분노를 부추기는 불신을 신뢰로 바꾸기
- 4단계 : 과거 믿었던 사람들을 떠올려 보기
- 5단계 : 상대방이 주는 확신을 있는 그대로 받아들이기
- 6단계 : 과거의 고통스러운 감정에서 벗어날 수 있도록 도전하기
  - 과거를 반복하여 살 운명을 타고나지 않았음을 믿기
  - 오늘 자신의 삶에 속한 사람들은 과거에 알던 사람들과는 다른 사람들임을 날마다 스스로에게 상기시키기(일기 쓰기)
  - 다른 사람을 더 깊이 신뢰하고 싶다는 바람을 자신이 기존에 믿고 있던 사람들에게 말하기

여기에서 비합리적 신념은 어려서부터 부모나 문화로부터 영향을 받아 형성된 성격을 유지하면서 개인의 성격 특성으로 내재된 비합리적이고 미신적이며 무의미한 사고를 말한다.

엘리스에 의하면 대부분의 인간은 논리적으로 모순이 많으며, 경험적 현실과 일치하지 않고, 삶의 목적 달성에 방해가 되며 융통성이 없이 경직되어 부적절한 정서와 부적응적 행동을 유도하는 특성이 있다. 층간소음 갈등 분쟁 해결의 분노 관리는 긍정적인 면에서는 인간이 살아가기 위한 하나의 적응기재이다. 부정적인 분노는 과도한 분노 표현, 신체적·정신적·사회적 문제로 우발적 분노 표현인 폭행, 살인사건 등 과도한 스트레스, 신경쇠약증으로 인한 자살 등으로 이어지는 심각한 사회문제로 대두되는 것이다.

CHAPTER

층간소음 분노
대처 방법 및 예방

인간은 개인차를 고려한 안식처를 필요로 한다. 층간소음 갈등을 예방하기 위해서 기본적인 규칙과 질서로 개인의 삶의 질(quality)을 높이고 행복하기를 원한다. 이 장에서는 층간소음 분노의 이해와 관리, 분노 인식과 대처 방법, 분노를 유발하는 요인과 예방 방법에 대해서 살펴보고자 한다.

+ 층간소음 분노의 이해와 관리를 알고 설명할 수 있다.

+ 층간소음 분노 인식과 대처 방법을 분석하여 살펴본다.

+ 층간소음 분노를 유발하는 요인과 예방 방법에 대해서 논의해 본다.

1. 층간소음 분노의 이해와 관리

1) 층간소음 분노의 이해

이웃 간의 갈등을 예방하고 해결하는 데 층간소음 분노의 이해는 아래위 층간의 소음 갈등 분쟁을 해결하여 원만한 대인관계를 유지하는 데 매우 중요한 역할을 한다.

① **분노의 이해** : 분노는 모든 사람이 경험하는 자연스러운 감정 중 하나이다. 이는 억압하거나 무시하기 어려운 상황에서 발생할 수 있다.

② **원인의 다양성** : 분노는 다양한 원인에서 비롯될 수 있다. 불만족, 스트레스, 상처, 불안 등이 분노를 일으킬 수 있는 요인이다. 분노는 언어적 표현, 신체적 표현, 행동적 표현 등 다양한 방식으로 표현될 수 있다.

③ **올바른 표현의 중요성** : 분노를 올바른 방식으로 표현하는 것은 건강한 감정 표출의 일부로, 자신과 타인에게 상황을 이해시키고 대화의 기회를 제공할 수 있다.

④ **분노의 관리** : 층간소음 분노는 많은 사람들에게 스트레스를 유발할 수 있는 문제를 야기한다. 이러한 상황에서 분노의 이유를 이해하고, 분노를 관리하는 방법을 익히는 것은 중요하다.

⑤ **분노 관리 기술** : 층간소음 분노는 주로 소음으로 인한 스트레스와 불편함으로 발생하고, 사람들은 자신의 공간과 평화를 침해받는다고 느끼며, 이로 인해 분노와 스트레스를 경험하게 된다. 이때 심호흡, 명상, 근육 이완, 카운팅 등의 기술은 분노를 진정시키고 스트레스를 완화하는 데 도움이 된다.

이웃과의 대화와 소통은 층간소음 문제를 해결하는 데 중요한 역할을 한다. 소통 시에는 예의 바르고 존중하는 태도로 상황을 설명하고, 서로의 의견을 나누는 것이 도움이 된다. 만약 대화와 소통이 어려운 경우, 아파트 관리 단체나 관련 기관 등의 중재 서비스를 이용해 문제를 해결할 수 있다.

소음을 최소화하기 위해 카펫을 깔거나 소음 차단용 매트를 사용하고, 가구를 부드럽게 패딩 처리하는 등의 조치를 취할 수 있다. 층간소음 분노를 이해하고 관리하는 것은 이웃 간의 원만한 관계를 유지하고, 스트레스를 줄이는 데 도움이 된다. 대화를 통해 문제를 해결하고, 분노를 조절하는 기술을 익히며, 소음을 최소화하는 조치를 취하는 것이 중요하다.

2) 층간소음 분노의 관리

층간소음은 많은 사람들에게 스트레스를 유발할 수 있는 문제이다. 분노를 관리하는 것은 중요한 기술 중 하나이다. 층간소음 분노의 관리는 감정 인식과 이해가 중요하다.

층간소음 분노 관리의 목적은 소극적으로 분노를 제거하는 데 있지 않고, 적극적으로 행복한 삶을 추구하는 데 있다.

학문이라면 거기에는 반드시 이론이 있다. 일단 이론이 형성되면 그 이론의 논리적인 결론을 끌어냄으로써 미지(未知)의 영역에 관해서도 효과 있는 예상을 하는 경우가 흔히 있다.

하지만 종종 우리는 사물에 관한 새로운 지식으로 인하여 이론 적용에 한계가 생기는 것을 발견할 수 있다. 이런 경우 이론에 구애되어 사실을 무시하는 일이 허다하나 이것은 큰 잘못이다. 분노 또한 전술한 바와 같이 어떠한 원인이 반드시 존재하며, 이로 인한 증상과 결과가 나타난다. 이는 이론의 성립을 뒷받침해 주는 근거가 될 수 있다. 이에 이 장에서는 먼저 분노의 이론을 살펴보고, 분노의 변화 단계 그리고 분노 관리의 기본 원리 및 행복의 기본 원리를 살펴보고자 한다.

3) 분노의 이론

분노에 대한 이론적 정의는 아직 구체화된 것은 없다. 이에 여기에서는 분노와 관련 있는 다양한 이론을 다룰 것이다. 예를 들어, 정신분석 이론의 창시자인 프로이트(Freud) 이론, 분노와 유사한 개념인 공격성, 노바코(Novaco)의 분노 결정 이론 등 다양한 선행 이론을 토대로 다음과 같은 분노 이론을 제시하고자 한다.

(1) 이중 본능 이론

분노에 대한 정신분석적 관점을 프로이트의 이론으로 설명한다면, 인간은 심리 내부에 본능적으로 공격성을 가지고 있으며, 이는 죽음 본능(death instinct)이 표출된 것으로 본다. 프로이트는 1923년 『자아와 이드(The Ego and the Id)』에서 분노를 리비도에 반대되는 죽음의 욕망으로 인정하고 성욕과 동일한 차원으로 간주하는 이중 본능 이론(Double Instinct Theory)을 제시하였다. 이에 따라 성적 소망뿐 아니라 죽음의 본능에서 나온 강력하고 야만적인 파괴적 본능도 억압된다고 보았다. 그러므로 바람직한 정신 건강은 억압이 없는 상태가 아니라 원시적인 성적, 공격적 본능에 압도되지 않고 만족을 얻을 수 있도록 억압적 분노를 잘 통제하는 것이라 하였다(Freud, 1923).

프로이트는 직접적으로 분노를 언급하지 않았으나, 그의 이론들에서 분노와 관련된 부분을 발견할 수 있다. 예를 들면, 오이디푸스 콤플렉스(Oedipus Complex)는 다른 성의 부모와 근친상간을 소망하며, 같은 성의 부모에 대한 살인의 충동을 담고 있다. 프로이트의 이론대로 정상적인 아동들이 모두 오이디푸스 콤플렉스 시기를 지난다면, 누구나 분노를 경험하게 될 것이다. 해결되지 못한 오이디푸스 콤플렉스와 더불어서 초자아의 발달이 실패할 경우, 분노적 욕구는 적절히 조절되지 못하고, 공격 에너지가 한계 수위에 이르렀을 때 어떤 형태로든 행동을 방출하게 되고, 부적응적 반사회적 문제를 일으키게 된다. 이같이 프로이트는 인간의 본능 안에 분노가 있다고 보았으나, 이 중 본능에 속한다고 가정한 분노를 증명할 과학적인 근거를 제시하지 못하였다.

(2) 사회 학습 이론

행동주의 이론으로서 사회 학습 이론(Social Learning Theory)은 최근 인간의 인지적 기능을 강조하면서 사회 인지 이론으로 불리고 있다. 반두라(Bandura, 1999)와 같은 사회 인지 이론가들은 인간 행동을 개인과 환경의 상호작용 결과로 보고, 인간 내면의 개인적 특성과 외부의 강화와 벌, 모델 관찰이 상호작용을 하여 학습된 것이라고 하였다. 사회 인지란 인간과 그 행위에 관한 인지를 말하는 것으로 외현적·사회적 행위뿐만 아니라 인간의 내재적 심리 과정이나 속성에 대한 추론, 신념 또한 개념화를 포함하며, 자기 자신, 타인, 사회 집단 그리고 개인이나 집단 간의 다양한 사회적 관계와 상호작용이 사회 인지의 대상이 된다.

이들의 인간 행동에 관한 관점은 3가지 상호 인과 관계를 포함하는 의존적 구조 안에서 사회와 상호작용을 한다고 본다. 이는 인지적·정서적·생물학적인 개인의 내적 요인들(P)과 행동(B)과 환경적 사건(E)들로 구성되는데, 이들 3요인은 서로 영향을 주는 상호작용적 결정 인자이다. 이때 개인은 환경의 상황에 따라 단순히 내면의 메커니즘에 의하여 행동하는 것이 아니라, 의도적으로 행동을 수행하게 된다. 반두라의 메커니즘을 살펴보면, 사회 인지 이론의 핵심은 자기(Self)로서, 환경을 통제하는 방법에 대한 전략적 사고를 하는 동시에 자기의 지식이나 사고하는 기술 및 능력과 행동 전략의 적합성을 평가한다.

분노 행동에 대한 사회 인지 이론의 입장은 일반 사회적 행동을 습득하는 과성과 동일하게 직접 경험과 관찰, 사회적으로 바람직한 행동에 대한 기대와 믿음, 개인이 사회를 해석하는 방법 등에 의하여 우선적으로 습득되며 개인의 자기 효능감이나 자기 규제의 발달 정도에 영향을 받을 뿐만 아니라 가족과의 상호작용 형태와 공격성 발달과도 밀접하게 관련이 있다(Bandura, 2001). 그러므로 동일하게 분노 행동을 경험하거나 관찰한다 해도 개인의 효능감이나 자기 규제 발달 정도 그리고 가족의 상호작용 수준 같은 개인적 요인에 따라 분노의 표출은 다를 수 있다고 하였다.

(3) 인지 신연합 이론

인지 신연합 이론(Cognitive Neoassociation Theory)은 불쾌한 사건이 분노 행동으로 나타나는 과정에 대한 논리적 가정이다. 사회 인지적 과정으로서 인간의 행동을 이해하려는 입장에서는 개인적 해석을 통해 이루어지는 인지적 평가 과정이 그 개인의 행동을 매개한다고 본다. 즉, 개인이 어떤 상황에서 어떻게 행동할 것인지는 상황 그 자체가 아니라, 상황적 자극에 대한 개인의 해석에 따라 결정된다는 것이다. 불쾌한 경험에 의하여 유발된 부정적인 정서는 자동적으로 다양한 생각이나 기억, 행동 표현들과 다양한 연합 반응들을 만들게 된다. 따라서 좌절, 자극, 큰 소리, 불편한 기후, 불쾌한 냄새 들은 싸움과 도피 두 방향의 부정적인 정서를 유발하게 되는데, 싸움 연합(Fight Associate)이란 분노 감정, 공포 반응, 혐오감을 주는 사건은 도피 연합(Flight Associate)을 발생하게 하여 인지적·정서적 연쇄 반응을 하게 된다. 인지 신연합 이론에서 공격적 사고와 정서와 행동은 기억이라는 수단으로 연결된다(Berkowitz, 1989). 예를 들어, '권총'이라 하면 단순화된 연합 기억 구조는 여러 가지 공격적인 연상을 하게 된다. 유사한 의미들(예 : 상처, 손해)이 자동적으로 강하게 연결되어(예 : 권총, 쏘다) 발전적으로 촉진되기도 하며, 또한 평가와 같은 상위의 인지적 과정도 연결될 수 있다.

인지 신연합 이론은 좌절-분노-공격 가설을 적용하였을 뿐 아니라 혐오스러운 사건이 부정적 정서를 넘어 공격적 성향으로 가는 메커니즘을 보여준다(Anderson & Bushman,

2002). 즉, 부정적 정서는 싸움 경향성과 도피 경향성을 동시에 생산하는데, 이 두 가지의 반응 중 어떤 것을 선택하는지는 유전적 영향, 과거의 학습, 현재의 상황을 어떻게 인지적으로 지각하는가에 따라 결정된다. 그러므로 불쾌한 사건을 경험하는 사람이 모두 동일하게 분노를 표출하는 것이 아니고, 결국은 개인의 인지적 지각 정도에 따라 분노 행동을 다르게 표현하게 된다고 볼 수 있다.

(4) 노바코의 인지적–임상적 이론

노바코(Novaco, 1994)는 어떤 사건을 위협적이거나 불쾌한 것으로 지각할 때 일어나는 자연스러운 반응이 분노라고 하였다. 그는 외적 상황 자체가 분노를 일으키는 것이 아니라 그 상황을 어떻게 해석하느냐가 분노의 중요한 변수라고 가정했다. 그의 모델에 따르면 외적인 사건들은 인지적으로 처리되며, 생리적인 반응을 이끌어낸다. 이것은 상황적인 단서들과 유발 사건에 대한 사람의 해석에 따라 다르게 명명된다. 즉, 노바코는 수많은 상황들이 분노를 유발하지만, 분노가 이들 상황에 필수적인 반응은 아니며, 인지적 과정이 분노의 경험에 매우 중요한 역할을 한다고 보았다. 분노를 자극에 대한 정서적 반응으로 개인 변인의 3가지 양상, 즉 인지적·신체적-정서적·행동적 요인에 의해 결정된다고 보고, 분노의 결정 요인 및 과정 모델을 〈그림 8-1〉과 같이 제시하였다. 그 기본적 개념은 외부 환경으로부터 유쾌하지

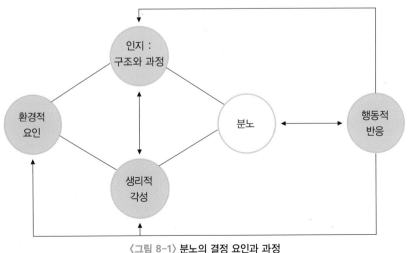

〈그림 8-1〉 분노의 결정 요인과 과정

출처 : 이순배(2016)

않은 경험을 하게 될 때, 생리적으로 각성이 되고, 그 각성을 인지적으로 분노라고 해석하는 2가지 과정을 거쳐 분노를 경험하게 된다는 것이다. 즉, 외적 상황 자체가 분노를 일으키는 것이 아니라, 그 상황이 어떻게 해석되느냐가 매우 중요한 변수라고 가정하고 있다.

이를 구체적으로 살펴보면, 인지적 수준에서 분노는 자극 상황에서 일어나는 평가, 귀인, 기대 및 자기 진술 기능을 수행하고, 신체적·정서적 수준에서는 긴장, 초조함, 나쁜 기분에 의해 분노가 촉발되고 약화된다.

마지막으로 행동적으로는 철회와 적대감이 분노를 일으키는데, 철회는 자극을 변화시키지 않은 채 그대로 둠으로써 발생하게 되고, 적대감은 자극 과정을 점차 올림으로써 그리고 개인이 분노라고 추론한 것으로부터 단서를 제공함으로써 발생된다고 보았다.

또한 그는 분노를 조절하기 위한 인지적인 자기 통제 절차를 개발했다. 그것은 인지적인 준비, 기술 습득과 리허설, 대처 기술의 연습과 적용으로 구성되는데, 인지적인 자기 통제 절차는 이완 훈련과 결합될 때 특히 효과적이라고 하였다.

4) 분노의 변화 단계

내담자가 변화할 준비가 없다면 분노감 감소를 위한 협력적인 작업은 할 수 없다. 불행하게도 모든 사람이 변화하기를 원하는 것은 아니다. 그래서 첫 번째 과제는 필요하다면 변화 동기를 평가하고 그것을 높이는 것이다. 종종 내담자가 화를 내는 것은 어느 정도 이점이 있지만, 강하고 잦은 분노 반응은 자기 스스로 대가를 치른다는 것을 느끼게 해 줄 필요가 있다.

대부분의 내담자들은 단순히 자신의 분노가 자신의 문제라는 것을 이해하지 못한다. 그들은 아내나 아이, 부모, 상사와 같이 상대방이 변할 수 있도록 도와달라고 요구한다. 즉, 그들은 상대방의 행동이 개선된다면 자신의 분노가 사라진다고 말한다. 그들은 자신의 분노는 다른 사람이 분노의 실질적인 원인이라고 믿는다.

따라서 분노관리사가 취해야 할 행동의 첫 번째 목표는 분노 문제는 내담자 자신의 것이고, 자신이 해결해야 할 자신의 문제라고 깨닫게 하는 것이다. 문제에 대한 책임을 갖는 것이 변화에 대한 동기를 높이기 위한 첫 번째 단계이다.

이러한 관점을 토대로 프로차스카와 디클레멘트(Prochaska & DiClemente, 1983)는 분노의 변화를 5단계로 제시하였다. 그들이 제시한 분노의 변화 단계 모델은 어떤 내담자는 변화하기 위해서 제시한 전략을 수용하고 열심히 노력하고 진전을 이루는데, 왜 어떤 내담자는 그렇지 못하는가를 이해할 수 있는 준거를 제공해 준다.

(1) 인식 전단계

이 단계의 내담자들은 변화에 대한 생각이 없다. 내담자가 문제가 있다는 것을 인식하지 못하기 때문에 변화하고 싶은 의도, 즉 분노 감소에 대한 욕구가 없다. 프로차스카와 디클레멘트는 계획 이전 단계의 초기 단계에서 동시에 나타나거나 앞서 나타날 수 있는 2가지 단계로서, 비계획 단계와 반계획 단계를 제시하였다.

첫째, 비계획 단계(Noncomtemplation)에서는 전반적으로 인식하지 못하고 있고 변화의 중요성을 내담자가 알아차리지 못한다. 타인과 자신에 대한 분노의 결과를 인식하지 못하고, 그들의 전반적인 기능 수준이 개선될 가능성에 대해서 인식하지 못한다. 이러한 내담자는 실제로 변화에 대해 회피하거나 반대되는 활동을 한다.

반면, 반계획 단계(Anticontemplaton)에서 내담자는 변화에 반대하는 적극적인 과정을 보여준다. 이러한 내담자들은 저항하고 회피하고 다른 사람을 매우 비난한다. 그들은 "나는 전혀 틀리지 않았어. 나는 변화할 필요가 없어. 그러므로 나는 이 상담에 동참하지 않을 것이고 당신은 나에게 그것을 하라고 할 수 없어"라고 생각한다. 이 단계의 내담자들은 그들 자신의 의지로 도움을 받기 위해 오지 않고, 가장 잘 설계되고 과학적인 근거를 가지고 있는 변화 전략에도 저항할 것이다. 그러므로 준비와 동기가 생길 때까지 공식적인 상담을 지연하는 것도 좋은 전략이다.

(2) 인식 단계

이 단계의 내담자들은 개인의 분노 감소의 원인과 결과를 평가하지만, 아직 변화 작업에 대한 공식적인 결정을 하지는 못한다. 그들은 분노에 대한 안내서를 받을 수 있고, 다양한 매체나 사람들로부터 분노 통제에 대한 정보를 받았을 수도 있다. 이로 인해 내담자들은 필히 참가하겠다는 의무감은 없지만, 변화 가능성의 중요성에 관해서 적극적인 생각을 할 수 있다. 내담자들은 "만약 내가 화를 덜 냈더라면 좀 더 나았을지도 몰라. 그러나 나는 확신할 수 없어. 그래서 내가 할 수 있다는 것을 확신할 수 없어"하며 적극적인 저항은 거의 혹은 전혀 하지 않는다. 오히려 개인적인 의문을 가지는 단계이다.

(3) 준비 단계

내담자가 이 단계에 있게 되면, 변화하기 위한 명확한 결정을 한 상태이기에 행동을 옮길 태세를 갖추고 있다. 대체로 한두 달 내로 변화하기 위한 의지가 분명하기 때문에 내담자는 변화를 시도하는 과정에 수반되는 것을 검토하고 있다. 과거에 변화를 시도했지만 성공적이지 않았을 가능성이 있기에, 이러한 사실이 변화하기 위해서는 이제 필요한 정보가 무엇일까에 관한 정보를 제공해 줄 수 있다.

프로차스카와 디클레멘트는 이를 행동 계획 단계라고 하였다. 이 단계의 내담자들은 "나는 지금 분노에 대해서 작업할 계획이에요"라고 생각한다. 그들은 분노관리사와 협력적인 전략을 계획하고 경청하고 기꺼이 작업한다. 그들은 변화할 준비가 되었고, 변화를 위해 적극적으로 제안을 할 것이다. 하지만 이는 이상적인 사례이며, 어느 정도의 조정은 필요하다.

(4) 실행 단계

이 단계의 내담자들은 변화 전략을 실행하기 시작하고, 변화 진행을 위해서 시간과 에너지를 투자한다. 프로차스카와 디클레멘트는 자신의 내담자 중 하나는 계획에서 활동으로 변화하는 과정과 준비에서 행동으로 변화하는 과정을 마치 자동차를 중립에서 운전의 기어로 바꾸는 것과 유사하다고 하였다. 즉, 자동차 기어가 중립 위치에 있을 때는 거울 위치를 점검하고, 연료의 눈금이 어떤지, 혹은 차 문이 잠겼는지를 확인하고 운전을 할 준비를 한다. 그러나 이 모든 행동이 실제로 운전하는 행동은 아니다. 행동은 실제로 차의 시동을 걸고 운전에 기어를 설정했을 때 비로소 시작되는 것이다.

실행 단계에서는 때때로 문제가 발생하기도 한다. 예를 들어, 내담자는 분노관리사의 의견에 반대하는 기술을 행할 수도 있다. 따라서 분노관리사는 초기에 내담자와의 치밀한 면담을 통해 이러한 문제에 대한 해답을 얻을 수 있고, 어떤 방향이 가장 효과적일지에 관한 단서를 확보할 수 있다. 또한 실행 단계에서 내담자는 분노관리사와 변화하기 위한 작업을 계속하지만, 계속해서 진도를 나가기 위해 필요한 어떤 행동적인 기술은 무시할 수 있다.

이러한 과정을 통해 변화를 시작한 내담자도 그 변화가 정착되기 전까지는 분노가 다시 재발할 수도 있다. 이와 같은 재발 단계에 들어가면 즉각적인 행동이 요구된다. 사전 재발 단계, 현재 발생 단계, 재발 단계에서는 기본적인 질문인 "우리가 어떻게 다시 변화하는 과정으로 재진입할 수 있을까?"를 물으며 치료적인 재방향을 설정해야 한다. 그렇게 하기 위해서는 논의가 필요하고, 전체적인 면에서 조망하고 변화된 과정이 사라질 수 있는 경우를 알아차리도록 돕는 것이 필요하다. 종종 변화 동기의 강화는 '터널 끝의 빛'을 볼 수 있도록 하는 대화를 통해서 가능하다.

(5) 유지 단계

이 단계의 내담자들은 이미 분노가 감소되었다. 따라서 이미 만들어진 변화를 강화하고 싶어 한다. 대부분의 경우에 이러한 내담자는 매우 긍정적인 태도를 가진다. 따라서 상담을 통해서 얻은 것을 견고히 하고 변화된 행동을 조율하는 것은 상대적으로 쉽다. 이 단계의 한 가지 목표는 내담자를 그들 자신의 치료자로 만드는 것이다. 즉, 층간소음 갈등분쟁관리사의 분노 관리에 대한 의존을 감소시키고 자기 통제감을 증가시키는 것이다. 이를 통해 임상적 개입 없이 증가된 자기 통제감을 더 잘 관리할 수 있는 독립적인 성인이 될 수 있다.

5) 분노 관리의 기본 원리

요즘 사람들은 사소한 사건에도 잘 예민해진다. 한 가지 사건이 끝나기 전에 또 다른 사건이 발생하고, 사건이 연속적으로 발생하기 때문이다. 늘 우울증이 생기고, 극단적인 경우에는 자살을 선택하기도 한다. 또한 층간소음 갈등의 원인인 오늘날의 공동체는 무분별한 도시화의 확대, 경쟁 심화에 따른 삶의 질 하락, 가속화되는 인간 소외 등 공동체의 붕괴로 다양한 사회적 문제에 직면해 있다. 이러한 시점에서 주민 참여 중심의 커뮤니티 활동은 전통사회 이후 와해되었던 마을 공동체 문화를 재건하는 데 크게 기여할 수 있기에 그 실효성이 부각되고 있다.

이에 커뮤니티의 중요성을 인식하고, 네트워크 패러다임의 변화와 사용자들의 시대적 요구에 부합하는 새로운 커뮤니티 환경을 제공하여 층간소음 분쟁의 해법을 마을공동체의 활성화로부터 찾아보자.

분노 관리의 기본원리인 분노의 이해와 관리에서는 감정적인 지능과 자기조절 능력의 향상을 통해 가능하며, 이는 건강한 인간관계와 본인의 심리적 안녕에 도움을 줄 수 있어 층간소음의 갈등 관리(예방, 조기 발견, 치료, 사후 관리)에 영향을 미칠 수 있다.

- 분노의 식별 : 감정의 원인을 파악하고 왜 그렇게 느껴지는지를 이해하는 것이다.
- 숨을 깊게 들이마시고 내쉬기는 깊게 숨을 들이마시고 천천히 내쉬면서 신경계를 진정시키고, 긴장을 완화하는 효과적인 기술 중 하나이다.
- 시간을 두고 차분히 대응하기 : 급박한 감정이 일어났을 때는 급하게 반응하지 말고, 잠시 시간을 두고 감정을 진정시키는 것이 도움이 된다.
- 대화로 문제 해결하기 : 감정을 표현하는 대화를 통해 문제를 해결하고 상황을 개선할 수 있는 방안을 모색한다.
- 유익한 활동과 휴식 : 정기적인 운동, 명상, 휴식을 통해 감정을 안정화시키고 긍정적인 에너지를 축적하는 것이 도움이 된다.
- 자아와 긍정적인 대화하기 : 자기에게 긍정적인 말을 하고, 자신에게 인정과 격려를 통해 감정을 안정화시키는 데 도움이 된다.
- 전문가의 도움 받기 : 심리상담이나 행동치료를 통해 전문가의 도움을 받는 것이 분노를 효과적으로 관리하는 데 도움이 된다.
- 분노 예방하기 : 일상적으로 스트레스를 관리하고, 긍정적인 활동에 시간을 할애하는 것이 중요하다.

2. 층간소음 분노의 인식과 대처 방법

1) 분노 인식

분노 인식(Agoraphobia)은 특정한 상황이나 장소를 피하려는 불안장애로 공공장소나 개방된 공간, 또는 탈출이 어려운 상황에서 발생할 수 있는 불안에 대한 두려움이다. 또한 분노 인식을 가진 사람들은 이러한 상황을 피함으로써 불안을 완화하려고 한다. 분노 인식은 종종 공황장애와 관련 있으며, 공황발작을 경험하는 것에 대한 두려움으로 인해 특정 장소를 피하게 할 수 있다. 분노 인식은 일상생활에 지장을 줄 수 있으며, 전문가의 도움을 받아 치료를 할 수 있다.

- 감정 식별 : 자신이 분노를 느끼는지를 인식하는 것이다. 몸의 변화나 감정적 반응을 주시하고, 분노의 신호를 식별하는 것이 중요하다.
- 감정의 원인 파악 : 분노의 원인을 파악하고 왜 그 상황에서 분노를 느끼게 되었는지를 이해하는 것이 중요하다. 감정의 원인을 정확하게 파악하면 효과적인 대처가 가능하다.
- 신체적 반응 관찰 : 신체적인 반응을 주시하고 기록하는 것도 분노를 인식하는 데 도움이 되며, 긴장된 근육, 가슴의 뛰는 속도 등을 주시한다.
- 행동 관찰 : 감정이 행동으로 표출되기도 하며, 고함, 손뼉치기, 물건을 파손하는 등의 행동을 주시하여 분노를 식별할 수 있다.

분노 인식은 라이프스타일(lifestyle)로 살아가는 방식, 생활환경, 습관, 관심사, 취미, 식습관, 운동, 수면 등 다양한 측면을 자신의 정체성으로 표현하고 삶에 질을 향상시키기 위해 대처하는 것이 중요하다고 볼 수 있다.

2) 분노 대처 방법

분노를 대처하는 방법은 분노를 조절하고 관리하는 것을 의미한다. 분노를 인식하고 그 원인을 이해하며, 건강한 방법으로 표현하는 것을 포함하며, 자세히 살펴보면 다음과 같다.

① 깊게 숨을 들이마시고 천천히 내쉬면서, 신경계를 진정시키고 긴장을 완화하는 것이 도움이 된다.
② 급박한 상황에서 급하게 반응하지 않고, 잠시 시간을 두고 감정을 진정시키는 것이 중요하다.
③ 분노의 원인을 파악하고 문제 해결을 중점으로 두며, 차분한 상태에서 대화하는 것이 효과적이다.
④ 스트레스를 관리하고 예방하기 위해 정기적인 운동, 명상, 휴식을 통한 스트레스 해소가 필요하다.
⑤ 자신에게 긍정적인 대화를 하고, 자기를 격려하며 부정적인 감정에 대처하는 것이 도움이 된다.

⑥ 분노를 예방하기 위해 일상적으로 긍정적인 활동에 시간을 할애하고, 스트레스를 효과적으로 관리하는 것이 중요하다.

⑦ 필요한 경우, 전문가의 도움을 받아 감정 관리 및 대인관계 스킬을 향상시키는 것이 도움이 된다.

⑧ 자기를 효과적으로 조절하고 감정을 안정화시키는 훈련을 통해 분노를 건강하게 대처하는 방법을 배우는 것이 중요하다.

층간소음 갈등 관리에서 분노를 인식하고 효과적으로 대처하는 것은 감정적인 지능을 향상시키고, 상황을 더 건강하게 관리할 수 있도록 도와주는 것이다.

3. 층간소음 분노 유발 요인과 예방 방법

1) 층간소음 분노 유발 요인

분노를 유발하는 요인은 개인에 따라 다양하지만, 일반적으로 다음과 같은 요인들이 분노를 유발할 수 있다.

① 일상적인 스트레스, 업무 압박, 대인관계 문제 등은 분노를 유발할 수 있다.

② 기대와 현실 간의 차이, 목표 달성 실패, 자아존중감 부족 등은 불만족을 유발하여 분노로 이어질 수 있다.

③ 지나친 비판, 거부, 상처를 받은 경험이 분노를 일으킬 수 있다.

④ 상황을 통제할 수 없는 무력감은 분노를 유발하는 요인 중 하나이다.

⑤ 기대와 현실 간의 불일치가 분노를 유발할 수 있다.

⑥ 충돌, 불화, 소통 부재 등의 대인관계 문제는 분노를 일으킬 수 있다.

⑦ 피로, 굶주림, 수면 부족 등의 생리적 요인도 분노를 증가시킬 수 있다.

분노를 유발하는 요인들을 살펴보고 자신의 상황에 대해서 '자신의 감정'은 어떠했는지 살펴보는 계기가 되었을 것이다.

2) 분노 예방 방법

층간소음의 분노를 유발하는 예방과 방법은 감정적인 지능과 자기조절 능력의 향상을 통해 가능하며, 이는 건강한 인간관계와 본인의 심리적 안녕에 도움을 줄 수 있다. 층간소음의 갈등분쟁관리와 관련된 연구에서 샤인(Schein)은 인간모형을 합리·경제인간, 사회인간, 자아실현인간, 복잡한 인간으로 분류하였다. 이를 통한 예방법을 살펴보자.

샤인은 인간은 합리적이며 경제적인 존재로 근본적으로 자기의 경제이익을 최대로 얻으려 행동한다고 하였다. 인간은 복잡하여 변덕을 부리고 다양한 욕구와 잠재력이 있어 시기와 장소에 따라 상황 적응적으로 대응한다고 본 것이다. 샤인의 인간모형 중 합리형 인간모형은 층간소음 대응 인간모형에 적합하다. 합리적 인간이라는 것은 실천하는 이성의 존재로서 서양의 경험인식 체계 속의 '경제적 인간'으로 해석한다(권희재, 1985).

인간은 근본적으로 경쟁적·자기이익 지향적이며 약자와 패배자를 돕는 일에 관심이 없고 유일한 관심은 바로 자신의 생존에만 있을 뿐이다(권희재, 1985) 인간은 이타적인 인간도 있으며, 불균형 상태에서 재화나 서비스를 거래할 때 더 이타심이 발현되는 수도 있다. 어떤 상황에서는 이타적인 인간이 이기적인 인간보다 적응 확률이 더 높으며, 소수보다는 집단으로 발휘되는 이타심은 상호관계 비용을 감소활동을 이끌어낸다. 사회적 관계나 사회조직에서 근본적인 질문의 핵심은 이타주의나 이타심이며, 경험적으로 증명된 것은 강력한 힘으로 작용한다는 것이다.

거주자가 개인일 때보다 집단일 때 이타심을 발휘하는 것이 더 자기에게 이익이 된다면 공동주택 거주자들은 이기심보다는 이타심을 발휘할 것이다. 이런 관점에서 이타심이 있는 거주자들이 소음 문제에 집단으로 대처하여 노력이나 비용이 감소한다면, 자율조정을 원하는 자가 증가하고, 단지 내 모두에게 작용하여 소음 문제 해결에 긍정적으로 작용할 수 있다고 추론할 수 있다. 자율조정은 자아가 성숙한 인간모형에서 나타나는 태도이다.

매슬로(A. H. Maslow)는 인간의 욕구를 생리, 안전, 사회, 존경 및 자아 등 저차원부터 고

차원까지 있다고 파악하고, 외부로부터 자신을 보호하려는 안전욕구와 더 완성된 인간이 되고 싶은 자아실현 욕구가 있다고 하였다. 층간소음을 해소하려는 인간도 안전욕구가 있기 때문이다.

위층의 소음에도 불구하고 이것을 이해하고 수용하는 인간도 있다. 이러한 인간은 타인을 우선 배려하는 자아실현욕구가 강한 인간이라 할 수 있다. 인간이 다양한 욕구가 있는 것은 그가 이성과 감정의 이원적(二元的) 성격의 소유자이기 때문이다. 따라서 현실세계에서 드러내는 행동은 경우에 따라 선하고 악할 수 있다. 선한 행동은 단순히 이성의 힘에 좌우되는 것이 아니라 이성과 감성 간의 역동적 과정을 거쳐 표출하는 것이며, 이성적 행동을 하더라도 감성적으로 갈등하기 때문에 인간의 행동은 유동적이고 변화의 가능성을 항상 내포하고 있나(권희재, 1985). 따라서 층간소음 가해자와 피해자는 상대방이 취하는 행동에 따라 다르게 반응하며 언제라도 태도를 바꿀 수 있다고 볼 수 있다. 공동주택의 층간소음에 대응하는 인간모형을 탐색한 전형준(2008)은 수용형, 타협형, 협조형, 회피형 및 경쟁형의 다섯 가지로 소음에 대응하는 인간을 분류하였다.

(1) 수용형 인간

이들은 남에게 폐를 끼치지 않고, 자신의 욕구보다 타인의 욕구를 더 배려하여 양보하는 경향이 있는 사람이다. "죄송합니다… 앞으로는 조용히 할게요." 하는 식으로 말한다. 갈등은 초기에 해소된다. 수용형 인간은 타인을 이해하고 배려하기 때문에 소음 갈등에서 자기가 양보하는 경향이 있다. 이 유형은 매슬로가 말하는 자아가 성숙된 자아실현인간의 사람으로 이웃에 관심을 갖고 배려하며, 층간소음에 대처하고 소음은 어느 정도 이해해주고 심하면 슬리퍼를 사다주고 매트를 사용해 달라고 부탁하며 이웃을 배려하고 역지사지의 태도로 이해한다. 따라서 수용형 인간은 층간소음 해소에 가장 바람직한 유형이다.

(2) 타협형 인간

자신과 타인 모두 양보해야 한다는 논리를 가진 인간이다. "저희 잘못입니다. 아니에요. 같이 사는데 저희도 일부는 부담을 해야지요." 하면서 윗집과 아랫집이 함께 비용을 내 해결책을 찾는 경우의 인간이다. 타협형은 매슬로가 말하는 자아가 성숙되어 남을 배려하는 인간모형으로 층간소음으로 크게 문제를 일으키지 않으며 스스로 자율조정하며 가해자와 상

> **타협형 인간의 문제 해결 방법**
>
> • 대화와 소통으로 점차 친밀해져 문제를 해결하려고 하고 법적 해결은 적대적 관계를 형성해 상호 분리한다고 생각한다.
> • 층간소음 문제의 본질적인 해결은 이웃과 관계 개선이 급선무이고 이웃을 더 배려하려는 마음을 가지고 친근감을 높이기 위해 자주 왕래하는 것이 바람직하다고 생각한다.
> • 선물을 주며 주의를 환기시키고, 대면하여 갈등을 해결하고 아이들에게 간식거리를 주며 소통하고, 승강기에 사례 등을 게시하여 의견을 제시하고 어른들의 협조를 구한다.
> • 아이들을 초청하여 함께 국가소음정보시스템의 층간소음 예방동영상을 시청한다.
> • 충분한 대화로 해결책을 찾으며, 전문가를 초빙하여 분쟁과 사례를 교육받고 관심과 참여를 유도하여 문제를 해결한다.
> • 아래위층 가족을 초대하여 식사나 티타임을 가지며 상황과 고충을 대화로 이웃의 입장에서 조금 참고 다가가서 설득하며 공감화한다.

호협조하여 문제를 찾는다. 또한 제도적인 합의에 이르지 않고 당사자 간에 타협하여 자율적으로 조정하여 문제를 해결하려는 것이다.

(3) 협조형 인간

모두가 Win-Win하는 해결 방법을 추구한다. 이 유형은 당사자들이 "문제의 근본은 시공사에 있으니 소음 책임은 윗집 대신 시공사가 져야 한다."고 결론을 내면서도 문제 해결에 더 동기가 부여되고, 더 여러 가지 수단을 동원하여 노력을 기울이는 것이다.

> **협조형 인간의 문제 해결 방법**
>
> • 처음엔 선물 등으로 회유하며, 안 되면 법적으로 대처한다.
> • 선물 공세와 동시에 자발적으로 소음을 줄이도록 건의하고 그래도 안 될 땐 법적 대응을 한다.
> • 아이의 소음에는 먹거리를 활용하여 해결해 보고 안 되면 관리사무소에 중재를 요청한다. 그래도 안 되면 법적으로 대응하고, 끝까지 해결이 안 되면 참고 살든지 아니면 이사를 가겠다고 하는 것이다.
> • 처음엔 대화로 다음엔 선물로 다음엔 신고로 법적 대처한다.

(4) 회피형 인간

아래층에서 온 인터폰을 받고 "시끄럽다고요? 예, 예~~알았어요."하고 대충 대답하면서 상황을 모면하는 유형의 사람들이다. 자신이나 타인을 배려하지 않는 사람으로 타인과 협조도 하지 않으면서 문제를 덮고 지나가려 하는 인간이다. 아래층 사람이라면 문제가 없으나, 위층 사람이 이런 유형이라면 문제는 커진다. 이러한 유형의 사람을 상대할 때는 다음의 방법을 사용한다.

첫째, 지자체, 이웃센터, 관리사무소 등에 호소하여 윗집에 벌금을 물리고 이웃사람들의 비난을 받게 한다.

둘째, 법에 호소하여 과태료를 부과시키며, 해결이 안 되면 그 집 위층으로 이사하여 소음을 발생시켜 층간소음의 고통이 무엇인지 직접 체험하게 하고, 앞으로 다른 이웃에게 피해가 없도록 서약을 받아낸다.

(5) 경쟁형 인간

현실에서 손톱만큼도 양보하지 않으려 하는 인간이다. "뭐가 시끄럽다는 거예요! 절간에 가서 살지."하는 식으로 반응한다. 이러한 유형의 부모들은 자기 자식이 소음을 내도 자식을 변호하고 편드는 일에 열중한다. 이 유형의 행위 결과는 피해자로 하여금 경찰에 신고하거나 법정에까지 끌고 가게 할 수 있다. 양 당사자가 경쟁적인 타입이라면 갈등은 깊어질수밖에 없다.

협조형, 회피형 및 경쟁형은 배려와 이해가 부족한 인간모형으로 가해자나 피해자 모두가 이 모형의 거주자일 경우 층간소음 문제는 조정이나 법적 절차로 진행될 수밖에 없다. 수용형, 타협형 모형의 인간으로 서로 사랑하고, 더불어 살며, 행복한 주거문화를 형성하기 위해서는 '층간소음갈등분쟁관리 교육'이 필요하다. 이해, 친밀, 협조, 대화, 소통 및 타협으로 질서, 규칙 등을 지키며 행복한 이웃을 만들기 위해서 이러한 교육을 소통의 창구로 이용함으로써 이론과 실제를 겸비하여 현실에 적용하는 것이 중요하다.

3) 층간소음 자가진단 검증 및 예방법

(1) 층간소음 항목별 자가진단 검증 TEST

① 일반 주거환경 항목

구 분	진단 내용	Check
1	아파트 관리소와 가깝게 지내는 편이 아니다.	
2	아파트의 반상회 등 정기적인 모임에 참석하고 있지 않다.	
3	아파트가 준공된 시기를 모른다.	
4	층간소음의 어려움을 쉽게 토론할 사람이 주위에 없다.	

② 층간소음 주거환경 항목

구 분	진단 내용	Check
1	층간소음은 건물의 구조적인 문제이다.	
2	층간소음으로 인해 위층에 직접 항의한 경험이 있다.	
3	층간소음은 일시적인 사회적 문제이다.	
4	원인을 알 수 없는 소음을 경험한 적이 있다.	
5	층간소음은 매트를 깔거나 슬리퍼를 착용하면 해결할 수 있다.	

③ 층간소음 교육환경 항목

구 분	진단 내용	Check
1	층간소음은 중재나 상담으로 전혀 해결되지 않는다.	
2	층간소음을 소음기 등을 이용하여 측정한 경험이 있다.	
3	층간소음은 당사자가 서로 해결하면 간단하다.	
4	층간소음 전문교육과 층간소음관리사 전문자격이 있다는 것을 모른다.	

④ 층간소음 경험 항목

구 분	진단 내용	Check
1	층간소음은 위층이 고의적으로 발생하는 소음이다.	
2	층간소음 분쟁으로 감정적으로 분노한 경험이 있다.	
3	층간소음을 소음기 등을 이용하여 측정한 경험이 있다.	
4	층간소음으로 인해 신체적 고통을 느껴 본 적이 있다.	
5	층간소음 피해로 전문가 상담을 받은 경험이 있다.	
6	층간소음으로 인해 신경정신과 치료 및 투약을 한 경험이 있다.	

⑤ 층간소음 관리환경 항목

구 분	진단 내용	Check
1	층간소음 민원조절을 위한 자치기구가 없다.	
2	아파트 내에 층간소음 운영규칙이 제정되어 있지 않다.	
3	관리소장이나 입주자대표회는 층간소음에 대한 전문지식이 없다.	
4	거주하고 있는 아파트는 층간소음 안전성 검정을 통한 평가 등급을 가지고 있지 않다.	

상기 ①~⑤의 각 항목 내에 나열된 진단내용 중 본인에 해당하는 항목은 Check 난에 표기하고, 최종적으로 표기된 개수를 파악한 후 층간소음 항목별 자가진단 TEST 단계별 평가표로 진단한다.

층간소음 항목별 자가진단 TEST 단계별 평가표

Check 항목 개수	단계 평가결과
1~5개	층간소음 초기단계
6~17개	층간소음 중기단계
18개 이상	층간소음 심각단계

(2) 층간소음 자가진단 검증 단계별 상황 분석 및 예방법

단 계	기 간	입주민 상황 요약	해결 접근 방법
초기 단계	6개월 이내	침착한 단계, 위층과 관리소에 정당하게 자신의 상황을 설명하며 단순히 해결의 압박을 가하는 단계로, 큰 사고는 발생하지 않음	• 당사자 간 직접 대면으로 해결이 가능한 단계임. 단, 반드시 직접 대면 전에 전문가와 충분한 전화 상담을 진행할 필요가 있음 • 관리소의 중재로 어느 정도 중재가 가능한 단계
중기 단계	6개월 ~ 1년 이내	층간소음이 당사자 간의 감정 문제로 확대되는 시기로, 위층/관리소/관련 기관 불신 시작	• 전문가의 전화 상담이 아닌 현장 방문 상담을 진행해야 하는 단계 • 피해 당사자나 그 소음 제공자는 층간소음 전문교육을 통해 상호 간의 상황을 이해한다면 충분히 해결의 실마리를 찾을 수 있는 단계
심각 단계	1년 이상	층간소음 해결의 실마리를 찾지 못하자 서서히 혼자 해결하기 시작하는 단계. 주로 법적 소송 준비 및 위층에 대한 살인 충동, 폭행 등을 생각하는 단계	• 전문가의 전화 상담이 아닌 현장 방문 상담과 소음측정을 병행하여 진행해야 하는 단계 • 아파트 자체적으로 층간소음 운영규칙, 층간소음관리위원회 구성 등을 통해 점진적으로 해결의 실마리를 찾아야 하는 단계

(3) 층간소음 해결을 위한 접근 방법

구 분	단계별 접근법	중요 주의사항
직접대면 방법 (일반인 접근 방법)	1) 1단계 : 정확한 소음원을 확인한 후, 전문가와 전화 상담을 할 것(본인 및 주위 사람들의 도움으로 귀로 확인) 2) 2단계 : 소음원을 확인 후, 사전에 소음원 당사자에게 인터폰을 통해 소음 상황을 차분하게 설명하고 방문 의사를 전할 것 3) 3단계 : 당사자와 면담 시에는 반드시 층간소음 피해가 없었으면 하는 시간대를 분명하게 언급할 것 4) 4단계 : 2주 정도의 여유를 가진 뒤, 소음이 크게 줄지 않을 경우는 다시 한 번 인터폰을 하는 단계 5) 5단계 : 소음원 제공자와 동시에 본인의 집에서 소음원을 동시에 확인하는 시간을 가질 것 6) 6단계 : 관리소 등에 민원을 신청할 것 7) 7단계 : 전문기관에 민원을 신청할 것	• "오랜 시간 동안 참았다.", "아이들 교육을 잘 시켜라."와 같은 말은 삼갈 것 • 3단계에서 현장을 방문할 경우에는 모든 시간대가 조용해야 한다는 등의 언급은 삼갈 것 • 4단계에서 두 번째 인터폰을 할 경우에는 소음이 저감되었으면 "감사하다."라는 언급을 할 것 • 6단계에서 관리소에 민원을 신청할 경우에는 가능한 한 현장을 방문하여 상황을 객관적으로 설명할 것 • 소음원인자에 대한 인격 모독적인 말은 절대로 하지 말 것

(계속)

구 분	단계별 접근법	중요 주의사항
관리소 민원 접근 방법	1) 1단계 : 민원 전화 접수, 기본 사항, 최우선 요구사항, 20분 이내로 상담할 것 2) 2단계 : 민원 신청서 접수 후 5일 이내 방문 통보, 방문일시 및 방문자(민원인과 피민원인) 3) 3단계 : 1차 현장 방문, 관리소장을 제외한 관리소 직원이 방문할 것 4) 4단계 : 전화 중재단계, 반드시 관리소장이 현장 결과를 중심으로 직접 전화할 것 5) 5단계 : 2차 정밀 현장조사 및 상담(60% 만족도), 관리소장이 직접 현장을 방문하여 소음저감 상황을 점검할 것 6) 6단계 : 3차 최종 현장조사 및 상담(80% 만족도), 관리소장과 동대표가 함께 방문할 것 7) 7단계 : 전문기관에 의뢰하는 단계	• 3단계 : 정확한 방문시간을 동시에 통보하며 아래층과 위층의 방문시간 간격은 1시간 이내로 함(주의사항 : 단순 상담으로 끝낼 것, 전문성이 있다는 것을 민원인 및 피민원인에게 전달할 것) • 4단계 : 전화상으로 1차 상담 후 최우선 요구사항을 위층에 전달하여 중재 시작. 위층에서 수용한 부분을 아래층에 충실히 전달할 것 • 5단계 : 민원인이 재차 민원을 신청할 경우에 진행하거나, 중재 요구사항의 이행도를 체크하는 단계 　– 1차 현장 상담 후 20일 이내 실시. 방문 통보, 방문 일시 및 방문자 　– 이때 정확한 방문시간을 동시에 통보하며 아래층과 위층의 방문시간 간격은 2시간 이내로 함 　– 중점 체크사항 : 중재사항 이행도, 미흡 부분 체크하여 재중재 및 권고단계 　– 준비물 : 소음측정기(보통), 전문성이 있다는 것을 전달할 것 • 6단계 : 사후관리 차원의 방문단계 또는 민원인이 재차 요구하는 단계 　– 중점 체크사항 : 중재사항 이행도, 미흡 부분 체크하여 재중재 및 권고 이행도 　– 이때 정확한 방문시간을 동시에 통보하며 아래층과 위층의 방문시간 간격은 1시간 이내로 함 　– 소음측정도가 필요한 단계

주거환경의 층간소음 갈등 분쟁 예방

주택의 양적인 부족 문제가 어느 정도 해소되면서 주택의 품질 및 주거환경에 대한 요구 수준이 높아지고 있다. 공동주택 층간소음 저감을 위한 바닥구조 기준 강화 및 층간소음 기준 마련 등 제도개선을 통한 예방책이 필요하다. 이 장에서는 주거환경의 층간소음 갈등 분쟁 예방에 대해서 살펴보고자 한다.

+ 층간소음 측정 방법을 설명한다.
+ 층간소음 저감 방법을 파악한다.
+ 층간소음 바닥충격음 저감 방법을 분석한다.

1. 층간소음 측정 방법

건축물 내부의 소음 수준은 지역 또는 국가의 법규 및 기준에 따라서 평가된다. 층간소음 측정 시 측정기기 및 기구는 국제통용 표준 측정 도구와 각 나라별 상황에 맞는 법규와 기준을 준수하여 정확성과 신뢰성을 확보함은 물론 객관적이고 공정한 평가를 해야 한다. 층간소음의 원인을 파악하여 층간소음으로 인한 분쟁과 갈등을 최소화하기 위한 층간소음 측정은 전문적인 지식과 장비가 필요한 작업이므로, 이를 위해서는 음향 전문가나 공인된 소음 측정 업체의 도움을 받는 것이 바람직하다.

1) 국제통용 표준 측정 도구

ISO 16283은 국제표준화기구(ISO)에서 제정한 음향, 즉 건물 및 건물 요소의 방음 현장을 측정하는 표준화된 도구로 국제적으로 통용되고 있다. 건물 및 건물 요소의 소음 차단력을 현장에서 측정하는 방법과 건물 내부의 소음으로부터 외부로 나가는 소음의 양을 평가하는 데 사용된다. ISO 16283은 다음과 같이 세 부분으로 구성되어 있다.

(1) ISO 16283-1:2014 – Part 1
건물과 건물 요소의 소음 차단력을 측정하기 위한 실험실 및 현장 측정 방법에 대한 요구 사항을 제시해 준다. 측정 방법, 장비 규격, 측정 환경 등에 대한 내용을 다룬다.

(2) ISO 16283-2:2014 – Part 2
건물 내부의 다른 공간 간의 공기 중 전달되는 소음을 측정하기 위한 방법을 다룬다. 특히 건물의 파티션 또는 분리벽을 통해 전파되는 소음을 평가하는 데 사용된다.

(3) ISO 16283-3:2016 – Part 3
특정 상황에 대한 측정 방법을 다룬다. 특히 도로나 철도 주변 건물에서의 소음 차단력 측정과 같은 특수한 측정에 적용된다.

ISO 16283 시리즈는 건축 및 건설 분야에서 소음 차단력을 평가하고 개선하기 위한 중요한 도구로 사용되며, 건축물의 소음 환경을 향상시키는 데 이바지한다.

2) 표준화된 소음 측정 방법 절차

소음 측정은 국제적으로 표준화되어 있으며, 주로 국제표준화기구(International Organization for Standardization, ISO) 및 미국국가표준협회(American National Standard Institute, ANSI)에서 제정된 규격을 따른다. 다음은 표준화된 소음 측정 방법의 일반적인 절차이다.

(1) 측정 장소 및 조건 결정

소음 측정을 위한 측정장소와 조건을 결정한다. 측정장소는 주로 소음이 발생하는 지역이며, 조건은 측정 시간, 환경 조건 등을 포함한다.

(2) 소음계 및 측정 장비 선택

소음계와 필요한 측정 장비를 선택하고 준비한다. 측정 대상에 따라 다양한 종류의 소음계가 사용될 수 있다.

(3) 측정 대상 및 방법 선택

측정 대상에 따라 측정 방법을 선택한다. 주요한 소음 측정 방법에는 평균 레벨 측정, 최대 레벨 측정, 주파수 스펙트럼 분석 등이 있다.

(4) 측정 및 기록

측정기를 사용하여 소음을 측정하고 결과를 기록한다. 이때 측정 시간, 측정 위치, 측정값 등을 기록하여 추후 분석에 사용한다.

(5) 데이터 분석

측정된 데이터를 분석하여 소음의 특성을 파악한다. 이를 통해 소음원의 특성이나 소음 노출량 등을 평가할 수 있다.

(6) 보고서 작성

측정 결과를 바탕으로 보고서를 작성한다. 보고서에는 측정된 데이터 및 분석 결과를 상세히 기록하여 필요한 조치를 취할 수 있도록 한다.

ISO 및 ANSI에서는 다양한 표준을 제정하고 있으며, 이를 준수하여 소음 측정을 실시하는 것이 국제적으로 통용되는 방법이다.

3) 일반적인 층간소음 측정 방법

층간소음을 측정하는 방법은 다양한데, 주로 소음 레벨을 측정하거나 소음의 주파수 스펙트럼을 분석하여 진행한다. 다음은 층간소음을 측정하는 일반적인 방법이다.

(1) 소음 레벨 측정기 사용

소음 레벨 측정기(소음계)를 사용하여 소음의 강도를 측정한다. 측정기를 필요한 위치에 설치한 후 일정 시간 동안 소음을 측정하여 데시벨(dB) 단위로 결과를 확인할 수 있다.

(2) 주파수 스펙트럼 분석

소음의 주파수 스펙트럼을 분석하여 특정 주파수 대역에서의 소음 레벨을 확인한다. 이는 고주파수 소음이나 저주파수 소음 등을 구분하기 위한 유용한 방법이다.

(3) 진동 측정

층간소음은 진동으로 인해 발생하기도 한다. 따라서 진동 측정기로 진동의 강도를 측정하여 층간소음을 평가할 수 있다.

(4) 소음원의 위치 확인

층간소음을 측정할 때는 소음의 원인이 되는 위치도 함께 확인하는 것이 중요하다. 소음 레벨이 높은 지역이나 시간대를 파악하여 소음원을 정확히 확인한다.

(5) 측정 시간 및 주파수 대역 설정

소음을 측정할 때 측정 시간과 주파수 대역을 설정하는 것이 중요하다. 일반적으로 주로 주거하는 시간대와 주로 발생하는 주파수 대역을 고려하여 측정을 진행한다.

위의 방법들을 통해 정확한 층간소음 측정이 가능하며, 문제의 소음 원인을 파악하고 적절한 대응을 취할 수 있다.

4) 표준화된 층간소음 측정 방법

국제표준화기구 ISO 16283 시리즈는 건물 내부에서의 소음 측정 및 평가에 관한 표준이다.

(1) 층간소음 레벨 측정
① 음향계 사용

층간소음을 측정하기 위해서는 전문적인 음향계가 사용된다. 이 음향계는 주파수 및 진폭을 측정하여 소음의 레벨을 결정한다.

② 정지 및 활동 상태의 측정

소음 레벨은 건물이 정지 상태일 때와 활동 상태(예 : 발걸음 소음, 가구 이동 소음)일 때를 각각 측정하여 평가할 수 있다.

(2) 소음 전달 경로 측정
① 소음 전달 경로 분석

소음이 어떻게 전달되는지를 분석하기 위해 각 층의 벽, 바닥, 천장 등의 소음 전달 특성을 측정한다.

② 피크 및 주파수 분석

특정 주파수 대역의 소음이나 피크 소음이 측정되는 경우, 해당 주파수 대역을 중점적으로 분석한다.

(3) 실시간 측정 및 모니터링
건물 내부에서 소음 발생 상황을 실시간으로 모니터링할 수 있는 소음 모니터링 장비를 사용하여, 측정 데이터를 기록하고 분석한다.

(4) 전문가의 조사와 평가
음향 전문가가 직접 건물 내부를 조사하고, 주변 환경 및 사용 용도 등을 고려하여 소음 발생 및 전달 경로를 평가한다.

5) 공동주택 내 층간소음 측정 방법

우리나라는 공동주택 내 층간소음 측정 방법에 대하여 「환경분야 시험검사 등에 관한 법률」 제6조의 규정에 의거 층간소음을 측정함에 있어 측정의 정확성과 통일성을 유지하기 위하여 필요한 제반 사항을 규정하고 있다. 「소음·진동관리법」 제21조의2 및 「공동주택 층간소음의 범위와 기준에 관한 규칙」 제3조에서 정하는 층간소음을 측정하기 위한 시험기준에 대하여 측정하도록 적용 범위를 규정하고 있다. 다음은 현재 시행하고 있는 소음·진동 공정시험기준에 따른 공동주택 내 층간소음 측정 방법에 대한 내용이다(ES 03305.1.2022).

(1) 측정 대상 층간소음의 종류
직접충격소음인 뛰거나 걷는 동작 등으로 인하여 발생하는 소음과 공기전달소음인 텔레비전, 음향기기 등의 사용으로 인하여 발생하는 소음을 측정한다.

(2) 분석 기기 및 기구
KS C IEC61672-1에 정한 등급 2의 소음계 또는 동등 이상의 성능을 가진 것이어야 한다. 환경측정기구의 형식승인·정도검사 등에 관한 고시의 환경측정기기 구조·성능 세부기준(TS 0401.1)에 따라 샘플주기는 0.125초 이하로 결정할 수 있는 소음계를 사용하여 측정하여야 한다. 소음계의 레벨레인지(변환기)는 측정 대상의 소음 발생 범위를 포함하도록 설정한다. 단, 자동으로 레벨레인지(변환기) 범위를 설정하는 기능이 있는 경우 그 기능을 따른다. 소음계의 청감보정회로는 A특성으로, 동특성은 빠름으로 설정한다.

청감보정회로[聽感補正回路]

소음·진동 공정시험 방법에서 인간의 청감각을 주파수 보정 특성에 나타내는 것. A특성을 갖춘 것이어야 하며 자동차에서 발생하는 소음을 측정하는 데 사용하는 C특성도 함께 갖추어야 한다. 청감보정회로는 인간의 귀의 특성과 유사한 주파수 특성을 갖게 하기 위한 회로로, 1,000Hz를 기준으로 A, B, C의 3가지 특성이 있으며, 부가해서 충격음이나 항공기 소음 측정을 위한 D특성도 있다. 소음계는 마이크로폰·증폭기·감쇄기·청감보정회로·지시계기·교정신호 발생회로로 구성된다.

동특성[動特性]

부품, 회로, 장치 따위의 동작에 있어서 입력의 시간 변화가 출력에 영향을 주는 경우의 동작 특성을 말한다.

레벨레인지

소음·진동 공정시험 방법에서 정한 것으로, 측정하고자 하는 소음도가 지시계기의 범위 안에 있도록 설치한 감쇄기. 유효 눈금 범위가 30데시벨(dB) 이하가 되는 구조로 이루어진 감쇄기는 변환기에 의한 레벨의 간격이 10데시벨(dB)로 표시되어야 한다.

(3) 시료 채취 및 관리

측정점은 피해가 예상되는 실에서 소음도가 높을 것으로 예상되는 지점의 바닥 위 1.2~1.5m 높이로 한다. 벽 등 반사면으로부터 1.0m 이상, 개구부(닫은 상태)인 주택(세대)의 내부와 외부의 경계를 구분하여 설치되는 창문 또는 출입문 등으로부터 1.5m 이상 떨어진 지점으로 하며, 측정점의 높이가 1.5m를 초과하는 장애물(붙박이장 등)이 있는 경우에 장애물로부터 1.0m 이상 떨어진 지점으로 한다. 측정공간이 협소하여 측정점 확보가 어려운 경우에는 실의 중앙을 측정점으로 하며, 배경소음도는 측정소음도의 측정점과 동일한 장소에서 측정함을 원칙으로 한다.

측정조건에서 소음계는 측정위치에 받침장치(삼각대 등)를 설치하여 측정하는 것을 원칙으로 하며, 손으로 소음계를 잡고 측정할 경우 소음계는 측정자의 몸으로부터 0.5m 이상이어야 한다. 측정사항은 대상소음 이외의 소음에 의한 영향을 배제하기 위하여 소음 피해가 예상되는 주택(세대) 내 재실·출입 등이 없어야 하며, 실내소음원(냉장고 소음, 시계알람 등)에 의한 영향이 예상되는 경우 소음 영향을 최소화하는 조치(일정 거리 이격 등)를 하여야 한다. 실외로 통하는 창문과 문을 닫은 상태에서 측정하고, 실내의 모든 방문은 개방하며 욕실, 화장실, 다용도실, 창고 및 발코니 등의 문을 닫아야 한다.

측정시간 및 측정지점수는 피해가 예상되는 적절한 측정시각에 1개 이상에서 연속하여 1시간 이상 측정하여야 한다.

(4) 분석 절차

측정자료분석은 소음도의 계산 과정에서는 소수점 이하 첫째 자리를 유효숫자로 하고, 평가소음도(최종값)는 소수점 이하 첫째 자리에서 반올림한다. 측정하고자 하는 층간소음 대상(직접충격소음 또는 공기전달소음)에 따라 측정소음도를 산정한다.

직접충격소음 분석 시 1분간 등가소음도는 연속 1시간 이상 측정값 중 가장 큰 측정소음도로 하며, 최고소음도(Lmax)는 1시간 동안에 기준 초과 횟수가 3회 이상인 경우 가장 큰 3개를 선정하여 측정소음도로 한다. 단, 발생 간격이 1초 이내인 경우 1회로 간주한다. 분석 결과 최고소음도의 기준 초과 횟수가 3회 미만인 경우 기준 초과값 중 큰 순으로 측정소음도로 한다.

공기전달소음은 연속 1시간 이상 측정값 중 가장 높은 5분간 등가소음도(Leq)를 측정소음도로 한다. 배경소음도는 5분 이상 연속 측정하여 자동 연산·기록한 등가소음도를 그 지점의 측정소음도로 한다. 배경소음도 보정은 측정소음도 측정시간과 동일한 시간대별로 측정·보정함을 원칙으로 하며, 측정소음도가 배경소음도보다 10dB(A) 이상 크면 배경소음의 영향이 극히 작기 때문에 배경소음의 보정 없이 측정소음도를 대상 소음으로 한다.

측정소음도가 배경소음도보다 3.0~9.9dB(A) 차이로 크면 배경소음의 영향이 있기 때문에 측정소음도에 [표 9-1]의 보정표에 의한 보정치를 더한 후 대상소음도를 구한다. [표 9-2]는 층간소음 측정자료 평가표 양식이고, [표 9-3]은 층간소음 측정결과서 양식이다.

[표 9-1] 배경소음의 영향에 대한 보정표

(단위 : dB(A))

차이(d)*	.0	.1	.2	.3	.4	.5	.6	.7	.8	.9
3	−3.0	−2.9	−2.8	−2.7	−2.7	−2.6	−2.5	−2.4	−2.3	−2.3
4	−2.2	−2.1	−2.1	−2.0	−2.0	−1.9	−1.8	−1.8	−1.7	−1.7
5	−1.7	−1.6	−1.6	−1.5	−1.5	−1.4	−1.4	−1.4	−1.3	−1.3
6	−1.3	−1.2	−1.2	−1.2	−1.1	−1.1	−1.1	−1.0	−1.0	−1.0
7	−1.0	−0.9	−0.9	−0.9	−0.9	−0.9	−0.8	−0.8	−0.8	−0.8
8	−0.7	−0.7	−0.7	−0.7	−0.7	−0.7	−0.6	−0.6	−0.6	−0.6
9	−0.6	−9.6	−0.6	−0.5	−0.5	−0.5	−0.5	−0.5	−0.5	

* 차이(d)=측정소음도−배경소음도　　　　　　출처 : 소음·진동 공정시험기준. 공동주택 내 층간소음 측정 방법(ES 03305.1.2022)

[표 9-2] 층간소음 측정자료 평가표 양식

층간소음 측정자료 평가표

작성 연월일 :　　　　년　　월　　일

1. 측정 연월일	년　　월　　일　　　　　　　　　　시　　분부터 ～　　시　　분까지		
2. 측정 대상	소재지 : 명 칭 :		
3. 관리자			
4. 측정자	소속 :　　　　　직명 :　　　　　성명 :　　　　(인) 소속 :　　　　　직명 :　　　　　성명 :　　　　(인)		
5. 측정 기기	소음계명 :　　　　　　　　기록기명 : 부속장치 :		
6. 측정 환경	주요 소음원 :		
7. 특이 사항			
8. 측정 대상의 소음원과 측정 지점			

구 분	직접충격소음		공기전달소음
	1분 등가소음도(Leq)	최고소음도(Lmax)	5분 등가소음도(Leq)
가. 측정소음도			
나. 배경소음도			
다. 대상소음도			
라. 평가소음도			

출처 : 소음·진동 공정시험기준. 공동주택 내 층간소음 측정 방법(ES 03305.1.2022)

[표 9-3] 층간소음 측정결과서 양식

층간소음 측정결과서						
접수번호				측정 일자		
신청인	성명			연락처		
	공동주택명					
	주소					
측정 정보	측정자			분석자		
	측정 기간			측정 지점		
	측정기(모델명)			측정기(수량)		
	주요 소음					
측정 결과	구 분			주간(06:00~22:00)		야간(22:00~06:00)
				측정 일시	측정 결과[dB(A)]	측정 일시	측정결과 [dB(A)]
	배경소음(Leq)						
	직접충격 소음	1분간 등가소음도 (Leq)					
		최고소음도 (Lmax)					
	공기전달 소음	5분간 등가소음도 (Leq)					
「층간소음 피해사례 조사·상담 등의 절차 및 방법에 관한 규정」 제7조 제4항에 따른 층간소음 측정 결과입니다. (작성자) 직위 : 　　　　　성명 : 　　년　　　월　　　일						

출처 : 소음·진동 공정시험기준. 공동주택 내 층간소음 측정 방법(ES 03305.1.2022)

6) 층간소음 측정 관련 법률 및 규정

층간소음 측정과 관련된 법률 및 규정은 국가마다 다를 수 있다. 대부분의 국가에서는 「건축법」이나 「환경보호법」 등의 법률을 통해 층간소음에 대한 규정이 제정되어 있다. 다음은 일부 국가에서 시행되고 있는 층간소음에 관한 법률 및 규정에 대한 내용이다.

(1) 미 국

미국국가표준협회 ANSI S12.18-2018의 규정은 음향 성능 기준, 설계 요구 사항 및 학교 지침(Acoustical Performance Criteria, Design Requirements and Guidelines for Schools)을 다룬다. 학교에서의 층간소음을 평가하고 관리하기 위한 표준을 제공한다.

(2) 유럽 연합

EU Directive 2002/49/EC는 환경 소음 평가 및 관리에 관한 것으로, 다양한 소음 관련 문제에 대한 접근 방법을 제시하고 있다. 건축물 및 건물 사용에 대한 소음 노출 수준을 규제하고, 측정 및 평가를 제공한다.

(3) 일 본

일본의 「건축법」은 건물구조 및 건축물 설계에 관한 법률로, 층간소음에 대한 규정도 포함하고 있다. 주로 건물의 공간 분리 및 소음 차단에 대한 기준을 제시하고 있다.

(4) 한 국

층간소음과 관련한 주요 법규로는 「주택법」, 「건축법」, 「환경소음 및 진동관리법」 등이 있다. 이러한 법들은 거주 환경의 질을 보호하고, 소음으로 인한 주민들의 불편을 최소화하기 위해 제정되었다. 「주택법」에서는 공동주택의 층간소음 기준치를 설정하고 특히 신축 아파트의 경우 소음저감을 위한 기준을 충족해야 한다. 「소음·진동관리법」은 환경소음을 관리하는 보다 광범위한 법적 프레임 워크를 제공하고 있다.

이 외에도 각 국가에서는 「건축법」, 「주거환경관리법」, 「건강보호법」 등 다양한 법률 및 규정을 통해 층간소음에 대한 관리와 규제를 실시하고 있다. 실제로 적용되는 법률 및 규정은 해당 국가의 법령을 확인해야 한다.

2. 층간소음 저감 방법

1) 층간소음 저감 기준

정부에서는 공동주택 층간소음 저감을 위해 2001년 3월 「주택건설기준 등에 관한 규정(대통령령)」에 "공동주택의 바닥은 각 층간의 바닥충격음을 충분히 차단할 수 있는 구조로 하여야 한다."는 기준을 최초로 마련하였고, 2003년 4월 동 규정 개정을 통하여 '공동주택의 바닥은 각 층간 바닥충격음이 경량충격음(비교적 가볍고 딱딱한 충격에 의한 바닥충격음)은 58dB 이하, 중량충격음(비교적 무겁고 부드러운 충격에 의한 바닥충격음)은 50dB 이하'로 규정하고, 경량충격음과 중량충격음에 대한 구체적인 등급 기준도 마련하였다.

2005년 6월 30일 층간소음 성능과 관계없이 바닥 두께를 일정 이상[벽식 210mm, 무량판 180mm, 기둥식(라멘조) 150mm]으로 시공하는 표준 바닥구조와 슬래브 두께와 관계없이 실험실에서 측정한 바닥충격음이 일정 기준 이하(경량충격음 58dB, 중량충격음 50dB)를 충족하는 인정바닥구조를 도입하고 현재까지 운용하고 있다(〈그림 9-1〉, [표 9-4]).

우리나라의 층간소음 기준은 제도적으로는 선진국보다 강화된 실정으로 바닥충격음 제도를 법적 의무 기준으로 하고 있는 데 반해 외국은 권고 기준으로만 활용하고 있다. 바닥 두께도 1980년대는 120mm 내외, 1990년대 1기 신도시 건설 시는 130mm 내외였으나, 「주택건설기준 등에 관한 규정」을 계속 개정 및 기준을 강화하여 2005년 7월 210mm로 강화

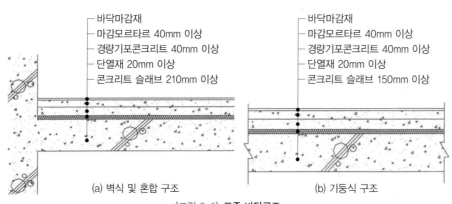

〈그림 9-1〉 표준 바닥구조
출처 : 공동주택 층간소음 관련 제도 개선 방향(2013)

[표 9-4] 바닥충격음 차단성능의 등급 기준

주택성능등급	표준바닥	인정바닥		일본 기준	
		중 량	경 량	중 량	경 량
1등급(★★★★)	–	40dB	43dB	48dB	43dB
1등급(★★★★)	–	43dB	48dB	53dB	48dB
2등급(★★★)	–	47dB	53dB	58dB	53dB
4등급(★)	최소바닥두께	50dB	58dB	63dB	58dB

출처 : 공동주택 층간소음 관련 제도 개선 방향(2013)

[표 9-5] 중량충격원의 장단점 비교

구 분	뱅머신	임팩트볼
현장에서 편차 발생 여부	편차 발생	편차 발생이 다소 작아짐
63Hz대역 공진 발생 여부	공진 발생	공진 발생
실제 충격원과 대응성(충격력 및 폭로 레벨)	낮음	높음
청감상 유사성	낮음	높음

출처 : 공동주택 층간소음 관련 제도 개선 방향(2013)

주택건설기준 등에 관한 규정 제14조의2(바닥구조)

공동주택의 세대 내 층간바닥(화장실의 바닥은 제외한다. 이하 이 조에서 같다)은 다음 각 호의 기준을 모두 충족해야 한다. [개정 2017.1.17., 2022.8.4.]

1. 콘크리트 슬래브 두께는 210밀리미터[라멘구조(보와 기둥을 통해서 내력이 전달되는 구조를 말한다. 이하 이 조에서 같다.)의 공동주택은 150밀리미터] 이상으로 할 것

2. 각 층간 바닥의 경량충격음(비교적 가볍고 딱딱한 충격에 의한 바닥충격음을 말한다.) 및 중량충격음(무겁고 부드러운 충격에 의한 바닥충격음을 말한다.)이 각각 49데시벨 이하인 구조일 것. 다만, 다음 각 목의 층간바닥은 그렇지 않다.

    가. 라멘구조의 공동주택(법 제51조 제1항에 따라 인정받은 공업화주택은 제외한다.)의 층간바닥

    나. 가목의 공동주택 외의 공동주택 중 발코니, 현관 등 국토교통부령으로 정하는 부분의 층간바닥

[본조신설 2013.5.6.] [시행일 2014.5.7.]

(일본은 200mm 내외)하였고 특히 중량충격음 기준은 2022년 개정으로 50dB에서 49dB로 낮추어 일본 최소 기준(63dB)에 비해 2024년 현재는 14dB 높은 수준이다([표 9-4] 참조). 그런데도 층간소음에 대한 불만이 여전히 높은 것은 입주자 생활 습관, 아파트 구조 등이 원

인으로 나타났다.

공동주택의 바닥구조나 바닥충격음 차단성능은 사업주체가 일정 층간소음에 견디는 아파트를 건설토록 한 것으로, 실제 생활을 하면서 성인이 발자국 소리를 내면서 걷거나 어린이들이 쿵쿵 뛰면서 걷는 소리 등을 완벽히 차단하는 것은 불가능하다. 따라서 어려서부터 공동체 생활을 영위하는 방법에 대한 교육과 함께 입주자 스스로 소음을 줄이는 생활 습관을 유지하고, 층간소음 발생으로 인내하기 어려운 경우에는 아파트 관리주체나 분쟁조정위원회 등을 통해 해결하는 게 바람직하다.

국토교통부는 2023년 12월에 새로 지어지는 공동주택이 층간소음 표준에 부합하지 않을 경우 지자체에서의 최종 승인이 나지 않을 것이라고 발표했다. 이는 건설 산업 및 주거 문화에 중대한 변화를 가져올 것으로 전망된다.

한편, 기존에 지어진 아파트에 대해서도 정부는 층간소음을 감소시키기 위한 리모델링을 장려하기 위해 양도소득세 공제 조치를 고려 중이다. 이러한 정책의 실행에는 「주택법」 개정이 필요하며, 이에 따라 실제 시행까지는 시간이 소요될 것으로 보인다. 국토부는 법 개정 전까지 지자체와 협력하여 층간소음 기준에 부합하지 않는 아파트에 대해 준공 승인을 제한할 계획이며, 정부는 또한 저소득층 가구에 대해 층간소음 방지 매트 설치 비용을 지원하는 방안을 검토하고 있다. 이는 지난해 발표된 층간소음 해소 대책의 일환으로, 가정 내 층간소음 문제를 완화하기 위한 노력의 일부이다.

공동주택에서 입주자의 활동으로 인해 발생하는 소음을 방지하기 위한 규칙으로 2014년 제정된 「공동주택 층간소음의 범위와 기준에 관한 규칙」에 따르면 층간소음은 직접충격소음과 공기전달소음으로 나뉘며, 「주택건설기준 등에 관한 규정」에 따르면 층간소음을 막기 위해 공동주택의 콘크리트 슬래브 두께는 210mm 이상, 라멘구조의 공동주택은 150mm 이상이어야 한다.

층간소음 저감 기준은 공동주택의 층간 바닥은 각 층간 바닥충격음을 기준으로 경량충격음이 58dB 이하, 중량충격음이 50dB 이하의 구조가 되어야 한다. 층간소음 저감 기준은 바닥구조로 경량충격음(벽, 천장 등을 통해 전달되는 소리)은 58dB 이하, 중량충격음(걷는 소리 등)은 50dB 이하로 규제된다. 또한 바닥 재료로는 각 재료의 경우, 경량충격음은 18kg/cm² 이상, 중량충격음은 21kg/cm² 이상의 차단성능을 갖추어야 하며, 벽 구조를 통해 전달되는 소음은 50dB 이하로 규제된다. 경량충격음은 가볍고 딱딱한 충격에 의한 바닥충격음이며 중량충격음은 무겁고 부드러운 충격에 의한 바닥충격음을 말한다. 단, 해당 기준에서 공동 주택의 발코니, 현관 등의 바닥이나 라멘구조 등의 공동주택은 제외된다.

「공동주택관리법」 제2조 제1항 제1호 가목에 따른 공동주택으로서 「건축법」 제11조에 따라 건축허가를 받은 공동주택과 2005년 6월 30일 이전에 「주택법」 제15조에 따라 사업 승인을 받은 공동주택의 직접충격소음 기준에 대해서는 2024년 12월 31일까지는 5dB(A) 을 더한 값을 적용하고, 2025년 1월 1일부터는 2dB(A)을 더한 값을 적용한다. 층간소음의 측정 방법은 「환경분야 시험·검사 등에 관한 법률」 제6조 제1항 제2호에 따른 소음·진동 분야의 공정시험기준에 따른다.

2) 층간소음 저감 방법

건물 내 층간소음을 줄이는 것은 거주자에게 편안하고 평화로운 환경을 유지하는 데 필수 적이다. 입주자 간의 층간소음 분쟁 발생을 예방하고 문제 해결을 위한 노력으로는 다음과 같은 방법이 있다.

첫째, 층간소음 예방을 위하여 주택법에 따른 「공동주택관리규약」에 층간소음 방지를 위 하여 입주자가 지켜야 할 사항을 구체적으로 명시하여 입주자 스스로 층간소음을 저감하 는 노력을 기울이도록 한다.

둘째, 층간소음 발생으로 인내하기 어려운 경우에는 피해자는 아파트 관리주체에게 도움 을 요청하고 관리주체가 당사자에게 소음 발생 중단 요청, 사실관계 조사 후 소음 중단 및 소리 차단 조치 등을 권고하여 자율적으로 소음 문제를 해결하도록 한다.

셋째, 층간소음 분쟁이 당사자 간 자율적으로 해결되지 않을 때에는 피해자는 시·군· 구 공동주택관리분쟁조정위원회나 환경분쟁조정위원회에 조정을 신청하여 권위 있는 기관 에서 해결하도록 한다.

우리나라에서 공동주택은 국민이 선호하고 생활 여건이 잘 갖춰진 필수적인 주거 공간이 다. 하지만 구조적으로 위아래층이 형성되고 필연적으로 소음이 전달될 수밖에 없는바 소 음을 줄이기 위하여 공동주택 층간소음 저감을 위한 바닥구조 기준 강화 및 층간소음 기준 마련 등도 필요하지만 입주자 스스로 공동체의 일원으로서 소음을 줄이도록 노력하여야 한다.

층간소음 저감을 위해서는 건축전문가나 소음 및 진동 제어 전문가의 조언을 구하는 것이 좋다. 또한 측정 및 시험을 통해 실제 소음 수준을 확인하고, 적절한 대책을 취하는 것이 중요하다. 이러한 전략을 조합하여 구현하면 층간소음 전달을 효과적으로 줄이고 건물 거주자를 위한 보다 평화롭고 편안한 실내 환경을 조성할 수 있다.

소음 전달을 최소화하는 방법

- 바닥재 : 카펫, 양탄자 또는 기타 부드러운 바닥재를 설치하면 발자국 소리와 같은 충격 소음을 흡수하고 바닥 사이의 소리 전달을 줄이는 데 도움이 된다. 또한 단단한 바닥재 아래에 두꺼운 깔개를 사용하면 소음을 더욱 줄일 수 있다.
- 천장 처리 : 흡음 천장 타일이나 패널을 추가하면 공기 중의 소음을 흡수하고 바닥 사이를 이동하는 것을 방지할 수 있다. 이 재료는 반향을 줄이고 방음을 향상하도록 설계되어 있다.
- 틈새 및 균열 밀봉 : 벽, 바닥, 천장의 틈, 균열 또는 개구부를 밀봉하여 소리가 새어나가지 않도록 하며, 방음 목적으로 특별히 설계된 음향 실란트 또는 코크를 사용해야 한다.
- 단열 : 바닥 사이의 단열을 강화하여 공기 전달 및 충격 소음 전달을 최소화한다. 천장 공간과 바닥 공간 내에 유리섬유나 미네랄, 단열재와 같은 방음재를 설치한다.
- 디커플링 기술 구현 : 바닥 사이의 구조적 연결을 끊는 디커플링 기술을 구현하여 진동 및 충격 소음의 전달을 방지하는 데 도움이 된다. 여기에는 탄력 있는 채널, 부동 바닥 또는 음향 걸이를 설치하여 천장을 위의 바닥구조로부터 분리하는 작업이 포함될 수 있다.
- 차음 성능 향상 : 바닥 및 천장 재료의 질량과 밀도를 높여 차음 성능을 향상시킨다. 가벼운 자재보다 소리 전달을 차단하는 데 더 효과적인 콘크리트나 석고판과 같은 무거운 건축 자재를 사용하는 것을 고려해야 한다.
- 전략적 배치 : 가구와 비품을 전략적으로 배열하여 소리를 흡수하고 바닥 간 전파를 줄일 수 있다. 책장, 덮개를 씌운 가구 또는 방음 패널을 공유 벽에 배치하면 소음을 줄이는 데 도움이 될 수 있다.
- 특수 방음 적용 : 탄력 있는 방음 클립, 음향 멤브레인(Membrane) 또는 댐핑 컴파운드(Damping Compound)와 같이 바닥 사이의 소음을 줄이기 위해 특별히 설계된 특수 방음 시스템 또는 제품 설치를 고려한다.
- 맞춤형 솔루션 권장 : 복잡한 소음 문제 또는 다세대 건물의 경우 전문 음향 컨설턴트 또는 엔지니어와 상담하여 특정 소음 전달 문제를 평가하고 맞춤형 솔루션을 권장한다.

3) 층간소음 저감 기술개발

층간소음의 해결을 위한 건축자재의 개발이 진행 중이며, 현재 바닥충격음 저감 방법으로는 표면 완충공법, 뜬 바닥구조 및 차음이중천장 등이 제안되고 있다. 뜬 바닥구조가 가장 많이 사용되고 있으나 적용되는 차음재에 국한된 제한적 기술이며 중량충격음을 효율적으로 저감할 수 없는 재료 및 기술이 부족한 상태이다.

최근에는 아파트 공사에서 특수 방음 철판을 이용한 시공 방법이 개발되었는데, 망간이 함유된 방음 철판은 조직이 치밀해 떨림이 적은 데 비하여, 이 철판은 뛰거나 물건을 떨어트릴 때 생긴 진동을 흡수해 소음이 줄어드는 원리를 반영했다.

기존의 바닥 판은 스티로폼과 고무와 같은 소재를 이용해서 바닥의 소음을 줄였다면, 해당 소재는 망간이 포함된 철판을 방음재로 사용하여 철판에 들어 있는 망간이 진동을 잡아 소음을 줄여주는 역할을 한다.

중량충격음의 효과적인 저감을 위해 슬래브 두께 증가가 제안되고 있으나 시공성 및 경제성에 대한 검토가 필요하며, 기존 공동주택 층간소음 차단성능 향상을 위한 보수·보강 기술 개발이 시급한 실정이다. 층간소음을 합리적이고 효율적으로 측정·평가 및 관리할 수 있는 기술개발에 관한 연구가 필요하다.

층간소음 관련 신기술을 개발하고 이를 실제 현장에 잘 적용할 수 있도록 하는 제도적 뒷받침이 중요한 요소이며, 층간소음 저감을 위한 신기술의 연구개발 노력을 장려하기 위한 정부 차원의 연구 지원 및 정책적 지원 등이 절실히 요구된다.

4) 층간소음 저감 및 갈등 분쟁 예방

층간소음 저감 및 층간소음 갈등 분쟁 예방은 이웃과의 소통을 통해 층간소음 문제에 관해 이야기하고 서로 양해하는 것이며, 층간소음 방지 매트를 설치하고, 늦은 시간 소음을 줄이는 것이다. 또한 가구 배치를 변경하여 소음이 발생하는 공간을 줄일 수 있고, 생활 습관을 개선하여 소음을 줄여 도움을 줄 수 있다. 이러한 방법들을 통해 층간소음을 예방하고, 이웃과의 갈등을 방지할 수 있다.

흡음형 천장재의 바닥충격음 저감효과 연구(송한솔, 2019)에서는 천장 설치 시 발생하는

63Hz 대역의 바닥충격음의 증폭 현상을 제어하기 위해 다공질형 흡음재, 공명기형 흡음재 2개의 흡음천장 실험을 실시하고 흡음률 실험과 바닥충격음 실험을 통하여 바닥충격음 저감 성능을 분석하였으며, 그 결과는 다음과 같다.

(1) 다공질형 흡음 천장의 바닥충격음 실험 결과

다공질형 흡음재(글라스울)를 사용하였을 경우 중량충격음이 일반천장(다공질형 흡음재 無) 대비 단일 수치 평가량 기준으로 1~2dB 저감되었고, 다공질형 흡음재의 두께 증가 시 바닥 충격음 저감량도 증가하였지만, 흡음재의 밀도 증가에 따른 저감량 상승은 미미하였다. 또한 수음실에서의 바닥충격음 저감량은 흡음률(석고보드＋흡음재＋공기층)과 글라스울의 흡음률과의 상관성이 낮았지만, 천장 내부의 저감량과의 상관성은 높은 것으로 나타났다. 따라서 다공질형 흡음재를 천장 내부 공기층에 설치할 경우 저주파 대역에서 중량충격음은 저감시킬 수 있을 것으로 생각한다.

(2) 공명기형 흡음 천장의 바닥충격음 실험 결과

공명기형 흡음재를 천장에 사용하였을 경우 맨 슬래브 대비 중량충격음을 단일 수치 평가량 기준으로 뱅머신 3dB, 고무공 6dB 저감하였다. 특히, 일반 석고보드 천장과 비교하였을 때 125Hz 대역에서 최대의 저감량이 나타나 흡음률 실험 결과에서 나타난 공진 주파수 대역인 125Hz 대역과 일치하는 것으로 나타났다. 이러한 결과는 공명기형 흡음 천장으로 중량 바닥충격음을 효과적으로 저감시킬 수 있음을 보여주고 있다. 하지만 맨 슬래브 대비 63Hz 대역에서 일반천장과 동일하게 증폭 현상이 발생한 것으로 나타났기 때문에 추가 연구가 필요하다.

3. 바닥충격음 저감 방법

공동주택에서 발생하는 층간소음은 이웃 간 갈등 및 분쟁을 유발할 수 있고, 살인·폭력 등 범죄 행위로 이어지기도 한다. 층간소음을 예방하기 위해서 '바닥충격음 성능등급 인정 제도'가 시행되고 있는데, 이 제도의 도입 전에 완공된 공동주택은 구조적으로 층간소음에 취약할 수 있어 해당 공동주택에 대한 지원 방안을 제시하였다. 2022년 8월에 공동주택 층간소음 개선방안을 내놓은 이후 2023년 7월 층간소음 정책 보완 등을 논의하기 위한 산·학·관·연 협의체를 출범하고, 이어서 12월부터 정부는 층간소음 문제 해결을 위한 새로운 대책을 시행한다. 이는 층간소음을 예방하기 위한 일환으로 아파트 바닥 두께 기준을 강화하고 소음 기준을 마련하는 등 정부 차원에서 공동주택 층간소음 예방을 위한 개선 방안 및 방지 강화책이 나오고 있다.

1) 층간소음 예방을 위한 규정

공동주택 층간소음을 예방하기 위해서 「주택법」, 「주택건설기준 등에 관한 규정」 등에서 층간 바닥구조 기준 등 공법적 기준을 규정하고 있다. 「주택건설기준 등에 관한 규정」에서는 공동주택의 바닥구조 기준인 콘크리트 슬래브 두께(210mm 이상) 및 층간 바닥충격음(경량충격음 58dB 이하, 중량충격음 50dB 이하) 기준을 규정하고 있다. 바닥구조가 층간소음 차단 성능 기준을 만족하는지 시험하여 등급을 인정하는 '바닥충격음 성능등급'을 인정받은 경우, 성능인정서를 발급받아 설계도서에 반영하게 된다. 특히, 2022년 2월 3일에 개정된 「주택법」에는 공동주택 시공 전후 바닥충격음 차단성능을 검증할 수 있는 '바닥충격음 성능검사'가 도입되었다. 주택건설사업주체는 공동주택의 건축공사를 완료하여 사용검사를 받기 전에 바닥충격음 성능검사기관으로부터 '바닥충격음 성능검사'를 받아야 하고, 그 결과를 사용검사권자에게 제출하여야 한다.

국토교통부에서는 2022년 8월 공동주택 층간소음 개선방안으로 건설사 인센티브 제공, 점검 강화, 기술개발 등을 발표하였으며([표 9-6] 참조), 2023년 7월에 층간소음 해소를 위한 산·학·연·관 협의체를 출범하여 회의를 통해 층간소음 제도 보완 등 방안을 논의한

[표 9-6] 층간소음 개선 방안 주요 내용 및 이행 상황

구 분	내 용	비 고
인센티브	• 바닥두께 강화(현 최소 210mm → 250mm) 시 높이 제한 완화 • 3등급 이상 바닥구조 시공 시 분양보증료 할인	• 법사위 계류 • 시행 중
점검 강화	바닥구조 시공확인서 제출횟수 확대(1회 → 3회)	시행 중
기술 개발	공공주택단지(LH) 중 시범단지 선정 및 설치 지원 컨설팅	시행 중
거버넌스	층간소음관리위원회 의무 설치 및 지원 컨설팅	시행 예정(2024.10.)

출처 : 국토교통부 보도자료(2022.8.18.)

바 있다. 2023년 12월부터 층간소음 방지 규정을 강화하고 층간소음 문제 해결을 위한 새로운 대책을 시행한다. 이는 아파트 두께 기준을 강화하고 소음 기준을 마련하는 것이다. 주요 변경사항은 첫째, 층간소음 방지 성능 미달 시 보완조치 의무화, 둘째, 층간소음 방지기준에 부합하지 않으면 준공 승인을 받지 못하게 준공 승인 기준 강화, 셋째, 입주 지연으로 인한 손해배상 및 대출이자는 건설사가 책임을 지도록 하였다. 층간소음 방지를 위한 새로운 기준을 신축건물의 준공절차 변경으로 최종점검 강화, 금전적 보상 기준을 마련하여 시행한다.

한국토지공사(LH)가 층간소음 문제 해결을 위해 새롭게 도입한 접근방식은 국내주거문화와 건설기술에 중요한 전환점을 제시하고 있다. 중요한 내용은, 첫째, 진동감지 센서와 월패드시스템 도입, 둘째, 실시간 소음 관리 및 예방, 셋째, 주거환경의 질적 향상, 넷째, 장기적인 건축 기준의 변화로 진동감지 및 소음관리시스템의 효과가 입증되면 이 기술은 국내 건축 기준 및 관행에 변화를 가져올 수 있다. 한국토지공사는 2025년부터 모든 공공주택 현행대비 소음방지를 49dB에서 37dB 이하로 4배 강화하고 층간소음 등급 기준 1등급 수준을 적용할 계획이다.

층간소음 문제를 해결하기 위한 새로운 정책의 일환으로 층간소음 점검 시기와 대상의 변경이 시행되는데, 층간소음 점검 시기 변경으로 시공 중 점검과 시공 문제 조기 발견 및 해결로 비용 절감 효과를 가져오고, 사전 문제 해결로 입주민들의 만족도가 향상될 것이다. 층간소음 점검대상 변경은 새로운 규정에 따라 점검대상 비율이 총가수의 2% 미만에서 5%까지 확대된다. 500가구 이상의 대규모 공동주택의 경우 점검대상 수가 증가한다. 층간소음 점검 시기 변경 및 대상의 변경은 건설 프로세스를 더욱 효율적으로 만들고 입주민들

의 삶의 질을 향상시키는 데 기여할 것이다(브릿지 경제, 2023. 12. 12).

2023년부터 시행되는 소음방지 규정 강화로 건설업자 비용 증가 및 건설 일정 지연, 운영상의 문제가 있을 수 있다. 반면, 정부 입장에서는 층간소음 방지로 주거 품질 향상 및 장기적인 비용 절감 능 건설업계의 책임을 강조하고 있다. 이번 정책은 층간소음 문제를 해결하고 주거환경의 질을 높여 줄 것이다.

2) 기존 공동주택의 바닥구조 개선 비용 지원

바닥충격음 성능등급 인정제도가 도입되기 전에 건설된 공동주택에는 층간소음을 완화할 수 있는 바닥구조가 적용되지 않으며, 다세대주택·연립주택 등 소규모 공동주택은 아파트보다 구조적으로 층간소음에 더욱 취약할 수 있다. 이미 완공된 공동주택은 층간소음을 저감하기 위해서 기존 바닥구조에 완충재 등을 보강·보완하는 방법을 적용할 수 있는데, 시공성, 구조 안전성, 층고 제한 등의 한계, 공사비용의 부담으로 입주자 스스로가 층간소음 저감 공사를 시행하기는 쉽지 않다.

이에 기존 공동주택의 층간소음을 저감할 수 있는 바닥구조로 개선하는 데 소요되는 비용을 지원하는 방안을 고려할 수 있다. 이와 관련하여 '민간건축물 그린리모델링 이자 지원 사업'을 참고할 수 있는데, 해당 사업은 노후 건축물의 건축주가 창호를 교체하거나 자동 환기장치 등을 설치하는 공사를 시행하면, 정부가 공사비의 대출 이자 일부를 지원하는 사업이다. 노후한 공동주택의 층간소음 측정 및 진단, 바닥 및 천장의 보강·보완 등의 공사에 드는 비용을 일부 지원하는 방안도 검토할 수 있어 보인다. 정부 차원의 소음 저감 매트 지원은 2025년 예산에 반영되어 내년부터 시행될 예정이다.

3) 바닥충격음 성능검사의 실효성 확보 방안

신규로 건설하는 공동주택은 바닥충격음 성능등급을 인정받은 바닥구조가 설계도서에 반영되는데, 시공상의 하자, 성능인정서와 시공 현장 간 품질 차이 등으로 층간소음 저감 효과가 크지 않다는 문제가 제기되어 왔다. 국토교통부는 시공 전후의 바닥충격음 차단성능을 검증하기 위해서 바닥충격음 성능검사를 도입하였는데, 제도의 시행 전부터 검사 대상 및 조치사항 등에 대한 실효성이 우려되고 있다.

사업주체는 성능검사 기준에 미달하였을 때 보완 시공 및 손해배상 등의 조치를 하게 되는데, 건축공사가 완료된 건축물에 대한 보완 시공은 시공 방법 및 건축 구조상 쉽지 않을 수 있고, 사업주체는 시간과 비용이 소요되는 보완 시공보다 손해배상 조치를 선택할 가능성이 크며, 특히 이러한 조치는 권고사항으로서 층간소음 저감효과가 크지 않을 수 있다.

층간소음이 발생하는 원인이 시공상의 문제라면, 이미 완공된 건축물을 보완 시공하기보다 착공 전에 품질에 대해 면밀하게 검사하는 방법을 마련하고, 공사감리를 강화하는 등 시공성을 향상하는 방안을 검토할 수 있어 보인다. 또한 바닥충격음 성능검사의 대상은 공동주택의 평면 유형, 면적 등을 고려하여 무작위 방식으로 추출하게 되는데, 동일한 평면 및 위치에서도 성능검사결과가 다르게 나타날 수 있다는 점에서 성능검사의 대상 선정 및 방법 등에 대한 논의도 지속해서 이루어질 필요가 있다.

4) 바닥충격음 저감 기준

바닥충격음 저감 기준은 바닥구조로 경량충격음(벽, 천장 등을 통해 전달되는 소리)은 58dB 이하, 중량충격음(걷는 소리 등)은 50dB 이하로 규제된다. 또한 바닥 재료로는 각 재료의 경우, 경량충격음은 18kg/cm² 이상, 중량충격음은 21kg/cm² 이상의 차단성능을 갖추어야 하며, 벽 구조를 통해 전달되는 소음은 50dB 이하로 규제된다.

5) 바닥충격음 저감 방법

흡음형 천장재의 바닥충격음 저감효과 연구(송한솔, 2019)에서는 흡음 석고패널 실험의 바닥충격음 저감효과를 조사한 결과, 흡음 석고패널 글라스울과 흡음 석고패널 이중천장재는 일반 석고보드 대비 중량충격음을 단일 수치 평가량 기준으로 3~4dB 저감하였으며, 흡음 석고패널 단판의 경우도 1dB의 중량충격음 저감효과가 나타났다. 맨 슬래브 대비 중량충격음의 저감은 주로 125~500Hz 대역에서 저감하였고, 250Hz 대역에서 최대로 저감하였고, 맨 슬래브 대비 63Hz 대역에서 일반천장과 동일하게 증폭 현상이 발생하였다.

공명기에 음이 닿을 때, 공명 주파수 부근에서 구멍 부분의 공기가 진동하는데, 그때 마찰열에 의해 음에너지가 소비된다. 공명기형 흡음재는 이러한 특성으로 공명 주파수 대역에서 높은 흡음 특성을 갖는다. 공명 주파수는 구멍의 크기, 구멍 뒷면의 공기층의 용적, 구멍 부분의 저항에 따라 결정된다. 이러한 특성을 이용하여 실내 고유진동수에 의해 저주파수에서 과도하게 크게 들리는 부밍(Booming) 현상을 제어하거나, 특정 주파수 대역의 흡음 제어를 위해 사용하고 있다. 종류로는 음향 블록, 천공판 흡음재, 슬랫 흡음재 등이 있다.

공동주택에서 일반적으로 천장 마감재로 사용하고 있는 석고보드의 흡음률은 NRC(Noise Reduction Coefficients) 기준으로 0.06에 해당하여 흡음률이 낮은 재료이다. 한편, 흡음 석고패널 천장재는 흡음형 재질로 되어 있어 일반석고 보드 대비 높은 흡음력을 가지고 있다.

6) 바닥충격음 저감 예방

바닥충격음 저감 예방을 위해 층간소음 방지 매트나 카펫, 러그 등을 사용하며, 늦은 시간에는 소음을 줄이는 것이 좋다.

가구 배치를 변경하여 소음이 발생하는 공간을 줄일 수 있고, 생활 습관을 개선하여 소음을 줄일 수 있다. 이러한 방법들을 통해 바닥충격음 저감을 예방할 수 있다.

한국의 주거 특성은 공동주택에 주로 거주하고, 실내에서 신발을 신지 않고 생활하는 방식이기 때문에 공동주택에서 구조적으로 발생하는 층간소음을 줄일 수는 있어도 없애는 것은 불가능하다. 공동주택에서 발생하는 층간소음을 저감하고, 분쟁을 완화하기 위해서는 바닥구조의 공법적 개선과 함께 서로 조심하는 배려와 노력이 우선되어야 한다.

3

층간소음 갈등 분쟁 관리의 실제

CHAPTER

10

층간소음 갈등 분쟁 해결 전략

이 장에서는 층간소음으로 인해 발생한 갈등 분쟁을 해결하기 위한 전략으로 층간소음 피해 시
대응 요령을 살펴보고, 층간소음 갈등 분쟁 해결을 위한 중재와 조정에 대해 알아보며, 층간소음
갈등 분쟁 해결을 위한 법적 절차를 분석해 보고자 한다.

+ 층간소음 피해 시 대응 요령을 살펴본다.
+ 층간소음 갈등 분쟁 해결을 위한 중재와 조정의 다양한 방법을 파악한다.
+ 층간소음 갈등 분쟁 해결을 위한 법적 절차를 현행 법체계를 중심으로 살펴본다.

1. 층간소음 피해 시 대응 요령

우리 사회에서 스트레스를 넘어 극한 상황까지 몰고 가는 층간소음은 위층만의 잘못도, 아래층만의 잘못도 아니며, 대화로 풀어나갈 수 없을 만큼 깊은 감정들은 개인이 아닌 사회 문제로 대두되었다. 이러한 갈등을 해결하기 위해서는 이웃 간 배려와 층간소음 관리를 통해 진정한 공동주택을 만들어 나가야 한다. 공동주택에서 발생할 수밖에 없는 층간소음 분쟁을 효과적으로 해결하기 위한 방안으로는 거주공동체의 자치규범인 공동주택관리규약을 이용한 자율적인 해결과 환경분쟁조정위원회의 조정제도, 민사상 손해배상청구,「경범죄처벌법」그리고「형사법」을 통한 권리구제수단 등이 검토되고 있다.

1) 적극적인 도움 요청

① 층간소음 문제가 발생했을 때는 해당 세대와의 직접적인 대화보다는 관리사무소에 도움을 요청하는 것이 좋다.
② 관리사무소 도움으로 해결되지 않는 경우에는 단지 내 층간소음관리위원회의 조정을 요청한다.
③ 층간소음관리위원회는 각 시·도의 공동주택관리규약준칙에 의거 각 단지 관리규약을 제정하여 구성한다.
④ 층간소음관리위원회는 입주자 대표회의 등을 구성원으로 하며, 자체적으로 층간소음 분쟁 조정이 가능하다.

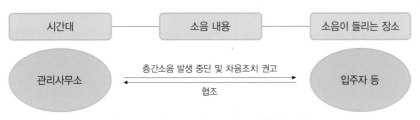

〈그림 10-1〉 층간소음 발생 시 도움 요청 방법

2) 비사법적 해결의 활용

층간소음이 분쟁으로 이어질 경우 필연적으로 사회적 비용이 수반되고, 피해 사실의 입증이 어렵기 때문에 가급적 비사법적 수단을 통해 해결하는 것이 바람직하다. 층간소음의 갈등을 비사법적으로 실효성 있게 해결하기 위해서는 층간소음관리위원회의 역할을 강화하고, 아파트 내 층간소음관리위원회의 의무적인 설치 규정을 마련해야 하며, 층간소음관리위원회의 정기교육 및 층간소음전문가(층간소음관리사)를 의무적으로 도입해야 한다.

현행 「공동주택관리법」에서는 특별시장·광역시장·특별자치시장·도지사 등은 공동주택관리규약 준칙을 제시하고 입주자가 개별관리규약을 제정 또는 개정하는 과정에서 자율적으로 참고하도록 규정히고 있다. 이러한 개별관리규약은 각 시도에서 정한 관리규약준칙을 그대로 수용하여 활용되고 있으며 공동체의 자치규범적 성격을 가지므로 강제력이 없다. 또한 외국의 입법례를 참고하여 「건축법」 개정을 통해 건설사가 매출이익을 높이기 위해 시공 시 설계도와 달리 바닥차음재 두께를 설정하는 문제 및 부실 건축으로 인한 층간소음 발생에 집중해야 한다. 그리고 설계·시공상의 문제는 품질검수를 통해 위반 시 행정벌 및 양벌규정을 강화해야 한다.

신축 공동주택은 차음재 및 바닥재 규정을 강화함으로써 시공상 층간소음 문제를 개선할 수 있지만 이전에 건축된 공동주택은 리모델링 또는 보강공사밖에 할 수 없기 때문에 지자체가 보강공사 아파트에 조례 또는 규칙을 통해 보상지원금을 지급하는 방안을 고려할 필요가 있다.

3) 민사법적 해결의 활용

민사법상 권리구제수단은 크게 「민법」 제750조 불법행위에 의한 손해배상청구, 동법 제214조 소유권에 의한 방해예방 및 제거청구, 동법 제217조 생활방해에 관한 상린관계를 규정하고 있는 유지청구권이 있다. 층간소음 분쟁이 발생한 경우 주로 「민법」 제750조 불법행위 규정에 의해 피해자가 가해자에게 개별적으로 손해배상을 청구함으로써 이루어진다.

외국의 경우 층간소음 피해자는 시공자와 분양자의 하자를 근거로 손해배상청구를 하고 있지만 한국의 경우는 적극적으로 활용되고 있지는 않다. 「민법」 제217조는 생활방해의 금지를 규정하고 있는데 생활방해란 음향, 진동, 매연, 열기체, 액체, 기타 이와 유사한 것이 다른 토지로부터 발산, 유입되어 거주자의 생활에 고통을 주거나 그로부터 방사된 유해한 간섭 그 자체를 말한다. 그러므로 층간소음뿐만 아니라 층간냄새도 문제로 제기되고 있다. 이는 영국과 미국에서는 생활방해(Nuisance), 독일에서는 이미시온(Immission), 프랑스에서는 근린폐해(Troubles Devoisinage), 일본에서는 공해(公害)라고 표현하고 있는데 층간소음 문제를 사실상 민사상 손해배상을 통해 해결하고 있다(유양희, 2019).

「민법」 제217조는 모든 생활소음이 가해행위(Immission)로써 위법한 것으로 취급하지 않고 수인한도를 초과하여 용인할 수 없는 경우만을 위법한 것으로 다루고 있다. 수인한도란 형사법적으로 상당성(相當性) 또는 필요성(必要性)의 의미로 해석될 수 있다. 물론 고의와 과실 및 일반과실과 중과실을 구별하는 현행법 태도에서 불법의 차이는 구별되어 평가되어야 한다. 현대사회에서 인간이 공동체생활을 하는 동안 타인에게 가해진 침해행위를 하는 것은 불가피하므로 어느 정도는 이를 용인해야 하고 그 수인한도를 넘어설 때에만 위법성(불법)을 충족한다고 보고 있다.

판례와 학설도 소음침해를 즉시 민사상 손해배상청구나 방해배제, 예방청구의 근거로 보지 않고 사회통념상 일정한 정도의 소음침해는 수인 또는 용인해야 한다는 수인한도론을 고안·활용하고 있는데, 상린관계에서 발생하는 법적 분쟁에 대부분을 수인한도를 중심으로 판단하고 있다. 이는 상린관계의 특성상 소음에 관한 위법성 판단을 정당화할 이론적 수단으로 수인한도론을 채택한 것이다. 그러므로 수인한도는 최소수단성의 요구로 이해할 수도 있다(유양희, 2019).

수인한도(受忍限度)

환경권의 침해나 공해, 소음 따위가 발생하여 타인에게 생활의 방해와 해를 끼칠 때 피해의 정도가 서로 참을 수 있는 한도

수인한도론 관련 판례
"건물 신축으로 인하여 그 이웃 토지상의 거주자가 직사광선이 차단되는 불이익을 받은 경우에 그 신축행위가 정당한 권리행사로서의 범위를 벗어나 위법한 가해행위로 평가되기 위해서는 그 일조 침해의 정도가 사회통념상 일반적으로 인용할 수 있는 한도를 넘어야 한다." [대법원 2000. 5. 16. 선고 98다56997 판결]

출처 : 한국어 사전, 대법원 판례

2. 층간소음 갈등 분쟁 해결을 위한 중재와 조정

공동주택에서 발생하는 층간소음 분쟁의 자율적 분생 해결 수난으로서 공농수택의 관리에 관하여 준거가 되는 「공동주택관리규약」과 환경부(한국환경공단)에서 운영하는 층간소음 이웃사이센터의 분쟁 해결 절차를 소개한다.

또한 층간소음 분쟁의 신속하고 간소한 구제 절차로서 환경분쟁조정위원회의 조정제도 활용을 통한 공법적 분쟁 해결 수단의 검토와 층간소음 분쟁의 사법적 분쟁 해결 수단으로서 불법행위에 의한 손해배상청구와 상린관계를 정하고 있는 민사상의 권리구제 절차에 대해 살펴본다.

1) 층간소음 분쟁 및 조정을 위한 규정

「공동주택관리법」, 「소음·진동법」에서는 공동주택 층간소음으로 발생하는 이웃 간 갈등 및 분쟁을 완화하기 위해서 분쟁조정기관의 설치 및 피해조정지원 등을 규정하고 있다.

공동주택 층간소음으로 피해를 입은 입주자는 공동주택 관리주체에게 현장조사 및 중재를 통해 층간소음 피해 방지 및 소음 차단 권고 조치를 요청할 수 있다. 해당 조치 이후에도 층간소음이 지속되는 경우, 입주자는 공동주택관리 분쟁조정위원회 및 한국환경공단(층간소음 이웃사이센터) 등에 전화·서면·온라인·방문 등을 통해 민원을 접수할 수 있고, 관련 기관은 현장조사 등을 통해 민원 및 분쟁을 조정하여야 한다. 분쟁조정과 관련해서, 국토교통부는 공동주택관리 분쟁조정위원회를 설치하여 층간소음, 유지·보수 등 공동주택의 사용에 있어 발생하는 분쟁을 조정하여야 한다(「공동주택관리법」 제71조). 또한 환경부장관은 한국환경공단(층간소음 이웃사이센터) 등으로 하여금 층간소음의 측정 및 피해사례 조사·상담, 피해조정지원을 실시하도록 하고 있다(「소음·진동법」 제21조의2)

2) 층간소음 상담 및 조정 기관

공동주택 거주자 간 층간소음 분쟁이 발생하는 경우에는 무엇보다도 상호 간의 양보와 배려를 통한 자율적인 해결 방안을 모색하는 것이 가장 바람직할 것이다.

거주공동체의 자율적인 합의가 이루어지지 않는 경우에는 직간접적 분쟁 해결 수단을 활용하여 층간소음 분쟁의 해결을 도모할 수 있다.

(1) 공동주택관리규약(단지 내 분쟁조정위원회)

「공동주택관리법」[시행 2024. 1. 1.] [법률 제18937호, 2022. 6. 10, 일부 개정] 제18조에 따르면 특별시장·광역시장·특별자치시장·도지사 또는 특별자치도지사는 공동주택의 입주자 등을 보호하고 주거생활의 질서를 유지하기 위하여 대통령령으로 정하는 바에 따라 공동주택의 관리 또는 사용에 관하여 준거가 되는 관리규약의 준칙을 정하여야 한다.

또한 층간소음으로 피해를 입은 입주자 등은 관리주체에게 층간소음 발생 사실을 알리고, 관리주체가 층간소음 피해를 끼친 해당 입주자 등에게 층간소음 발생을 중단하거나 차음조치를 권고하도록 요청할 수 있다.

이 경우 관리주체는 사실관계 확인을 위하여 세대 내 확인 등 필요한 조사를 할 수 있다. 층간소음 피해를 끼친 입주자 등은 제2항에 따른 관리주체의 조치 및 권고에 협조하여야 한다. 관리주체는 필요한 경우 입주자 등을 대상으로 층간소음의 예방, 분쟁의 조정 등을 위한 교육을 실시할 수 있다.

공동생활에 있어서 거주자의 자발적 협력을 요하는 공동주택의 개별 관리규약은 원칙적으로 거주공동체를 대상으로 하는 자치규범으로서의 성격을 가질 뿐 실제 강제력을 가질 수는 없어 공동주택 층간소음 분쟁의 적극적이고 효과적인 해결 수단으로 활용하기에는 한계가 있다.

(2) 층간소음 이웃사이센터(환경부)

환경부에서는 2012년 3월 수도권(서울, 경기, 인천) 지역을 시작으로 2013년 9월부터 5대 광역시(부산, 대구, 울산, 대전, 광주) 공동주택 거주자를 신청대상으로 확대하여 층간소음 갈등과 분쟁을 조기에 해소할 수 있도록 하는 현장 방문 상담 및 측정서비스를 제공하고 있다.

층간소음 이웃사이센터의 구체적인 업무내용은 층간소음민원을 해결하기 위한 전문가의 상담 방문 및 소음측정서비스의 제공, 층간소음 예방을 위한 홍보 및 교육과 신속하고 합리적으로 분쟁 해결을 위한 목적으로 한국환경공단에서 운영하고 있다. 층간소음 이웃사이센터의 층간소음 민원의 처리단계 및 업무수행절차는 〈그림 10-2〉와 같다.

〈그림 10-2〉 층간소음 이웃사이센터 업무처리 절차

출처 : 국가소음정보시스템 홈페이지

층간소음 이웃사이센터를 활용한 분쟁 해결은 당사자 간의 이해와 분쟁 해결을 유도하기 위한 가해 상대방의 협력이 필요하며 민원인 및 관계자에게 해결 방안을 제시하고 조율하는 임의적 분쟁 해결 방식이다.

법적 강제력을 보유하지 않는다는 점에서 층간소음 분쟁 해결을 위한 수단으로서는 한계가 있으나, 간소화된 절차와 민원인의 접근 편의성 그리고 비용적인 측면 등의 여러 가지 사정을 고려할 때 향후 효과적인 분쟁해결수단으로 활용될 수 있다.

(3) 환경분쟁조정위원회

「환경분쟁조정법」은 신속·공정하고 효율적인 환경분쟁의 해결과 환경을 보전하고 국민의 건강과 재산상의 피해를 구제하는 것을 목적으로, 환경분쟁에 관한 소관사무의 수행을 위해 환경부 소속으로 중앙환경분쟁조정위원회를 설치하고, 특별시·광역시·특별자치시·도·특별자치도에 지방환경분쟁조정위원회를 설치 운영하도록 규정하고 있다(「환경분쟁조정법」 제1조 및 제4조).

환경분쟁조정제도는 전문성을 보유한 행정기관에서 신속하고 간소한 절차를 이용하여 효율적으로 환경분쟁을 해결하기 위해 도입된 전형적인 재판 외 분쟁 해결 수단으로 볼 수 있다.

환경분쟁을 소송으로 제기하는 경우 가해행위와 피해 발생 사실과의 인과관계를 입증해야 하는 피해 당사자의 부담을 덜어주고, 복잡한 소송절차와 비용을 경감하는 효과가 있다.

환경분쟁조정위원회가 수행하는 조정(調整)이란 환경 분쟁에 관한 알선, 조정(調停), 재정및 중재를 말한다(「환경분쟁조정법」 제2조 제3호). 환경분쟁조정위원회의 종류로는 중앙환경분쟁조정위원회와 지방환경분쟁조정위원회가 있다.

① 환경분쟁조정의 유형

㉠ 알선(斡旋) : 분쟁의 자주적 해결을 원조하고 촉진할 목적으로 알선위원이 당사자 쌍방의 의견을 듣고 사건이 공정하게 해결되도록 주선함으로써 분쟁당사자 간의 화해를 유도하여 합의가 이루어지도록 하는 절차이다. 알선위원의 중개로 당사자가 합의서를 작성하면 절차는 종료된다. 분쟁 해결의 가능성이 없다고 인정되면 이를 중단할 수 있고, 알선 중인 분쟁에 대하여 조정이나 재정신청이 있는 경우 알선은 중단된 것으로 간주된다(「환경분쟁조정법」 제29조).

㉡ 조정(調停) : 환경분쟁조정위원회의 3인의 위원으로 구성되는 조정위원회가 필요하다고 인정하는 경우 사실조사 및 당사자의 의견을 들은 후 조정안을 작성하여 당사자에게 30일 이상의 기간을 정하여 수락을 권고하는 절차이다. 조정은 당사자가 조정안을 수락하고 이를 조서에 기재함으로써 성립하며, 조정조서는 재판상 화해와 같은 효력이 있다(「환경분쟁조정법」 제33조).

㉢ 재정(裁定) : 환경분쟁조정위원회의 5인 또는 3인의 위원으로 구성되는 재정위원회가 당사자의 의견진술을 듣는 심문절차 및 필요한 경우 증거조사 절차를 거쳐 주문과 이유등이 기재된 문서로써 결정을 내리는 준사법적 절차이다. 「환경분쟁조정법」 제38조에서 재정위원회의 증거조사권을 명시하고 있고, 동법 제39조에서는 증거보전절차를 규정하고 있는 등, 재정은 법원의 재판과 유사한 구조를 지닌다. 재정은 2008년의 법 개정으로 인해 재판상 화해의 효력이 부여되었다. 「환경분쟁조정법」 제42조에 따른 재정은 법적 효력에 있어서, 당사자 사이에서 알선이나 사건 당사자에게 합의를 권고하는 조정과 달리, 일정한 경우 당사자 간에 재정내용과 동일한 합의가 성립된 것으로 보기 때문에, 알선이나 조정보다 강력한 법적 효력이 있고 사건 당사자를 기속한다.

② 환경분쟁조정의 절차

알선과 조정은 환경오염의 피해로 인한 분쟁이 발생한 관계 당사자의 일방 또는 쌍방이 조정위원회에 신청할 수 있으며, 사건을 조사한 심사관이 피해 당사자의 동의를 얻어 신청할 수 있다. 재정은 피해 당사자가 손해배상 책임에 관한 재정을 조정위원회에 신청하며, 알선 또는 조정이 중단된 경우 당사자의 일방 또는 쌍방이 재정 신청할 수 있다.

재정위원회는 재정 신청된 사건을 조정에 회부하는 것이 적합하다고 인정되면 당사자의 동의를 얻어 직권으로 직접 조정하거나 지방환경분쟁조정위원회에 송부하여 조정하게 할 수 있다. 사건을 조정에 회부한 경우 당사자 간에 합의가 성립하면 재정신청은 취하한 것으로 본다.

환경분쟁조정위원회에서 사용되는 조정문의 구성은 사건의 개요, 사실조사 결과, 인과관계의 검토, 배상 수준의 결정 순으로 되어 있다. 위법성에 관하여는 별도 판단을 하지 않으며 인과관계 검토부분에서 층간소음발생행위의 위법성과 층간소음과 피해와의 인과관계를 포괄하는 판단을 하고 있다.

〈표 10-1〉은 중앙환경분쟁위원회에서 층간소음분쟁을 조정하는 절차이다.

환경분쟁조정위원회는 보다 객관적인 수인한도 설정을 위하여, 그간 환경침해 각 분야에 걸쳐 침해행위와 그로 인한 피해의 인과관계 및 피해액의 산정에 관한 연구 등의 노력을 계속하여 왔다. 대부분의 층간소음은 요구 배상액이 1억 미만으로 지방분쟁위에서 처리하고 있으며, 2014년 2월 이후에는 재정 신청 시 지정기관에서 작성한 층간소음 측정보고서와 신청인이 작성한 층간소음 피해일지의 첨부를 요구하고 있다.

[표 10-1] 중앙환경분쟁조정위원회 조정 절차

절 차	내 용
① 사건 개요 조사	사건의 개요 조사, 분쟁의 당사자 및 경과 조사, 소음원의 객관적이고 명확한 조사
② 당사자 주장 청취	신청인 의견 청취, 피신청인 의견 청취
③ 사실조사	신청 전에 층간소음 측정, 관할 행정기관 민원처리결과 조사, 층간소음 측정 자료 검토와 피해 조사
④ 인과관계 검토	신청인의 객관적인 피해 조사, 피신청인의 피해 방지 노력 조사, 전문가 의견 검토
⑤ 재정(안)	합의, 배상, 중재 등

출처 : 박영민 외(2014)

(4) 분쟁조정위원회의 차별점

환경분쟁조정위원회는 층간소음 문제를 불법행위의 측면에서 취급한다. 그런데 불법행위에 의한 손해배상청구권을 바탕으로 한 구제 방식에는 다음의 몇 가지 문제가 있다.

① 불법행위에 대한 손해배상 청구권이 인정된다는 것은 과거 발생하였던 손해에 대한 피해를 배상받을 수 있다는 것이지 앞으로 발생할 피해를 방지할 수 있는 것은 아니다.
② 당장 혹은 장래에 발생할 수 있는 층간소음의 피해를 예방하기가 사실상 어렵다.
③ 현행 층간소음 측정방식으로는 소음원에 따른 개별적인 특성을 반영할 수 없다.
④ 수인한도를 초과하지는 않았지만, 소음 발생의 개연성이 있다고 인정되는 경우의 분쟁 해결이 어렵다.
⑤ 무엇보다 당사자가 가해자-피해자 구도로 결정이 난 이후에는 양 당사자가 해당 주거지에서 계속해서 이웃으로서 생활하기를 기대하기 어렵다.

이미 층간소음을 환경분쟁의 일종으로 파악하여 불법행위 책임에 준하여 해결하는 「환경분쟁조정법」상의 절차가 있으므로, 애초에 층간소음 문제에 대한 접근 방법을 달리하였던 「공동주택관리법」상의 공동주택관리 분쟁조정위원회는 그 특성에 맞게 층간소음 분쟁에 접근한다. 동법에 따른 층간소음 분쟁 처리 절차는 다음과 같다.

> 층간소음 분쟁 발생 → 피해 세대가 관리주체에 알림 및 관리주체의 층간소음 발생 중단·소음차단 조치 권고 요청 → 관리주체의 사실조사 → 결과에 따른 조치 및 권고 → 층간소음 지속 발생 시 → (관리규약상 층간소음관리위원회 조정) → 공동주택관리 분쟁조정위원회 혹은 환경분쟁조정위원회 조정

「공동주택관리법」에서는 층간소음의 문제를 공동체 내에서 스스로 관리해야 하는 문제로 본다. 다만 이러한 문제를 분쟁 당사자에게만 맡겨두는 것이 아니라, 관리주체나 입주자대표회의와 같은 아파트 조직에 의하여 체계적으로 관리하고자 한다. 공동주택관리 분쟁조정위원회는 이와 같은 취지에 맞추어 층간소음 분쟁을 조정해야 한다. 따라서 층간소음 분쟁이 발생한 이후 관리주체의 사실조사나 그 결과에 따른 조치 및 권고가 어떠한 방식으

[표 10-2] 층간소음 상담 조정 기관

구 분	기관명	전화번호
공동주택관리 분쟁조정위원회	중앙 공동주택관리 분쟁조정위원회	031-738-3300
층간소음 상담기관	층간소음 이웃사이센터	1661-2641
지방자치단체 상담센터	서울특별시 층간소음 상담실	02-2133-7298
	서울 이웃분쟁조정센터	02-2133-1380
	광명시 층간소음 갈등해소 지원센터	02-2680-6018
	광주광역시 마을분쟁해결센터	070-4423-8728

출처 : 박형규(2024)

로 이루어졌는지를 조정절차에서 자세히 다루어 사전에 관리주체나 입주자대표회의 차원에서의 조사가 적극적으로 이루어질 수 있도록 유도해야 한다.

특히 층간소음 발생 당시 주변 세대에서도 소음을 느낀 사실이 있는지 소음의 종류와 성격은 어떠한 것이었는지 등을 면밀하게 조사·기록하도록 유도하고 조정과정에서도 관련 서류를 제출하도록 함으로써, 관리주체와 입주자대표회의가 층간소음 분쟁에 적극적으로 참여할 수 있도록 유도해야 한다.

정부가 향후 주민 자치기구인 '층간소음관리위원회' 구성을 의무화한다는 발표를 하였는바, 공동주택관리 분쟁조정위원회는 층간소음관리위원회의 연장선으로 해당 절차 안에서 층간소음 문제를 다루어야 한다. 결국, 당사자의 의사가 층간소음으로 인한 피해를 배상받는 데 목적이 있다면 환경분쟁조정위원회를, 입주자 공동체를 통하여 자율적으로 해결하는 데 목적이 있다면 '관리주체-층간소음관리위원회-공동주택관리분쟁조정위원회'로 이어지는 절차를 이용하는 것이 적절할 것이다.

공동주택관리 분쟁조정위원회와 각 지역별 환경분쟁조정위원회 등 층간소음에 대한 상담과 조정을 요청할 수 있는 기관의 전화번호는 [표 10-2]와 같다.

(5) 사법적 소송제도

공동주택 층간소음 분쟁의 사법적 분쟁해결수단은 불법행위에 의한 피해배상을 목적으로 하는 손해배상청구(「민법」 제750조), 소유권에 의한 방해예방 및 제거 청구(「민법」 제214조) 또는 생활방해에 관한 상린관계(相隣關係)를 규정하고 있는 유지청구(「민법」 제217조)를 통한 권리구제 방법이 있다(이종덕, 2018).

① 손해배상청구

환경분쟁조정위원회의 조정에 대하여 이의가 있거나, 합의가 성립하지 않는 경우, 분쟁조정위원회의 조정을 거치지 아니하고 곧바로 민사상의 손해배상청구를 제기함으로써 층간소음피해에 대한 권리구제를 도모할 수 있다.

「민법」 제750조에 따른 손해배상청구는 상대방의 불법행위를 청구원인으로 고의 또는 과실로 타인에게 손해를 가한 자의 배상책임을 정한 것으로서 층간소음 피해와 관련하여 민사상의 손해배상청구는 실제 상대거주자의 고의·과실 유무 그리고 소음유발행위와 피해발생 사실과의 인과관계와 같은 '입증책임의 곤란' 등으로 권리구제수단으로서의 기능을 제대로 수행하지 못하고 있는 것이 사실이다.

실제 층간소음 유발자인 상대거주자를 상대로 한 손해배상청구의 유형은 층간소음을 이유로 발생한 거주자 간의 이차적인 폭행 등을 청구원인으로 하는 손해배상청구 사례를 제외하고는 층간소음으로 정신적 피해를 받은 거주자가 이를 직접적인 청구원인으로 손해배상을 청구하여 실제 인용된 사례는 극히 드물다 할 수 있다.

아파트의 부실(하자) 시공으로 인하여 발생하는 구조적인 소음으로 입주자 등이 아파트 '분양자'를 대상으로 차음공사비와 위자료를 청구한 사례에서 "아파트 화장실의 배수관을 둘러싼 벽체와 배수관 자체의 구조를 잘못 설계·시공함으로써 소음으로 인하여 입주자들이 야간의 숙면에 큰 방해를 받아왔다면 아파트 분양업자는 입주자들에게 집합건물의 소유 및 관리에 관한 법률 등에 따라 하자를 보수하는 데 드는 비용 상당액을 배상할 의무가 있다."고 하여 아파트의 구조적 하자로 인한 소음피해의 원인제공자인 분양자에게 하자보수와 정신적 피해에 대한 배상금을 지급하도록 한 하급심판례가 있다(박광현, 2020).

② 사전 예방적 수단으로서의 유지청구(留止請求)

상린관계를 정하고 있는 「민법」 제217조에 따르면 "토지소유자는 매연, 열기체, 액체, 음향, 진동 기타 이에 유사한 것으로 이웃 토지의 사용을 방해하거나 이웃 거주자의 생활에 고통을 주지 아니하도록 적당한 조치를 할 의무가 있으며, 이웃 거주자는 이웃 토지의 통상의 용도에 적당한 것인 때에는 이를 인용할 의무가 있다."고 규정하고 있다(「민법」 제217조 제1항 및 제2항). 유지청구권은 '현재 발생하고 있거나 장래 발생할 우려'가 있는 생활이익의 침해에 대하여 그 배제 또는 예방을 구하는 구제 방법으로서, 권리의 행사는 상대방에게 일정한 작위 또는 부작위를 청구하는 것을 그 내용으로 한다.

공동주택에서 발생하는 층간소음을 '음향' 또는 '이에 유사한 것'에 해당하는 것으로 보아 이웃 거주자의 생활이익을 침해하는 것으로 본다면, 「민법」 제217조에 따른 유지청구권에 근거하여 공동주택 층간소음으로부터 피해를 받은 피해자는 유발자를 상대로 피해자에게 손해를 주는 행위를 중지할 것을 법원에 청구하여 층간소음으로 인한 피해를 사전예방·제거하기 위해 소음유발행위의 금지를 청구할 수 있다고 본다.

층간소음 피해와 관련하여 민사상의 유지청구권을 활용한 구제 가능성은 상대 거주자의 소음유발행위로 인한 환경이익의 침해 우려 및 침해 계속성과 같은 입증 책임의 어려움으로 층간소음피해의 효과적인 권리구제 수단으로서의 기능을 제대로 수행하지 못하고 있는 것이 현실이다(박광현, 2020).

중앙 공동주택관리 분쟁조정위원회의 조정사례에 따르면, '위층세대는 소음 저감용 매트를 아이들의 주 활동공간인 거실과 안방에 설치하도록 하고, 아래층 세대는 천장 두드림을 자제하도록'하거나, '2주간의 사전중재기간을 거쳐 양 당사자 간 노력과 개선'하는 방법을 활용하는가 하면, 층간소음에 대한 항의를 '관리사무소를 통한 사실관계 확인 시 즉각 협조'하도록 하는 등 다양한 대안적 방법을 통해 사건의 해결을 도모한다. 이를 통해 분쟁의 당사자가 생활의 터전을 유지할 수 있도록 돕고 있다.

3) 관리사무소의 대응 요령

관리사무소 대응 요령은 단지 여건에 따라 다르게 운영이 가능하며, 개인 및 사생활이 보호받을 수 있도록 주의해야 한다.

(1) 민원 접수
① 민원인의 피해 내용을 충분히 경청할 것
② 소음으로 인한 민원인의 고통에 대해 공감하는 태도를 보일 것
③ 관리사무소가 층간소음 해결에 의지를 가지고 있음을 상기시킬 것

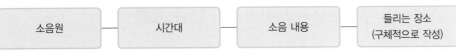

| 소음원 | 시간대 | 소음 내용 | 들리는 장소 (구체적으로 작성) |

〈그림 10-3〉 층간소음 발생 시 기록 항목

(2) 소음 피해 상황 확인

① 층간소음 발생 내용을 기록할 것

② 이전 항의 내용 확인 및 직접적인 항의 자제를 요청할 것

- 직접 항의를 통해 감정이 상한 적이 있었는가?
- 관리사무소를 통해 항의한 적이 있는가?
- 직접 항의를 해야 하는 상황이라면 관리사무소 직원이 반드시 동행할 것

(3) 1차 현장 방문

① 방문 일정을 사전 협의 및 통보할 것

② 관리사무소장보다는 직원이 방문할 것(권고사항)

③ 층간소음민원기록일지를 작성할 것

(4) 전화 중재

① 관리소장이 직접 시행할 것

② 중재 역할을 기억하고 존중하는 태도를 취할 것

③ 소음 발생 내역에 대해 구체적으로 설명할 것

④ 중재 내용을 층간소음민원기록일지에 기록할 것

(5) 2차 현장 방문 및 중재

① 관리소장이 직접 방문할 것

② 층간소음민원기록일지에 기록할 것

(6) 층간소음관리위원회 안내

층간소음관리위원회 미설치 시, 관련 외부 기관에 안내할 것

4) 단지 내 층간소음관리위원회의 대응 요령

(1) 민원 접수

원칙은 관리사무소나 층간소음관리위원회에 직접 방문하여 신청서 양식으로 접수하고, 예외는 거동이 불편한 경우 전화 등 다양한 방법으로 접수 가능하다.

접수자는 분쟁조정 신청 내용을 피신청인(상대 세대)에게 통지하고, 피신청인으로부터 답변서를 받는 등 분쟁조정 절차를 충분히 안내해야 한다.

(2) 회의 소집

피신청인의 답변서 제출 기한을 고려하여 차후 일정을 조정하고, 답변서 회수는 층간소음분쟁조정 사건 통지서와 층간소음분쟁조정 사건 답변서 양식을 피신청인에게 송부한 후 회신을 받는다. 당사자의 조정의사가 확인되면 각 당사자에게 방문 가능 일정을 확인 및 통보한다.

(3) 현장 방문

양 당사자를 개별 상담하며 애로사항을 경청하고, 당사자의 생활패턴, 소음원 등 환경과 요구사항을 정확히 파악하여, 최대한 경청하는 자세를 유지한다.

(4) 회의 진행

이전에 기록한 층간소음 민원기록일지, 분쟁조정 신청서, 답변서 내용, 현장 방문 결과를 바탕으로 회의를 진행하며, 회의 내용은 층간소음관리위원회 회의록에 기록하고, 양 당사자의 환경과 요구사항을 고려하여 중재안을 마련한다.

(5) 조치사항 확인

중재안이 잘 시행되고 있는지 지속적으로 확인하고, 층간소음이 지속될 경우 층간소음 관련 외부 기관을 안내한다.

5) 층간소음 관련 외부 기관

(1) 중앙 공동주택관리 분쟁조정위원회
① 중앙 공동주택관리 분쟁조정위원회의 역할

중앙 공동주택관리 분쟁조정위원회는 이른바 행정형 조정위원회인데, 행정형 조정위원회의 경우 당사자의 자기결정권을 전제로 특정 행정 분야의 정책 형성 및 집행 권한을 가진 행정기관이 해당 분야에 대한 전문성을 바탕으로 최적의 합의를 끌어내는 것을 목적으로 한다. 따라서 단순한 조정자의 역할을 뛰어넘어 개인 간 분쟁에 대하여 공공이 일정 부분 참여한다는 의미가 있다. 또한 공동주택관리 분쟁조정위원회는 분쟁의 발생 원인과 빈도 및 발생형태를 사전적으로 파악할 수 있고, 당사자 간의 손상된 신뢰관계를 회복하고 전문가를 통한 분쟁의 근본적·효율적 해결할 수 있도록 도울 수 있다.

조정위원회는 사법기관이 아니므로 당사자의 청구나 주장에 구애되지 않고 양 당사자의 이익을 충족하는 융통성 있는 합리적 결론을 도출할 수도 있다. 공동주택관리 분쟁조정위원회는 공동주택관리 분쟁을 조정하기 위한 기관으로 심의·조정 내용은 「공동주택관리법」 제14조 제2항 각 호에 규정되어 있다. 입주자대표회의의 구성·운영 및 동별 대표자의 자격·선임·해임·임기에 관한 사항(1호), 공동주택관리기구의 구성·운영 등에 관한 사항(2호), 관리비·사용료 및 장기수선충당금 등의 징수·사용 등에 관한 사항(3호), 공동주택(공용부분만 해당한다)의 유지·보수·개량 등에 관한 사항(4호), 공동주택의 리모델링에 관한 사항(5호), 공동주택의 층간소음에 관한 사항(6호), 혼합주택단지에서의 분쟁에 관한 사항(7호), 다른 법령에서 공동주택관리 분쟁조정위원회가 분쟁을 심의·조정할 수 있도록 한 사항(8호), 그 밖에 공동주택의 관리와 관련하여 분쟁의 심의·조정이 필요하다고 대통령령 또는 시·군·구의 조례(지방분쟁조정위원회에 한정한다)로 정하는 사항(9호)에 관하여 심의·조정한다.

공동주택관리 분쟁조정위원회는 규정의 체계상 층간소음 문제(6호)는 공동주택 관리분쟁의 일종으로 파악하여 심의·조정하게 된다. 공동주택관리 분쟁조정위원회를 통한 조정은 공동주택의 투명·안전·효율적인 관리와 국민 주거 수준 향상이라는 「공동주택관리법」의 제정 목적을 바탕으로 이루어진다. 또한 중앙 공동주택관리 분쟁조정위원회의 직권 조정안을 수락하거나 수락한 것으로 보는 때에는 그 조정서의 내용은 재판상 화해의 효력이 있다(제74조 제6항).

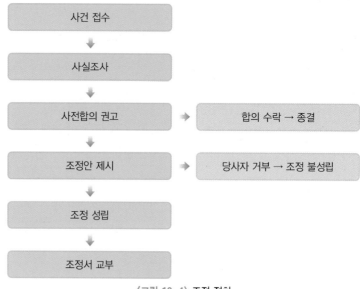

〈그림 10-4〉 조정 절차

② 중앙 공동주택관리 분쟁조정위원회의 활동 절차

㉠ 공동주택관리 관련 분쟁을 변호사, 회계사, 주택관리사 등 15인의 전문가로 구성된 위원회에서 당사자 간 상호 이해를 바탕으로 한 조정을 통해 신속하고 공정하게 해결하기 위해 설립된 분쟁조정기구이다.

㉡ 조정 대상 범위는 관리비, 사용료, 층간소음, 입주자대표회의, 공용부분 누수 등이며, 그 외 동별대표자, 공동주택관리기구, 장기수선충당금, 리모델링, 공용부분 유지 · 보수 · 개량, 혼합주택단지 등이 해당된다.

㉢ 조정 신청 요건은 500세대 이상 공동주택단지에서 발생한 분쟁은 조정신청이 가능하며, 500세대 미만 공동주택단지에서 발생한 분쟁은 당사자 쌍방이 조정신청에 합의할 경우 신청이 가능하다. 그 외는 시 · 군 · 구에 설치된 지방 공동주택관리 분쟁조정위원회에서 관할한다.

③ 중앙 공동주택관리 분쟁조정위원회의 층간소음 조정 사례

㉠ 공동주택의 층간소음 분쟁에 관한 사항(2023. 9. 19.)

신청인은 아파트 위층 입주자로서, 평소 층간소음을 유발하고 있지 않으나 아래층에서 층간소음 개선을 요구하며 여러 차례 항의 방문하자 분쟁조정을 신청하였다. 신청인은 슬리퍼를 착용하는 등 층간소음에 유의하고 있고, 명절 가족 모임, 낮 시간 청소, 식자재 정리 등 특별한 경우 외에는 소음을 유발하고 있지 않다고 주장하였다. 피신청인은 위층 전입일 이후 주야로 발걸음 소리, 의자 끄는 소리, 무엇인가 쿵쿵 치는 소리로 고통받고 있으나 인내하려고 노력하였고, 몇 차례 방문하여 자제를 요구하였으나 전혀 개선되지 않았다.

위원회는 신청인에게 피신청인으로서는 세대 천장에서 들리는 소음은 위층에서 발생한 소음으로 인식할 가능성이 크다는 점과 동거인이 늦게 퇴근할 때 생활 소음이 아래층에 피해를 줄 수 있음을 설명한 소음 유발활동은 피신청인의 출근 이후 및 퇴근 이전 시간대에 완료하기를 권고하였고, 피신청인에게는 신청인이 층간소음 방지를 위해 노력하고 있다는 사실과 모든 소음의 원인이 위층은 아니라는 사실을 설명하고, 관리사무소 및 경비실을 통한 간접적인 의사 전달이나 중재를 요청하였다.

조정 기간 동안 양 당사자는 위원회의 권고사항을 충실히 이행하였고, 개선된 상황에 대해 만족하며 층간소음 관련 생활 준수사항을 골자로 하여 합의하였다.

ⓒ 보복소음(2021. 8. 17.)

신청인(위층)은 층간소음이 피신청인(아래층)으로부터 발생한다고 추정하여 기계소음으로 보복하였고, 이에 피신청인도 재보복소음을 일으키며 분쟁이 격화되어 조정신청 접수되었다. 신청인은 피신청인이 소음을 발생시킨다고 강력하게 주장하는 반면, 피신청인은 재보복소음 외에 고의적으로 소음을 발생시킨 적은 없었다.

위원회에서는 악감정 해소 및 예방조치에 주력하며 분쟁조정기간 중 보복소음을 중지시키는 등 개선을 이끌어 냈다. 이에 양 당사자는 향후에도 고의적인 보복소음을 내지 않고, 관리사무소를 통한 사실관계 확인 시 즉각 협조하는 것으로 사전 합의하였다.

ⓒ 공동주택의 층간소음 분쟁에 관한 사항(2019. 4. 22.)

○○아파트 위층에 거주하고 있는 신청인은 아이 둘을 키우는 입장에서 이사 직후 피신청인의 층간소음 항의가 발생하여 거실과 안방에 층간소음 방지용 매트를 시공하였고, 이후에도 항의가 있어 추가로 매트를 집안 전체에 설치 및 아이들에 대한 수시교육을 시행하며 생활하였다.

피신청인의 입장에서 단순히 매트를 아무리 설치한다고 해서 그 자체가 면죄부가 될 수는 없으며 아이들이 집에서 운동장처럼 뛰도록 방치하는 것은 문제라며 분쟁이 지속됨에 따라 조정신청을 하게 되었다.

양 당사자는 장기간 분쟁으로 상대방에 대한 불신과 불만이 팽배한 상황이었으며, 사전 중재기간이 개시된 직후 당사자 간 심한 언쟁과 항의로 합의점 도출이 어려울 것으로 예상되었다. 이에 신청인에게는 층간소음 분쟁 특성상 위층 거주자로서의 책임과 노력의 중요성을 강조 및 설득하고, 피신청인에게는 층간소음은 시간을 두고 점차적으로 개선되는 사항임을 충분히 설명하였다. 또한 신청인이 노력하는 만큼 피신청인도 조금 더 이해하는 마음을 가지도록 권유하였다.

결국 양 당사자에 대한 적극적인 설득과 이해를 바탕으로 2주간의 사전중재기간을 거쳐 양 당사자 간 노력과 개선의 여지를 확인하고 합의가 성립되었다.

(2) 중앙 환경분쟁조정위원회
① 중앙 환경분쟁조정위원회의 역할

환경분쟁조정위원회는 환경피해에 대한 분쟁을 조정하는 기관이다. 「환경분쟁 조정법」[시행 2021. 4. 1.] [법률 제17985호, 2021. 4. 1., 일부 개정] 제2조 제1호는 "'환경피해'란 사업활동, 그 밖에 사람의 활동에 의하여 발생하였거나 발생이 예상되는 대기오염, 수질오염, 토양오염, 해양오염, 소음·진동, 악취, 자연생태계 파괴, 일조 방해, 통풍 방해, 조망 저해, 인공조명에 의한 빛공해, 지하수 수위 또는 이동경로의 변화, 하천수위의 변화, 그 밖에 대통령령으로 정하는 원인으로 인한 건강상·재산상·정신상의 피해를 말한다. 다만, 방사능오염으로 인한 피해는 제외한다."라고 정의하였다.

「소음·진동관리법」은 층간소음을 환경오염인 소음의 일종으로 규정하고 있으므로, 환경분쟁조정위원회는 층간소음을 환경분쟁의 일종으로 파악하여 심의·조정한다. 「공동주택관리법」이 조정(調停)만을 분쟁의 해결방식으로 규정한 것과는 달리, 「환경분쟁 조정법」은 조정 외에도 알선·중재 및 재정방식의 조정(調整)을 규정하고 있다. 「환경분쟁 조정법」상의 조정도 「공동주택관리법」상의 조정과 마찬가지로 행정형 조정의 특성이 있다. 다만 이때의 조정은 환경분쟁을 해결하여 환경을 보전하고 국민의 건강과 재산상의 피해 구제라는 「환경분쟁 조정법」상의 목적을 바탕으로 이루어질 것이다.

또한 중앙 공동주택관리 분쟁조정위원회와 마찬가지로 환경분쟁조정위원회를 통하여 조정이 성립되거나 이의신청이 없는 조정결정은 재판상 화해의 효력이 있다(제35조의2). 환경분쟁조정위원회의 분쟁 해결방식 중 중앙 공동주택관리 분쟁조정위원회와 구별되는 조정(調整)방식은 재정이다. 환경분쟁조정위원회는 1997년 7월부터 2021년까지 총 5,656건의 사건을 접수하여 총 4,848건을 재정·조정·합의로 처리하였다. 이 중 재정은 3,318건, 조정은 120건, 합의는 1,410건의 처리결과를 보였는바, 환경분쟁조정위원회의 핵심적인 분쟁 해결 방식은 재정에 있다.

재정은 원인재정과 책임재정으로 나뉘는데, 원인재정은 환경피해를 발생시키는 행위와 환경피해 사이의 인과관계 존재 여부를 결정하는 재정을 말하며, 책임재정은 환경피해에 대한 분쟁 당사자 간의 손해배상 등의 책임의 존재와 그 범위 등을 결정하는 재정을 말한다. 당사자가 분쟁의 종국적 해결을 원하는 경우에는 책임재정의 절차를 따르면 된다. 책임재정은 법원의 민사법적 구제방법과 유사한 구조로 진행된다. 층간소음의 민사법적 구제방법은 층간소음의 원인에 따라 달라진다.

층간소음의 원인은 통상 건물의 구조적 결함으로 인한 경우와 입주자 등이 생활소음을 발생시킨 경우로 나누어볼 수 있다. 전자의 경우에는 통상 하자담보책임을 바탕으로 한 권리구제, 후자의 경우에는 불법행위에 기한 손해배상청구, 소유권에 기한 방해 예방 및 제거 청구 등의 권리구제 방법이 있다. 책임재정은 주로 불법행위에 기한 손해배상청구와 동일한 구조로 진행된다.

② 환경분쟁조정위원회의 설치 및 구성

환경분쟁조정위원회의는 그 사무를 관장하기 위하여 환경부에 중앙환경분쟁조정위원회를 설치하고, 특별시·광역시·특별자치시·도·특별자치도에 지방환경분쟁조정위원회를 설치한다.

또한 중앙조정위원회는 위원장 1명을 포함한 30명 이내의 위원으로 구성하며, 그중 상임위원은 3명 이내로 하고, 지방조정위원회는 위원장 1명을 포함한 20명 이내의 위원으로 구성하며, 그중 상임위원은 1명을 둘 수 있다(「환경분쟁 조정법」[시행 2021. 4. 1.] [법률 제17985호, 2021. 4. 1., 일부 개정]).

(3) 층간소음 이웃사이센터

① 공동주택 관리주체의 중재하에 입주민 간 분쟁을 해결하기 위한 기관이다.

② 단지별 상담은 1차 중재가 되지 않을 경우에 실시한다.

③ 관리주체가 단지 단위(2세대 이상)로 상담 요청이 가능하다.

④ 관리주체가 있는 경우의 민원처리 절차는 관리주체(관리사무소장), 상대 세대를 대상으로 하여 관리주체 및 층간소음관리위원회에 우선 중재 상담 실시 요청, 상대 세대에게는 관리주체 중재 상담에 참여 요청 등의 목적을 두고 운영하며, 그 절차는 전화 상담 → 방문 상담 신청 → 상담안내문 우편 발송 → 관리주체 현장진단 신청 → 신청세대, 상담 세대 방문 상담 → 소음 측정 → 처리 완료 순으로 한다.

⑤ 관리주체가 없는 경우의 민원처리 절차는 상대 세대를 대상으로 상대세대에게 중재상담 참여 요청을 목적으로 운영되며, 그 절차는 전화 상담 → 방문 상담 신청 → 상담안내 문 우편 발송 → 신청세대, 상담세대 방문 상담 → 소음 측정 → 처리 완료 순으로 한다.

6) 외국의 중재제도

선진국들의 층간소음 상담 및 피해 평가 방법은 우리와 사뭇 다르다. 일본과 영국은 음향 요소(dB) 외에 소음피해자의 피해 정도 및 유형을 정확하고 면밀히 평가할 수 있도록 비음 향 요소인 개인, 사회, 상황적 요소가 포함된 피해조사를 한다.

WHO(세계보건기구)에서도 '주관적인 소음 민감도', '하루 동안 머물렀던 기간', '위층에 대한 태도' 등 비음향 요소를 소음에 영향을 미치는 중요한 요소로 판단하고 있다(정정호, 2013).

국회 입법조사처의 '생활 · 교통소음의 규제기준의 개선방안'(2022)에 따르면 "피해자와 가 해자가 중재자를 통해 서로의 상황을 인지하고 이해한 후, 소음이 완전하게 제거되지 않았 음에도 층간소음 문제 해결에 있어서 낙관적으로 받아들이면서 분쟁이 해결된 사례가 많 다."고 나타났다.

일본에서의 소음 관련 손해배상 판단 기준은 가해자의 고의 · 과실 여부 판단, 수인한도 의 초과 여부 등에 따라 평가된다. 물리적인 값인 소음 레벨의 값만으로 보는 것이 아닌, 그 외에 소음원인 제공자가 행한 소음방지 조치 여부와 당사자들에게 실효성 있는 조치를 취했는지 등 소음제공자의 태도에 따라서 판단 기준이 다르게 나타난 것으로 설명하고 있다. 실례로 시끄러운 록뮤직을 연주하는 뮤지션에 의해서 신혼부부의 심신에 이상이 있어 낙태하게 되면서 손해배상을 청구한 사례가 있다. 일본 법원은 측정소음이 환경기준인 50dB에 미치지 않는 41dB라 해도 생활 소리와 다른 이질적인 소음이라는 점과 심야시간에 발생하는 41dB의 소음이 생활상에 영향을 미칠 수 있는 점, 그리고 건물의 방음효과를 고려하여 기존 환경기준보다 엄격한 기준에서 수인한도를 넘었다고 판단하였다(유양희, 2019).

영국의 경우, 네 아이들과 사는 싱글맘이 아이들을 통제하지 못하면서 아이들이 내는 소음과 통제하기 위한 싱글맘의 목소리가 이웃에게 전달되어, 이웃이 중재 서비스에 소음 피해를 신청한 사례가 있다. 이들은 중재자를 통해 대면을 하게 되었고, 서로에 대한 이해가 높아지면서 소음이 완전하게 제거되지 않았음에도 이 문제에 낙관적으로 대하게 되면서 분쟁이 종결되었다. 소음의 뚜렷한 저감과 무관하게 이웃과의 태도와 같이 비음향 요소가 층간소음으로 인한 분쟁을 해결한 사례다(조의행, 2013).

3. 층간소음 갈등 분쟁 해결을 위한 법적 절차

1) 개 요

현대사회는 한정된 도시생활 공간에 인구가 밀집됨에 따라 아파트와 같은 공동주택이 늘어나고 있으며, 층간소음이라는 문제가 각종 범죄의 원인이 되는 등 사회적 문제로 제기되고 있다. 층간소음 분쟁은 사적인 공간을 주장하는 개인의 재산권 및 개인의 일반적 행동자유권과 맞물려 주로 비사법절차나 화해분쟁조정절차 및 민사법상 손해배상제도를 통해 해결하고 있다. 그러나 공동주택의 층간소음은 사회적 현상의 결과물로서 층간소음의 분쟁이 파생되어 이웃사촌 간 미미한 갈등을 넘어 살인, 방화, 상해 등 강력범죄로 이어지고 사회적 문제로 인식되기에 이르렀는데 이에 대한 해결방안이 요구된다. 과거에는 층간소음 문제가 이웃 간 도덕적인 문제로 인식하여 법이 개입하는 것은 도덕의 강제이며 법의 윤리화 현상이라고 비판하였지만 현재는 스트레스 유발 및 법익 침해행위로써 행위규율 대상이 되었다.

비록 「소음규제법」이 시행되고 있으나 범죄를 예방하기 위해서는 법적 기준을 강화하고, 건축법에서 건물 준공 시 기준을 강화하여 학제적 검토 및 법제도적 개선책이 등이 마련되어야 한다. 소음에 관해 「헌법」은 명시적으로 규정하고 있지 않지만 간접적으로 '건강하고 쾌적한 환경에서 생활할 권리'를 「헌법」 제35조 제1항에서 규정하고 있고 동법 제2항에서 '환경권'을 기본권으로 승인하고 있다. 이에 반해 「헌법」 제10조 및 제16조는 '상대방의 활동의 자유'를 규정하고 있고 동법 제23조 제1항은 재산권을 보장한다. 그러므로 층간소음 문제는 「헌법」상 기본권의 충돌 문제로 귀결된다. 따라서 층간소음 문제는 '소음 없는 평온한 삶의 보호' 대 '개인재산권의 보호 및 일반적 행동의 자유'라는 대립구도가 형성되므로 조화로운 법해석이 요구된다.

현행법은 층간소음만을 처벌하는 규정은 특별히 없고 「경범죄처벌법」에서 악기, 라디오, 텔레비전, 확성기, 전동기 등의 소리가 수인한도를 넘는 경우 행정질서벌인 10만 원 이하의 범칙금 규정을 간접적으로 적용하여 부과하고 있다. 그러나 이를 적용하는 것도 주관적 구성요건 요소인 고의를 입증하기 어렵고 죄형법정주의의 명확성의 원칙도 위배될 가능성이 있다. 독일은 「소음방지법」, 「연방질서위반법」에 따라 최대 630만 원의 범칙금을 부과하는 등 「형법」을 적극적으로 적용하고 있다. 한국의 경우 층간소음분쟁으로 강력범죄가 매년 증가하는 추세에서 '민사법의 형사화'를 경계하기보다는 수인한도를 초과하는 층간소음 그 자체에 대해 민사법적 해결이 어려운 경우 「형법」 또는 「형사특별법」에 명시적으로 입법화하여 범죄화함으로써 강력범죄 예방 목적으로 범죄 억제 효과를 거둘 수 있는 대안이 요구된다(박광현, 2020).

2) 층간소음의 법적인 측면 이해

현행법상 층간소음 분쟁 해결 수단은 거주공동체의 자치규범이라 할 수 있는 공동주택관리규약을 이용한 자율적 분쟁해결, 환경분쟁조정위원회의 조정제도, 「경범죄처벌법」에 따른 범칙금 부과 그리고 민사법상의 구제 절차인 손해배상청구와 유지청구와 같은 형태의 권리구제수단이 주로 이용되고 있다.

특히, 층간소음에 관하여 민사법은 상린관계에서 모든 소음을 위법한 것으로 취급하지 않고 수인한도를 넘는 경우만을 불법 또는 위법한 것으로 다루어 손해배상제도를 통해 해결하고 있다. 그러나 층간소음문제로 재산적·정신적 고통뿐만 아니라 강력범죄로 이어지고 있는 현 상황에서 민사법적 접근은 그 해결 방안으로써 한계를 노출하고 있고 손해배상액은 소음분쟁 입증을 위한 증거수집 비용에 비해 미약한 실정이다. 물론 조정을 통한 회복적 사법의 활용이 대안으로 제시되고 있지만 그 실효성 또한 의문시되므로 일반법인 형사법적 개입의 정당성을 검토할 필요성이 제기된다. 왜냐하면 층간소음 문제는 개인적 법익이면서 보편적 법익이라는 이중적 성격을 갖기 때문이다(이종덕, 2018).

그러므로 소음 문제는 첫째, 각 국가의 정치·경제·사회·문화적 특수성이 고려되어야 하고 둘째, 소음유발 행위가 왜 범죄로 규정되어야 하는지 당벌성과 필벌성이 규명되어야 하며 셋째, 「형법」의 보충성 원칙에 의해 다른 일반적인 규제로 충분한가라는 필벌성 문제가 선결 문제로써 해결되어야 한다. 소음 문제에 관한 형사처벌은 형사법적 관점에서는 응보형주의, 일반예방주의, 특별예방주의 등의 형벌이론을 고려하여 형벌의 상한과 하한을 제한하고 특별예방을 통해 구체적 형벌을 규정하여 정당성을 확보해야 한다. 층간소음 문제에 관하여 「형법」의 개입이 정당화된다면 폭행죄, 상해죄 등의 구성 요건에 포함시킬 수 있을지 검토되어야 한다.

3) 층간소음에 관한 외국의 입법례

(1) 미 국

미국은 층간소음분쟁 절차를 주택관리 내에서 해결을 도모하고 해결이 안 될 경우 경찰에 신고하는 방식을 도입하고 있다. 미국은 타인의 생활을 방해할 정도로 소음을 지속적으로 내는 경우 강제퇴거 규정을 마련하고 있다. 아파트 관리사무소는 피해자의 의견이나 항의하는 편지를 받으면 소음 유발자에게 2회까지 경고를 할 수 있고, 3회 이상일 경우 강제퇴거 조치를 할 수 있다. 또한 경고 위반 횟수에 따라 소음 유발자에게 벌금이 부과되며 계속 위반 시 벌금액도 증가되는데, 소음 유발 시간대별, 소음의 정도 등을 종합적으로 파악하여 가중 처벌한다. 또한 주택도시개발부에서는 바닥충격음 기준을 규정하고 있는데, 상하 세대 한 실의 용도별 조합에 따라 세부기준을 달리하여 배경소음 수준을 3단계로 구분하여 적용한다(나무위키, 2024).

(2) 일 본

일본은 대도시 및 상업중심지를 중심으로 공동주택비율이 높고 국민의 40% 정도가 공동주택에 거주하고 있다. 일본은 국민정서상 타인에게 피해를 주는 것을 금기시하고 있으므로 층간소음 분쟁은 심각한 편이 아니다. 만일 층간소음 분쟁이 발생한다면 사전 예방적으로 「주택품질 확보 촉진법」의 주택성능표시기준을 통해 규제하고 있으며 사후적 대응책으로 경범죄법에 의해 구류 또는 과태료를 부과하고 있다(유양희, 2019).

(3) 독 일

독일의 경우 임차인이 입주할 때 소음조항을 명시한 후 계약을 체결하게 함으로써 사전에 분쟁을 방지하고 있다. 독일은 개인주의와 합리주의의 영향으로 층간소음 규제가 철저하고 한국과는 달리 주거형태에 관하여 소유 개념보다 임대차가 많은 비중을 차지하므로 공동체 생활에서 수인한도를 넘는 소음 발생 시 세입자에게 계약해지 통보 후 퇴거명령을 할 수 있는 강제조항이 있다. 독일에서는 크게 두 개의 법으로 층간소음을 규제하고 있다. 1979년에 제정된 「소음방지법」은 자정 22시부터 새벽 06시까지 소음배출을 금지하고 일요일 등 휴일에도 소음배출금지규정을 적용하고 있다. 1968년에 제정된 「연방질서유지법」에서는 층간소음을 일으킬 경우 한화 약 630만 원의 과태료를 지급해야 한다(나무위키, 2024).

4) 형사법적 해결의 활용

「형사법」은 보충성의 원칙상 최후수단으로 적용되어야 한다. 위의 비사법적 해결, 민사법적 해결이 되지 않는 경우 「형사법」이 개입될 수밖에 없다. 형사법적으로 층간소음 분쟁 시 문제되는 범죄는 「경범죄처벌법」상 소란행위, 협박죄, 상해죄 등이 구성 요건에 해당될 수 있고, 이에 파생되는 살인죄, 상해죄, 방화죄 등 강력범죄를 예방하기 위해 형사법적 개입을 검토할 필요가 있다. 형벌의 목적은 범죄로부터 소극적 일반예방 및 사회를 방위하려는 적극적인 일반예방의 측면도 존재하면서 동시에 범죄인을 교화하여 사회로 되돌려 보내야 하는 형사정책적 측면도 동시에 고려되어야 하므로 소음 문제에 있어 사회유해적 행위 및 법익침해 행위가 객관적으로 존재하고 명백하게 확인할 수 있어야 한다.

사회유해성 개념은 실질적 범죄의 기준이 되고 국가가 개인을 통제하는 기준을 정하면서

도덕으로부터 자유로운 새로운 기준으로 제시된 개념인데 이것이 개인적 차원을 넘어 보편적 법익으로 확장되는 순간 도덕과 혼재되는 문제가 발생할 수 있고, 사회적으로 유해한 행위라고 해서 모두 범죄가 되는 것은 아니라는 점에서 충분조건이 될 수 없다. 당벌성과 형벌필요성은 범죄행위에 대한 실질적 방향성을 제시해 주는 나침반 역할을 한다.

또한 필벌성의 관점에서 형벌이 일탈행위에 대하여 적합하고도 유효하고 실효성이 있는지가 검토되어야 한다. 그러므로 층간소음에 관한 형사법의 개입이 정당성을 확보하기 위해서는 당벌성과 필요성을 충분히 검토하여 범죄예방 및 사회공동체의 안전을 위해 침해가 최소화되도록 종합적으로 고려하여 개입하여야 한다.

(1) 경범죄처벌법

시대 변화 및 주거환경의 변화로 발생된 층간소음 자체에 대해서는 명시적으로 「경범죄처벌법」에 규정되어 있지 않다. 「경범죄처벌법」은 광의의 형사법에 해당되고 비록 경미한 수준의 형사제재를 부과하고 있지만 형사법의 대원칙인 죄형법정주의가 적용되어야 한다.

또한 형사책임의 귀속을 충족하기 위해서는 행위자의 고의 또는 과실이 존재해야 하는데 「경범죄처벌법」에서는 모든 행위태양을 열거하는 것은 사실상 불가능하고 그 구성 요건이 불명확하기 때문에 처벌의 영향이 미치지 못하는 사각지대가 발생한다는 비판이 제기되지만 실무에서는 층간소음에 대해 「경범죄처벌법」 제3조 제21호를 통해 우회적·간접적으로 적용하고 있다. 그러나 이 법의 적용은 위해 및 범죄예방 측면에서 경미한 법률효과에 의해 현행 벌금제도와 같이 예방과 실효성 측면에서 한계를 노출한다(박광현, 2020).

「주택관리법」 제44조 공동주택관리규약은 시·도지사는 공동주택의 입주자 및 사용자를 보호하고 주거생활의 질서를 유지하기 위하여 대통령령으로 정하는 바에 따라 공동주택의 관리 또는 사용에 관하여 준거가 되는 공동주택관리규약의 준칙을 정하여야 한다고 규정하고 있다. 동법 시행령 제57조 관리규약의 준칙 제1항 제21호에서 '이 법 제44조 제1항에 따라 시·도지사가 정하는 관리규약의 준칙에는 공동주택의 층간소음에 관한 사항'이 포함되어야 하며 이 경우 공동주택의 입주자 등 외의 자의 기본적인 권리를 침해하는 사항이 포함되어서는 아니 된다고 규정하고 있다.

이 법령에 근거하여 일부 지역에서 공동주택표준관리규약이 제정되었는데 동 규약 제39조의3 층간소음에 관한 사항 등과 제75조 벌칙규정을 통해 필요한 조치를 할 수 있다. 그러나 이 규정은 임의적 사항이므로 공동주택관리규약이 제정되지 않은 공동주택의 경우 법적용의 공백현상이 발생할 수 있으므로 강행규정으로의 입법이 요구된다. 그러므로 공동주택에서 악의적이고 상습적으로 층간소음을 유발하는 자에 대해서 일반법인 「형법」의 적용이 대안으로 부각된다. 악의적·상습적 소음 유발자에 대한 구체적 구성 요건은 '공동주택 층간소음의 범위와 기준에 관한 규칙'의 기준을 토대로 절차적 보충성을 고려하여 판단해야 한다.

그리고 경찰관의 현장조치 권한 등 행정적 제재를 선행하고 이후에도 상습적·반복적으로 수인한도를 넘는 소음을 유발하는 경우에는 층간소음의 강도, 계속성, 객관적 예견가능성 척도를 기준으로 고의, 과실의 추정을 통해 입증책임을 전환해야 한다. 행위자가 형사미성년자인 경우에는 「민법」 제755조와 보호감독자에게 부작위범 등 형사법을 적용할 수 있을 것이다. 물론 형벌의 위하를 통한 범죄예방을 주장하는 일반예방주의는 그 효과를 경험적으로 확인하기 어렵다는 문제점이 있다.

(2) 폭행죄

폭행죄는 사람의 신체에 대해 폭행을 가해야 하며, 그 대상은 사람의 신체이므로 직접폭행만을 의미하고 간접폭행은 포함되지 않는다. 또한 반드시 상대방에 육체적·생리적 고통을 줄 필요는 없으나, 심리적 고통을 비롯하여 성질상 무언인가 고통을 줄 수 있는 정도는 되어야 성립된다.

대법원은 원거리 떨어져 있는 사람에게 전화폭언을 한 사례에서 폭행죄에 있어서 유형력의 행사에 신체의 청각기관을 자극하는 소음(음향)의 포함 여부에 관해 "폭행죄는 사람의 신체에 대한 유형력의 행사를 가리키며 그 유형력의 행사는 신체적 고통을 주는 물리력의 작용을 의미하므로 신체의 청각기관을 직접적으로 자극하는 음향도 경우에 따라 유형력에 포함될 수 있으므로 거리상 멀리 떨어져 있는 사람에게 전화기를 이용하여 전화하면서 고성을 내거나 그 전화대화를 녹음 후 듣게 하는 경우에서 특수한 방법으로 수화자의 청각기관을 자극하여 그 수화자로 하여금 고통스럽게 느끼게 할 정도의 음향을 이용한다면 신체에 대한 유형역의 행사로 볼 수 있다."고 판시한 바 있다(박광현, 2020).

그러므로 층간소음의 경우도 폭행죄의 폭행의 개념을 협의의 폭행개념으로 해석하고 있지만 폭행을 넓게 인정하므로 순수 무형력을 뺀 나머지는 모두 유형력으로 보고 있으므로 폭행죄에 포섭할 수 있다. 반대의 견해는 폭행죄의 유형력의 행사가 폭행이 되기 위해서는 그 사람의 신체에 대한 것이어야 하고 사람의 신체에 대한 것이라고 하기 위해서는 사람의 신체에 공간적으로 근접해야 하므로 전화로 멀리 떨어진 장소에서 폭언을 반복한 것은 피해자의 신체에 공간적으로 근접하지 못해서 해악의 고지로서 협박죄는 가능하지만 폭행죄는 성립할 수 없다는 주장이다. 하지만 이 사례에서 신축적으로 해석될 수 있는 층간소음의 경우 폭행의 개념을 엄격하게 해석할 필요는 없다. 그리고 대법원은 집회 및 시위에 관한 법률 제14조(확성기 등 사용의 제한) 위반에 대해 집회나 시위 과정에서 일시적으로 소음이 발생했다고 해서 무조건 폭행으로 볼 수는 없지만 합리적 범위를 넘어 상대방에게 고통을 줄 의도로 음향을 이용했다면 공무집행방해죄의 폭행을 인정하고 있다.

소음과 관련된 유형력에는 폭언의 수차 반복, 전화를 수개월간 계속 걸어 벨을 울리게 하는 경우, 지속적으로 고함을 질러서 놀라게 하는 경우 등도 포함된다. 층간소음의 경우 상린관계에 있으므로 공간적 근접성을 충족하고 신체에 대한 유형력 행사에 해당하는 것으로 해석될 수 있다.

(3) 상해죄

상해죄에서 상해는 신체의 완전성 침해설과 생리적 기능훼손설, 절충설이 있지만 통설과 판례는 주로 생리적 기능훼손설에 의해 판단하고 있다. 상해란 신체의 완전성 중에서 육체적·정신적 기능을 모두 포함한 건강을 침해하는 범죄인데 건강침해로서 병적 상태의 야기와 증가를 의미한다. 대개 고의적인 층간소음 문제에서 피해자들은 수면장애, 식욕감퇴, 외상 후 스트레스 장애 등을 겪고 있는데 이는 기능장애로써 상해죄의 구성 요건에 충분히 포섭시킬 수 있다.

대법원은 외상 후 스트레스장애 사건에서 상해죄의 상해는 피해자의 신체의 완전성을 훼손하거나 생리적 기능에 장애를 초래하는 것으로 반드시 외부적인 상처가 있어야만 하는 것은 아니므로 생리적 기능이란 육체적 기능뿐만 아니라 정신적 기능도 포함되고 피해자가 범죄행위로 인하여 불안, 불면, 악몽, 자책감, 우울감정, 대인관계 회피, 일상생활에 대한 무관심, 흥미 상실 등의 증세를 보였다면 이러한 증세는 의학적으로 외상 후 스트레스장애에 해당하여 상해죄를 인정하고 있다(박광현, 2020).

CHAPTER

11

층간소음 갈등 분쟁 사례 관리

이 장에서는 층간소음으로 인한 갈등 분쟁의 사례 관리를 위해 층간소음 갈등으로 발생한 우리
사회의 각종 사건 사고를 살펴보고, 층간소음 갈등 분쟁 및 해결 사례를 알아보며, 층간소음의 해
결 방안을 살펴보고자 한다.

+ 층간소음 갈등으로 발생한 사건 사고를 살펴본다.
+ 층간소음 갈등 분쟁 및 해결 사례를 알아본다.
+ 층간소음 해결 방안을 살펴본다.

1. 층간소음 갈등으로 인한 주요 사건 사고

1) 층간소음 관련 민원접수 현황

경실련은 최근 3년간 이웃사이센터에 접수된 층간소음 피해자 민원 실태 분석 결과를 발표했다(2023. 12. 6.). 이에 따르면 2020년 4월부터 2023년 4월까지 층간소음 민원은 총 2만 7,773건 발생했다. 이 가운데 단순 전화 상담 종료가 전체의 72%(1만 9,923건)였고, 실제 소음 측정까지 진행된 경우는 3.7%(1,032건)뿐이었다. 경실련은 "측정도 제대로 이뤄지지 않지만, 측정 이후 민원의 분쟁이 조정됐는지 여부도 확인할 길이 없다."며 "지금과 같은 환경부와 국토부의 형식적 층간소음 업무로는 층간소음 분쟁을 막을 수 없다."고 지적했다.

지역별 층간소음 민원 건수는 경기 9,141건, 서울 5,709건, 인천 1,931건, 부산 1,825건 등 순이었다. 주거 형태별 층간소음은 아파트가 84%, 다세대주택이 12%로 나타났다. 피해 유형은 윗집 소음이 85%로 가장 많았고, 주 소음원은 뛰거나 걷는 소리가 68%를 차지했다. 경실련은 이 같은 유형 분석을 통해 층간소음 문제의 발생 원인을 공동주택의 바닥충격음 문제로 추정했다. 한국 아파트 대부분은 '벽식 구조'(벽으로 하중을 지탱하는 건축구조)로 지어졌는데, 벽식 구조는 공사 기간이 짧고 공사비가 적게 들지만, 층간소음이 심하다는 단점이 있다. 국토교통부에 따르면 2007년부터 10년간 지어진 전국 500세대 이상 아파트 가운데 98.5%가 벽식 구조다.

특히 시공능력 상위 100개 건설사 대부분 층간소음 민원이 발생했다. 층간소음 민원 중 시공사가 정확히 확인되는 9,553건 가운데 7,643건이 100위 안에 드는 87개 건설사가 지은 공동주택에서 발생했다. 구체적으로 상위 5개 건설사에서 2,099건, 상위 6~30위 3,332건, 상위 31~100위까지 2,212건이었다.

층간소음으로 인한 이웃 간 불화가 강력범죄로 이어지는 사례도 늘고 있다. 경실련이 판결문 등을 분석한 결과, 층간소음으로 인한 살인·폭력 등 '5대 강력범죄'는 2016년 11건에서 2021년 110건으로 5년 동안 10배 증가했다. 하지만 층간소음으로 인한 범죄 관련 정부의 공식적인 통계는 없는 실정이다.

경실련은 층간소음 문제의 근본적 해결을 위해 정부와 시공사의 책임을 강화할 것을 촉

[표 11-1] 이웃사이센터(환경부 환경공단) 층간소음 처리 현황

연 도	1단계 상담 접수 (콜센터 + 온라인)	2단계(현장진단)			
		처리 현황			
		소 계	추가 전화 상담	방문 상담	소음 측정
2012	8,795	728	351	377	0
2013	18,524	2,620	1,396	1,224	0
2014	20,641	4,617	2,789	1,747	81
2015	19,278	5,000	2,477	2,364	159
2016	19,495	5,741	3,380	2,158	203
2017	22,849	8,576	6,170	1,997	409
2018	28,231	10,294	8,058	1,817	419
2019	26,257	9,654	7,447	1,745	462
2020	42,250	11,608	10,711	714	183
2021	46,596	9,891	8,412	1,088	391
합 계	252,916	68,729	51,191	15,231	2,307

자료 : 환경부 홈페이지

구했다. "신축 공동주택의 층간소음 전수조사 및 표시제를 법제화하고 기준 미달 시공사에 대한 벌칙 규정 신설, 나아가 후분양제를 도입해야 한다."며 "공동주택 재개발, 재건축 환경 영향평가 시 1 · 2등급으로 층간소음 목표 기준을 설정하고, 기준을 초과하는 경우에는 저 감방안을 수립 · 시행할 수 있도록 환경영향평가법을 개정해야 한다."고 말했다. 이어 "기준 에 맞지 않는 주택을 시공한 사업주체에 과태료 부과 및 보완 시까지 준공검사 연기와 그 에 따른 손해배상 책임을 지게 하는 등 더 적극적인 대책을 신속히 마련해야 한다."고 덧붙 였다.

2) 층간소음 관련 주요 사건 사고

2000년대부터 발생한 층간소음 민원은 처음에 일부 예민한 사람들 문제쯤으로 대수롭지 않게 여겨졌는데, 2013년 한국 사회를 떠들썩하게 한 '면목동 층간소음 살인사건'(경향신문, 2023. 12. 15.)을 계기로 층간소음이 심각한 사회문제로 두드러지기 시작했다. 그로부터 10년 이 지난 지금, 층간소음 다툼이 잔혹한 사건으로 확대되는 악순환은 여전하다. 정부가 시시 때때로 소음 기준을 강화하는 대책을 쏟아냈어도 백약이 무효였다. 근래 5년 새 층간소음

으로 인한 강력 범죄가 10배나 늘어나고 관련 민원 건수도 2.4배나 증가하는 등 상황은 더 악화됐다. 흉기 폭행, 난투극, 방화, 재물손괴, 보복 소음 등 최근까지도 이런 강력 범죄들이 끊이지 않고 있다. 범죄 양태는 각기 달라도 촉발 원인은 층간소음, 한 가지다. 국민의 60% 이상이 아파트에 사는 상황에서 층간소음은 '국민 스트레스'로 피할 수 없는 문제가 됐다.

　여기서는 최근 몇 년 간의 층간소음 관련 주요 사건 사고를 살펴봄으로써 우리 사회가 안고 있는 층간소음 문제의 심각성을 느껴보고, 이에 대한 대안을 찾아보기로 한다.

(1) 하남시 층간소음 살인사건

개 요

2016년 ○○월 ○○일 오후 ○○시 ○○분 경기도 하남시 ○○단지 아파트 ○○동 21층 A(68)씨 집 안방에서 아래층에 살면서 층간소음 문제로 갈등을 빚던 김모(34)씨가 A씨의 팔과 옆구리를, A씨 부인(67)의 복부를 흉기로 찔러 A씨 부인이 숨졌다.

경 과

• 김씨는 '올 3월 두 차례에 걸쳐 위층에 사는 A씨 부부에게 층간소음을 항의했지만 시정되지 않자 범행을 치밀하게 계획했다'고 밝힘
• 김씨는 ○○월 중순 집 근처 마트에서 흉기를 구입하고, 서울의 ○○쇼핑센터에서 화재감지기 형태의 몰래카메라를 구매하여 21층 복도 천장에 설치해 이틀 동안 A씨 출입문 비밀번호를 알아낸 후 범행
• 김씨는 "층간소음 문제에 대해 경비실을 통해 위층에 얘기하면 나아질 줄 알았는데, '알았다'고 대답만 하고 나아지지 않자 번번이 무시하는 것 같아 화가 났다."고 진술

재 판

• 2017년 검찰은 피고인 김모씨에게 무기징역을 구형
• 재판결과 피고인에게 1, 2, 3심 모두 징역 30년을 선고

출처 : 뉴스1

(2) 인천 층간소음 흉기난동 사건

개 요

2021년 ○○월 ○○일 오후 ○○시 ○○분 인천광역시 ○○동의 한 빌라에서 층간소음 갈등으로 위층의 층간소음 가해자인 남성이 본인을 신고한 아래층 일가 3명에게 상해를 입힘

경 과

- 2~3개월 전 이사 온 4층 남자 이씨(48)는 지속적으로 성추행, 성희롱, 살해협박 등을 계속함
- 피해자 일가는 경찰에 4번 신고했으나 경찰은 단순 층간소음 분쟁으로 치부
- 피해자 일가는 이웃 주민과 함께 LH공사에 민원을 넣어 가구 조정 요청 허가를 받음
- ○○월 ○○일 4층 가해자가 피해자 집 현관을 발로 차며 택배를 집어던지자 경찰에 1차 신고 → 경찰 출동, 「경범죄처벌법상」 '불안감 조성' 혐의로 가해자에게 조사받도록 통보 → 3시간 30분 뒤 가해자가 다시 난동, 2차 경찰 신고 → 가해자는 부인을 찌르고 남편과 다투다가 기절당함

재 판

- 2022년 검찰은 가해자에게 징역 30년을 구형
- 재판결과 가해자에게 징역 22년을 확정

출처 : 문화일보

(3) 여수시 층간소음 살인사건

개 요

2021년 12월 ○○일 오후 ○○시 ○○분 혼자 살던 주민 정모(35)씨가 층간소음 문제로 다투다 미리 준비한 등산용 흉기를 소지한 채 위층으로 올라가 개문을 격하게 두드린 뒤 문이 열리자 갑자기 흉기를 휘둘러 윗집 거주자 부부를 살해하고, 60대 부모에게도 중상을 입힘

경 과

- 아파트 아래층 주민 정모(35)씨는 "윗집 가족이 층간소음을 유발한다."며 아파트 관리사무소에 중재를 요청하는 등 층간소음 민원을 계속해서 제기

- 피해자 일가족들은 2013년경 해당 아파트에 이사 왔을 때부터 층간소음 문제로 정씨와 마찰이 있었음
- 이웃들은 정씨가 일용직 일을 하면서 혼자 지냈고 이웃과 소통도 별로 없었으며 평소에도 윗집과 층간소음으로 자주 다퉈 "위층을 죽이겠다."는 말을 하는 등 불안증세를 보였다고 증언

재 판

2022년 5월 무기징역 선고

출처 : 동아일보

(4) 층간소음 갈등에 목검 휘두른 70대

개 요

2023년 3월 ○○일 오전 ○○시 ○○분 인천시 동구 공동주택 옥상에서 A씨는 위층에 사는 B씨(39)를 목검으로 폭행

경 과

- A씨는 평소 B씨 집에서 나는 소음으로 스트레스를 받는 등 층간소음 문제로 갈등을 겪다가 층간소음을 보복하기 위해 옥상에 올라 목검으로 바닥을 내리 찍음
- B씨가 옥상에 올라와 "시끄럽다."며 항의하자 범행

재 판

법원은 특수상해 혐의로 기소된 A씨(73)에게 징역 6개월에 집행유예 2년을 선고하고 사회봉사 80시간을 명령

출처 : 동아일보

(5) "애들 발 자르겠다" 100억대 아파트서도 '층간소음 분쟁'

개요

2021년 10월 ○○일 서울 용산구 H아파트에 사는 두 가구의 분쟁이 형사사건으로 번지는 일이 발생

경과

- A씨가 B씨 아랫집에 들어오면서 아내와 두 자녀를 둔 A씨는 B씨 가족들의 발소리가 크게 울려 가족이 힘들어한다고 따짐
- A씨는 관리사무소와 인터폰을 통해서도 B씨에게 불만을 제기
- 층간소음에 불만이 쌓인 A씨는 30cm 길이 고무망치로 현관문을 내리치며 욕설을 퍼부음
- B씨와 아내는 A씨를 말리려 했지만 A씨는 "사람 우습게 본다. 당신 아이들의 발을 잘라 버리겠다."고 위협

재판

A씨는 특수협박 및 특수재물손괴 혐의로 기소돼 검찰은 징역 2년을 구형

출처 : 서울경제

(6) 망치 동원한 상습 층간소음… '음향 스토킹' 중범죄로 엄벌

개요

60대였던 아랫집 남자 A씨는 윗집에서 먼저 심각한 층간소음을 냈고, 이를 보복하기 위해 하루 종일 고무망치나 막대기로 천장과 벽을 치고 우퍼 스피커까지 천장에 매달아 굉음을 내는 음향 스토킹을 시행

경과

- A씨는 2021년 11월부터 2022년 4월까지 자신의 주거지에서 고무망치로 벽이나 천장을 치는 등 140차례에 걸쳐 윗집을 향해 지속·반복적으로 층간소음을 냄
- A씨는 윗집에서 먼저 심각한 층간소음을 냈고, 이를 보복하기 위해 이런 짓을 벌인다고 주장
- 피해자인 B씨는 "10여 년 전 자녀가 출가하고 노부부 둘이 사는 집에 무슨 심각한 층간소음이 있겠느냐"며 "결백함을 증명하기 위해 홈 카메라를 설치하고 둘이서만 산다는 가족관계증명

2. 층간소음 갈등 분쟁 및 해결 사례

최근 층간소음과 관련된 소송 및 판결이 계속해서 나오고 있고, 국토교통부에서도 층간소음과 관련한 혁신적인 대책을 내놓겠다고 발표함에 따라 층간소음 관련 분쟁은 지속적인 증가세를 보이고 있다.

층간소음과 관련된 법규에는 공동주택 관리규약(「주택법」 제44조, 시행령 제57조)에 따라, 현재 관리자와 입주민들의 합의하에 층간소음에 대한 규제 항목을 자율적으로 정할 수 있고, 「환경분쟁조정법」 제4조에 따라 설치된 환경분쟁조정위원회를 통해 층간소음으로 인한 이웃 간의 갈등을 조정할 수 있다.

한편 「경범죄처벌법」에 따라 형사적인 처벌도 가능하다. 즉, '(인근 소란 등) 악기·라디오·텔레비전·전축·종·확성기·전동기(電動機) 등의 소리를 지나치게 크게 내거나 큰소리로 떠들거나 노래를 불러 이웃을 시끄럽게 한 사람'은 10만 원 이하의 벌금, 구류 또는 과료(科料)의 형으로 처벌한다(「경범죄처벌법」 [시행 2017. 10. 24.] [법률 제14908호, 2017. 10. 24., 일부 개정]).

또한 민사상 손해배상 청구 또한 가능하다(「민법」 750조). 층간소음의 가장 큰 피해자는 계속적으로 거주하고 있는 본인뿐만 아니라 동거하는 가족 전부다. 층간소음은 현재에도 지속적으로 발생하고 있으며, 1~2개월에 걸친 가해만이 아니라 수년에 걸친 지속적인 보복 폭행의 형태로 이루어지고 있다.

1) 거주자의 층간소음 분쟁 사례(중앙 공동주택관리 분쟁조정위원회)

(1) 위층 거주자가 새벽까지 활동하는 소리로 인해 수면 부족

① 층간소음관리위원회에 민원이 접수되어 층간소음 자제와 관련한 안내 방송 및 안내문을 부착하였다.

② 층간소음관리위원회 회의를 개최하였다.

③ 현장 방문을 통해 소음 조사를 실시하였다.

④ 층간소음 저감 이행각서를 받았지만 층간소음은 여전하였다.

⑤ 2차 회의 및 현장 재방문을 실시하였다.

⑥ 위층 세대와 아래층 세대가 동시에 층간소음을 체험하도록 하였다.

⑦ 위층 세대의 이해를 끌어내어 분쟁을 해결하였다.

(2) 약 2년여 동안 층간소음 분쟁으로 갈등을 겪어온 입주민

① 층간소음관리위원회에서 분쟁 해결이 안 되었다.

② 중앙 공동주택관리 분쟁조정위원회가 현장 확인 및 당사자와 면담을 실시하였다.

③ 생활시간대 차이에 따른 층간소음 발생 개연성이 높은 것으로 판단하였다.

④ 구체적인 합의안을 작성하였다.

⑤ 2주간 조정 숙려 기간을 갖도록 하였다.

⑥ 당사자의 원만한 합의를 이끌어 내었다.

위층 세대	아래층 세대
• 오후 8시부터 오전 7시까지 세탁기 및 청소기, 가구를 끄는 행위 자제 • 실내화 착용 및 문 여닫는 소리 저감 • 민원인의 주 활동 공간인 작은 방 상부에서는 최대한 소음 줄이기 등 생활 수칙 준수	• 오전 7시부터 오후 8시까지 생활소음에 대한 항의 자제 • 이른 출근 및 늦은 퇴근과 관련된 생활소음 양해 • 스마트폰을 사용한 녹화, 촬영 등의 행위 자제 • 층간소음 중화 및 분산을 위해 노력

(3) 층간소음으로 힘든 민원인과 개선 노력이 없는 입주민

① 상반된 입장과 불신이 큰 상황에서는 중재 기간을 거쳐 상대방에 대한 입장과 개선

여지 부분을 확인하여 전달할 필요성이 크다.

② 갈등 중재 노력을 실시한다.

위층 세대	아래층 세대
• 시간을 두고 개선 효과를 기다려 달라고 양해를 구함 • 위층 층간소음의 노력을 구체적으로 설명함 • 직접적인 항의는 도움이 되지 않음을 이해시킴	실행하고 있는 개선 노력이 아래층 세대가 느끼는 점과 차이가 있음에 대해 면담 진행

③ 분쟁조정위원회를 통해 해결하였다.

위층 세대	아래층 세대
• 밤 10시 이후에는 현관문 여닫기 및 아이들이 뛰지 않도록 주의 • 취침 공간 상부에서는 더욱 주의	• 주간에 발생하는 생활소음 및 아이들 소음에 대한 항의는 자제 • 밤 10시 이후에는 관리사무소를 통해 전달

(4) 아래층에서 발생하는 소음으로 불편한 위층 세대

① 울림 발생 원인을 파악한다. 오래된 아파트일수록 아래층 세대 밑으로 어린이집과 같은 공용 시설이 존재한다.

② 분쟁조정위원회를 통해 해결한다.

위층 세대	아래층 세대
공용주택에서 발생하는 어쩔 수 없는 층간소음은 최대한 이해	• 아이들이 활동하는 공간에 층간소음 방지용 매트 설치 • 교사들은 슬리퍼 착용 • 따뜻한 날씨에는 야외활동 권장 • 실내 활동 및 교육 시 오디오 볼륨 최소화 • 교사 음성 낮추기

(5) 아이들의 뛰는 소리로 불편함을 겪는 입주민

① 직접 방문 및 관리사무소를 통한 민원으로 해결되지 않고, 층간소음 이웃사이센터에서 현장 확인 및 조사와 퇴근 후 충분한 휴식과 수면이 필요한 아래층 세대와 층간소

음 교육과 정숙한 환경 조성을 위해 노력하고 있는 위층 세대다.

② 층간소음 상담기관을 통해 해결한다.

위층 세대	아래층 세대
• 아이들이 뛰는 동선에 소음 방지 매트 설치 • 야간 시간에는 층간소음에 더욱 주의를 기울임 • 낮 시간에는 아이들이 가급적 매트 위에서 활동하도록 지도 • 아래층 침실 쪽을 특히 조심함	• 위층 세대의 층간소음 저감 노력을 인식하고 지켜보기로 함 • 수면 공간에 백색 소음 권장 • 직접적인 항의 자제 및 상담사를 통해 연락

(6) 잦은 피아노 연주 소리로 고통을 호소하는 입주민

① 직접 항의한 적이 있으며 세대가 층간소음 예절을 지켜주기를 희망하였다.

② 음대 지망생인 자녀가 장시간 연주를 함에 따라 아래층 세대에 미안함을 느끼고 있었다.

③ 층간소음 상담기관을 통해 해결하였다.

위층 세대	아래층 세대
• 아래층 세대와 연주 시간대 조율 • 밤 10시 이후에는 이외의 생활소음에도 주의를 기울임	• 위층 세대의 자녀가 수험생인 것을 알리고 최대한 이해를 당부 • 위층 세대와 연주 시간대 조율 • 직접적인 항의 자제 및 상담사를 통해 연락

(7) 층간소음 갈등을 피하여 1층으로 이사 온 민원인

① 오히려 위층에서 유발하는 소리로 수면 부족에 시달리는 상황이었다.

② 지자체 층간소음 갈등해소지원센터가 위층 세대에 대한 면담을 진행하였고, 바로 위층 세대가 아닌 그 위층 세대에서 층간소음을 유발하고 있는 것으로 확인되었으며, 장애인인 할아버지가 다리 통증을 참기 위해 마루를 두드린 것이었다.

③ 적극적인 현장 확인 및 중재로 분쟁을 해결하였고, 층간소음 유발 세대의 사과 및 소음 저감 노력 의지 전달로, 소음 저감을 지켜보기로 하고 당사자들 간 연락처를 교환하였다.

(8) 위층 세대 아이들의 놀이 소리에 수차례 항의한 민원인

① 개선되지 않는 상황에 고의로 소음을 유발하고 있다고 오해하였다.

② 지자체 마을분쟁해결센터가 현장 방문 및 조사를 시행하였다.

분쟁 기간	항의 이력	가족 구성	생활 패턴
6개월	7차례	피민원인 세대 아이 3명	22시 이후가 문제
위층 세대 역시 바닥 매트를 설치했음에도 불구하고 아래층의 잦은 항의로 스트레스를 받고 있는 상황			

③ 당사자에게 화해지원회의 참석을 권유하여 서로의 상황을 정확하게 인식하고 대화와 타협을 모색하였다.

위층 세대	아래층 세대
위층 세대의 층간소음 저감 노력 인식	아래층 세대의 건강 악화 사실 인식

2) 환경분쟁조정위원회 결정 사례

(1) 거주자 간 층간소음 정신적 피해배상 인정 사례
① 영등포구 아파트 층간소음 환경분쟁조정 사건(서울환조 17-3-125)
㉠ 신청인의 주장

> 아파트 층간소음으로 인한 정신적 피해배상을 요구하는 환경분쟁조정(재정) 신청 사건으로 신청인은 이사 후 위층의 층간소음이 특히 야간시간(밤 23시~새벽 2시경)에 들리는 소음으로 고통받았다. 주말에 손주들이 놀러 와서 구르며 뛰는 소음에 고통받기도 했고, 소음은 주로 발뒤꿈치로 쿵쿵 찍는 소리, 물건을 끌거나 떨어뜨리는 소리, 크게 '쿵'하는 소음과 함께 온 집안이 울리는 소리 등이고 그보다 더 괴로운 것은 벽을 타고 오는 진동으로 귀마개를 해도 소용이 없었으며 소음의 강도는 심각한 수준이었고, 새벽녘까지 계속되는 소음에 잠을 설치며 고 3 수험생인 아이의 학습생활에 큰 피해를 주었다.
>
> 생활지원센터, 112신고, 전문상담사 방문에도 소음은 개선되지 않았고, 피신청인의 적반하장 태도에 엘리베이터 탈 때 매번 긴장과 불안감에 시달려 정상적인 생활을 하기 힘들어 신경안정제 처방과 결국 가족을 지키기 위해 집을 비우고 다른 곳에서 생활하고 있다고 하였다.

ⓛ 피신청인의 주장

피신청인은 입주함과 동시에 바로 슬리퍼를 착용했음에도 불구하고 2017년 5월 말경 층간소음으로 신고가 들어왔고, 슬리퍼를 신어도 소음이 들리나 싶어 한여름 내내 양말을 착용하고 지냈으며, 계속되는 아래층의 신고로 까치발까지 들고 생활했는데 잦은 인터폰, 문자, 세대 간 전화로 인해 정상적인 생활이 힘들 정도로 정신적으로 엄청난 스트레스를 받았고, 공동주택에 생활하면서 당연히 발생하는 생활소음(걸음걸이 소리)를 층간소음이라고 주장하고 있으며, 집을 비운 날에도 소음이 발생하였다고 말하고 있는 등 아무런 피해도 아래층에 주지 않았는데 10개월 동안 가족 모두 경찰서를 3번이나 불려나가 조사받았고 혐의 없음이라는 법원 판결이 나오자 분쟁위에 신고하여 괴롭혀서 개인적인 시간조차 뺏겨버리고 살았다고 주장하였다.

ⓒ 판 단

서울환경분쟁조정위원회는 층간소음 피해 주장에 대해 대응 방법에 있어서 과한 언사 등으로 상대방을 이해하고 배려하는 마음의 표현보다 감정적인 언사와 신청인의 항의에 보복성 소음을 일으켰다고 진술한 사실 및 소음도 측정결과 1분 등가소음도 및 최고소음도가 주·야간 수인한도를 모두 초과한 것으로 측정된 사실을 종합적으로 고려할 때 정신적 피해를 입었을 개연성이 인정된다고 하였으나, 주거 이전의 경우 이사 비용에까지 확대피해는 소음과 직접적인 관련성을 인정하기 어려워 신청인이 주장하는 이사비용 등 물질적 피해를 입었을 개연성이 인정하지 않았다.

층간소음으로 인한 정신적 피해액은 평가소음도가 소음피해 인정수준인 1분 등가소음도 주간[(43dB(A)], 야간[(38dB(A)] 및 최고 소음도 주간[(57dB(A)], 야간[(52dB(A)]을 초과하였다. 배상액에 최고 소음도와 등가소음도 및 주간과 야간 소음도가 모두 초과하여 층간소음 피해액에 각각 10%를 가산하였다.

ⓡ 검 토

서울환경분쟁조정위원회는 「환경정책기본법」 제7조(오염원인자 책임원칙) 및 「환경정책기본법」 제44조(환경오염의 피해에 대한 무과실책임)의 규정에 의거 피해의 구제에 드는 비용을 부담하는 피해 배상의 책임이 있다고 보았는데, 이는 소음에 대한 법규정인 「환경정책기본법」

을 층간소음에 적용한 것으로서 법률의 명확성 원칙에 위배될 여지가 있다고 보여진다.

② 용산구 다세대주택 층간소음 환경분쟁조정 사건(서울환조 16-3-55)

㉠ 사건의 개요

> 당사자가 거주하고 있는 다세대 주택은 2000년에 사용 승인된 철근 콘크리트 건물로 각 층별로 1세대씩 거주를 하고 있으며, 1층 거주자는 가게를 운영하고 있고 주변에 공장 등 소음 발생 시설이 없고 다세대 주택이 밀집되어 있는 정온한 지역이다. 신청인 조사결과 고의적으로 내는 소음이 일부 줄어들기는 하였으나 밤늦은 시간에 계속해서 소음을 내고 있다고 진술하였고, 피신청인의 경우 이사 후 짐 정리과정에서 일부 소음이 발생하였다고 하고 있으며, 오히려 신청인이 문 여닫는 소리를 내는 등 피해를 주고 있다고 진술하였다.

㉡ 판 단

서울시 보건환경연구원 층간소음 측정결과 1분 평균소음도는 야간(0시 25분경)에 61.4dB(A)로 측정되었으며, 최고 소음도는 81.3dB(A)로 평가된다. 층간소음 측정결과 1분 평균소음도가 수인한도[야간 43dB(A)]를 최대 18.4dB(A) 초과하는 것으로 나타났으며, 현지 조사결과 및 피신청인이 조정회의 시 일부 소음을 낸 사실이 있다고 진술한 사실을 종합적으로 고려할 때 신청인이 피신청인 집에서 발생하는 층간소음으로 인하여 정신적 피해를 입었을 개연성이 인정된다.

「환경정책기본법」 제7조(오염원인자 책임원칙) 및 제44조(환경오염의 피해에 대한 무과실책임)의 규정에 의거 피해의 구제에 드는 비용을 부담하는 피해배상의 책임이 있다고 판단했다.

(2) 거주자 간 층간소음 정신적 피해배상 불인정 사례

① ○○구 ○○동 공동주택 층간소음 환경분쟁조정 사건(서울환조 18-3-117)

㉠ 신청인의 주장

> 위층 부부와 딸은 다신 안 그러겠다는 말뿐이고 다음 날 같은 소음이 나고 해서 네 번째로 관리실에 이야기하고, 안내문 부착도 무시되고, 경비실을 통하여 인터폰 치면 그 당시엔 잠시 잠잠하다가 제가 TV 뉴스 등을 볼 때면 아주 쿵쿵거리며

뛰어 다닌다. 2주간 층간소음 일지를 작성하고 7월 25일 소음측정을 결과를 가지고 올라가서 이렇게 초과로 나왔으니 삼가 달라고 하고, 공동주택이므로 정 이렇게 살 거면 다른 데로 이사를 가든지 하라고 했다.

Ⓛ 피신청인의 주장

2017년 10월 말경 거실 매트리스 위에서 딸과 대화 중에 아래층에서 시끄럽다고 한다는 경비실의 인터폰이 와서 시끄럽게 한 상황이 아닌데 이상하게 생각했으나 어디서 쿵쾅 소리를 저희도 들었으며, 출근시간으로 바쁜 11 : 40분경 아래층에서 올라와 다짜고짜 "좀 조용히 해주시죠."라는 말을 언성을 높여 말했다. 딸은 고 3 수험생, 저는 집필시간이 많아 시끄럽게 뛰어다니는 사람도 없다.

잠자는 중에 인터폰으로 시끄럽다고 조용히 해 달라는 소리에 아래층에 내려가 우린 자고 있으니 집에 오지도 말고, 인터폰으로 연락 말라고 당부하였고, 큰애는 군대가 있고 다 큰 딸아이와 지내는데 뛸 사람이 없으니, 9층이나 12층 등에 가서 항의하라고 하였다.

아래층 아주머니는 문소리, 쿵 소리, 드럼소리, 물내려가는 소리, 서랍 여는 소리 등 다양하게 이야기를 했으나, 우리는 드럼도 없고, 큰아인 군입대, 딸은 알바로 11시 넘어 오고 하여 이 시간엔 거의 혼자 있는 일이 많은데 왜 그런지 모르겠다고 얘기를 했으며, 직접 화장실과 바닥충격음을 가해 확인했다.

복도식이다 보니 어느 층에서 일어나는 소리가 다 들릴 수 있다고까지 아래층에서 이야기도 하였으며, 저희도 여러 소리를 듣지만 참았으나, 소리가 나면 골프채로 천장을 두드리고 하기에 우리가 아니라고 몇 번을 얘기해도 듣지 않아 저희도 스트레스가 있으며 집을 비운 4일간의 층간소음 측정에서도 소음이 초과된 사실이 있으며 생활의 조심성으로 눈치를 보게 되어 기초적인 생활이 마비가 되는 느낌이 들었다.

Ⓒ 판 단

당사자 주거 아파트는 1988년 5월 사용 승인된 아파트로 층간소음으로부터 피해를 줄이기 위한 층간 슬래브 두께의 취약한 구조 및 실내 모든 문을 여닫는 과정에서 문틀과 문이 잘 맞지 않아 소음이 발생될 위험성이 높은 주택의 구조이다. 공동주택의 특성상 소음의 전달 경로 파악이 쉽지 않고, 피신청인이 일으키는 소음이라 단정할 수 없는 상황이다.

주택 내에서 발생되는 낮은 소음도 그대로 층간으로 전달되는 주거공간의 특성을 고려하여 고의성이 없는 일정부분의 층간소음을 수인하여야 할 것으로 판단되며, 층간소음도 평가결과 1분 등가소음도가 최대 37.2dB(A), 직접충격 최대소음도가 주간에 55.4dB(A)로 수인한도 이하인 것으로 평가된 점 등으로 정신적 피해를 입었을 개연성이 인정되지 않는다며 신청인의 신청을 기각하였다.

② ○○구 ○○동 아파트 층간소음 환경분쟁조정 사건(서울환조18-3-43)

㉠ 신청인의 주장

> 신청인은 현 거주지(1층)에서 약 5년간 거주하였고, 위층(2층)과는 원만하게 지냈으나 2017년 5~6월경부터 자정이 넘어서까지 엄청나게 뛰는 소리, 피신청인(여성)의 장시간 계속되는 괴성, 물건을 떨어뜨리고 진동장치가 작동되는 소음 등이 현재까지도 지속되고 있다.
>
> 관리사무소에도 여러 차례 요청하였으나, 요청한 날에도 버젓이 층간소음을 더욱 유발하였고, 심지어 서울시 층간소음 상담실에 인터넷으로 소음해결을 2차례나 신청하였으나, 상담위원에게 소음을 유발한 것은 맞으나 현재는 매트를 깔았으므로 자신의 소음이 아니라는 황당한 주장을 하여서 상담위원이 소음측정을 권유하기에 이르렀다.
>
> 2018년 3월 14일부터 15일까지의 소음측정 결과에서 보듯이 자정이 넘어서까지 50데시벨이 넘는 바닥충격음과 낙하 소음이 유발되고 신청인 집안은 자정이 넘어서까지 소음에 시달려 불면증, 소화불량 등의 질환에 시달리고 있고, 너무나 시달린 나머지 집을 팔고자 하였으나, 층간소음으로 인하여 매매조차 되지 않는 심각한 피해를 보고 있다.

㉡ 피신청인의 주장

2016년 3월 아이를 낳았고 아이가 걷기 시작한 이후 2017년 9월 1층으로부터 관리실을 통해 층간소음 민원이 들어와 맞벌이에 야근이 잦은 저희 부부는 아이가 잘 걷지 못하는 시기에 발생되는 소리로 인해 소음이 발생된 것 같아 죄송함을 말씀드리고 층간소음 전용매트(70만 원 상당)를 구입하여 거실에서부터 주방 전체, 아이 방에도 설치하였으며, 또한 아이에게 저녁 늦은 시간에 주의를 시키는 등의 노력을 하였다.

10월경 층간소음으로 두 번째 신고를 받았을 당시 새벽에 하이힐 소리, 여자의 괴성, 진동 모터소리를 이야기하였으며, 조정위원회분들께 새벽에 둔탁한 소리에 대해 저희도 자다가 깰 정도로 들리는 소리이며, 저희 집이 소음의 원인이 아니라고 말씀드렸다.

여자의 괴성은 아직 말 못하는 아이의 소리를 괴성이라고 하시는 것 같아 늦은 저녁 소음이 될 수 있는 아이의 울음소리이지만 저희 부부가 아이를 방치한 것이 아니며, 매일 매시간 반복된 것이 아니고 공동주택에 생활하는 기준에 벗어나는 수준이 아니었지만 아이를 키우다 발생되는 일들에 대해 1층 분들께 양해를 부탁드리며 죄송함을 표현하며 아이 양육에 노력하고 있다.

전동모터소리는 저녁에는 소음이 발생되는 전동 장난감을 일체 가지고 놀지 않으며 저녁 시간 9시부터 12시 사이에 저희 부부가 저녁을 먹는 동안에는 아이가 식탁 옆에 앉아 미디어 시청을 하며 시간을 보내고 그 후 목욕하고 취침에 들고 있다.

층간소음의 잦은 민원으로 아이에게 자꾸 제지하는 행동을 하게 되고 아이의 성장 또한 또래 아이보다 늦은 현상이 생겨 병원에서도 발달지연이라는 검진을 받았다. 아랫집의 공동주택에서의 배려 없는 잦은 민원신고로 사업을 운영함에 굉장한 업무지장을 받고 있으며, 정신적으로도 스트레스가 심각하다.

ⓒ 판 단

당사자 주거 아파트는 1992년 7월 사용 승인된 아파트로 층간소음으로부터 피해를 줄이기 위한 층간 슬래브 두께의 취약한 구조의 특성을 고려하고 주변에 다른 생활소음원이 없는 정온한 환경 탓에 배경소음도가 낮음으로 상대적으로 주택 내에서 발생되는 낮은 소음도 그대로 층간으로 전달되는 주거공간의 특성을 반영하며, 층간소음도 측정결과 1분 등가소음도가 최대 35.4dB(A), 직접충격 최대 소음도가 주간 58.3dB(A), 야간 52.2dB(A)로 수인한도 이하인 것으로 평가된 점 등으로 정신적 피해 및 건강상·재산상의 피해를 입었을 개연성이 인정되지 않아 신청인의 신청을 기각하였다.

3) 법원 판례

(1) 층간소음 피해자에 관한 판례

① 서울중앙지법 2015.10.15. 선고(폭행)

㉠ 사건의 개요

> 피고인은 2015. 6. 6. 00 : 30분경 피해자 B가 거주하는 아파트 현관 앞에서, 그 동안 위층의 거주자와 층간소음 문제로 감정이 좋지 않던 중에 위층에서 사람이 뛰어다니는 소리가 나자 위층의 집으로 올라갔다.
> 초인종을 눌러 문밖으로 나온 피해자에게 층간소음을 항의하면서 주먹을 치켜들고 수회 피해자를 때릴 듯 행동을 하다가 피해자의 얼굴에 침을 2회 뱉어 피해자를 폭행하였고, 법원은 피고인을 벌금 500,000원에 처하였다.

㉡ 판 단

이 사안은 아래층 거주자가 위층 거주자의 집에 올라가 층간소음에 항의하면서 위층 거주자의 얼굴에 침을 뱉은 것으로, 침 뱉은 행위를 폭행으로 판단했다. 공동주택의 거주자들 사이에 층간소음으로 인한 갈등이 지속되는 경우 분쟁의 양상이 사소한 감정에서 시작하여 상대방의 인격을 무시하고 모독하는 행동으로 이어질 수 있음을 보여주는 사례임을 알 수 있다.

(2) 층간소음 유발자에 관한 판례

① 서울남부지법 2015 판결(특수폭행)

㉠ 사건의 개요

> 피고인은 2015. 6. 19. 01 : 30경 자신의 집 앞에서 그 직전에 자신의 집에서 발생한 소음에 항의하러 온 피해자에게 욕설을 하고, 같은 날 01 : 40경 피해자의 항의에 화가 나 집에 있던 칼(칼날 길이 약 18cm, 총 길이 약 30cm)을 들고 피해자의 집 앞으로 가 소음에 다시 항의하러 밖으로 나오는 피해자에게 "너 이 새끼야, 죽여 버린다."고 하면서 피고인에 대해 방어를 하던 피해자의 손을 뿌리치며 피해자를 향하여 손에 들고 있던 칼을 휘둘렀다. 이로써 피고인은 위험한 물건인 칼을 휴대하여 피해자를 폭행하였다.

> 피고인은 평소 층간소음 문제로 아래층에 사는 피해자와 지속적인 갈등이 있었고 사건 당일 피해자가 피고인의 집에 찾아와 욕설을 하며 피고인을 밀쳐서 집 안 현관문 앞에 놓아둔 칼을 든 사실은 있으나, 즉시 피해자에게 제압당하여 칼을 휘두르지 않았고 따라서 피해자를 폭행한 것이 아니다. 피고인은 피해자가 거칠게 항의하며 피고인을 먼저 폭행하여 이를 방어하기 위해 우발적으로 칼을 든 것에 불과하므로 정당방위 내지 과잉방위가 성립한다고 주장하였다.

ⓒ 판 단

법원은 정당방위 내지 과잉방위에 해당하는지 여부에 대하여 가해자의 행위가 피해자의 부당한 공격을 방위하기 위한 것이리기보다는 서로 공격할 의사로 싸우나가 먼저 공격을 받고 이에 대항하여 가해하게 된 것이라고 봄이 상당한 경우, 그 가해행위는 방어행위인 동시에 공격행위의 성격을 가지므로 정당방위 또는 과잉방위 행위라고 볼 수 없다. 여러 사정을 종합하여 보면, 피고인의 폭행은 피해자의 부당한 공격에 대한 방어행위가 아니라 피해자에 대한 공격행위의 성격을 가진다고 봄이 상당하므로 정당방위 내지 과잉방위가 성립하지 않는다.

층간소음 문제로 오랜 기간 갈등을 빚던 빌라 아래층 주민이 심야시간에 조용히 해달라고 거칠게 항의한 것에 화가 나 피해자를 찾아가 칼을 휘두른 것으로, 자칫 중한 상해 등으로 이어질 위험성이 있었던 점, 평소 피고인이 공동주택에서 무속활동을 하면서 내는 소음으로 고통을 받아온 피해자가 피고인에 대한 엄벌을 원하고 있는 점 등에 비추어 죄질과 범정이 가볍지 않다.

다만 피고인의 폭행으로 피해자가 크게 다치지는 않은 점, 피해자의 과격한 언동에 화가 나 우발적으로 범행에 이르게 된 점, 피고인의 연령, 성행과 환경, 피해자와의 관계, 범행 후의 정황 등 기록과 변론에 나타난 여러 사정을 참작하여 양형기준상 권고형의 범위 안에서 형을 정하고 그 집행을 유예하되, 재범방지 등을 위하여 특별준수사항(심야시간에 피고인의 주거지 이웃들에게 피해를 주는 과도한 소음을 유발하는 의식이나 행위를 자제할 것)이 부과된 보호관찰을 명한다.

ⓒ 검 토

이 사안은 공동주택에서 심야시간에 내는 소음으로 층간소음 피해자의 항의에 격분한 층간소음 유발자가 우발적으로 칼을 들고 휘둘러 피해자에게 위협한 것으로 위험한 물건인 칼을 휴대하여 피해자를 폭행함으로 특수폭행으로 기소된 사안이다.

  법원은 피고인의 폭행으로 피해자가 크게 다치지는 않은 점, 피해자의 과격한 언동에 화가 나 우발적으로 범행에 이르게 된 점 등을 고려하여 집행유예를 선고하였는데 상황에 따라 중한 상해나 살인으로 연결될 수도 있었다고 보인다.

  층간소음 피해자의 과도한 항의가 층간소음 유발자의 우발적 범행으로 연결되고 심각한 결과를 야기할 수도 있음을 잘 보여주는 사례라고 할 수 있다.

② 서울북부지법 2017 판결(특수재물손괴)

㉠ 사건의 개요

> 피고인은 평소 층간소음 등을 이유로 위층과 아래층 거주 주민들과 아파트 관리소 측에 불만을 품고 있던 중, 2016. 3. 17. 09 : 10경 위 아파트 피해자 B의 집앞에 찾아가 도구를 이용하여 피해자 소유의 출입문 개폐장치 겸용 디지털 인터폰 1개를 수리비 121,000원 상당이 들도록 깨뜨려 이를 손괴한 것을 비롯하여 그무렵부터 같은 해 12. 28.까지 사이에 총 8회에 걸쳐 시가 합계 3,111,000원 상당의 재물을 손괴하였다.
> 피고인의 잦은 재물손괴 행위로 아파트 측에서 비상계단 출입문을 폐쇄하자, 2016. 12. 28. 14 : 00경 미리 준비한 위험한 물건인 과도(칼날 길이 약 9cm)와 다기능 망치를 소지한 상태로 위 아파트 ○○○동 ○층 비상계단에 이르러, 위 아파트 입주자 대표회 소유 9층 세대로 통하는 방화문 손잡이와 문짝을 다기능 망치를 이용하여 수회 내리쳐 손잡이가 부서지고, 문짝에 흠집이 나게 하는 등 수리비 약 30,000원 상당이 들도록 이를 손괴하였다.

㉡ 판 단

법원은 피고인의 범행으로 인하여 피해자들의 주거 안전 및 평온에 큰 피해가 발생하였을 것으로 보이는 점, 장기간에 걸쳐 다수의 피해자들에게 범행을 저지른 점은 불리한 정상이며, 피해자들 중 대부분과 합의하였고, 합의하지 못한 피해자 B를 위하여 60만 원을 공탁한

점, 벌금형을 선고받은 전력이 2회 있는 것을 제외하고는 범죄전력 없는 점, 범행을 인정하고 자신의 행동을 반성하고 있는 점은 유리한 정상으로 보고, 피고인의 연령, 성행, 환경 등 양형의 조건을 참작하여, 징역 8월에 3년간 집행 유예와 보호관찰을 받을 것을 명하였다.

ⓒ 검토

층간소음으로 인하여 항의를 받던 거주자가 위층과 아래층 사람들과 관리소 측에 불만을 품고 망치 등으로 인터폰과 문짝 등을 부수어 손괴한 사안으로 층간소음에 대한 항의가 층간소음 유발자에게도 큰 스트레스를 준다는 사실을 알 수 있다. 층간소음 유발자 역시 공동주택의 거주자로서 편안하고 안정된 주거생활을 할 수 있어야 하지만, 층간소음 분쟁으로 인하여 생활상의 활동이 제약되는 스트레스가 상당할 수 있으며 그 불만이 반사회적인 행동으로 나타날 수 있음을 보여주는 사례이다.

4) 소결론

거주자 간 층간소음 분쟁 사례 중 영등포구 아파트 층간소음 환경분쟁조정(서울환조 17-3-125) 사안에서 서울환경분쟁조정위원회는 층간소음 유발자인 거주자가 「환경정책기본법」 제7조(오염원인자 책임원칙) 및 「환경정책기본법」 제44조(환경오염의 피해에 대한 무과실책임)의 규정을 들어 거주자 간에 층간소음 정신적 피해 배상의 책임이 있다고 하였는데, 환경오염에 해당하는 소음에 대한 법규정인 「환경정책기본법」을 거주자 간 층간소음 분쟁의 판단에 적용한 것은 법률의 명확성 원칙에 위배될 여지가 있다고 할 것이다.

거주자 간 층간소음 분쟁 사례에서 환경분쟁조정위원회 결정례는 민사적인 정신적 피해 배상을 청구하는 사례가 주를 이루는 반면, 법원 판례와 헌법재판소 결정은 층간소음분쟁으로 인해 폭행과 상해 등의 형사적인 갈등으로 인한 판단이 많음을 알 수 있다. 공동주택 층간소음 분쟁은 지속적인 갈등과 해결 방법의 어려움으로 인하여 분쟁 당사자 간에 우발적이고 감정적으로 대응하게 되어 형사적인 분쟁으로 격화될 수 있으며 분쟁 당사자의 가족들까지 연루되는 일이 빈번하다. 헌법재판소 결정례는 공동주택 층간소음 분쟁으로 인한 크고 작은 형사사건에서 검사가 기소유예처분을 하였을 때 억울한 사정이 있는 경우 그 기소유예처분의 취소를 구하는 헌법소원심판청구가 주를 이루었다.

공동주택의 거주자들 간에 공동체 의식의 결여로 발생하는 층간소음 문제는 공동주택관리규약, 환경분쟁조정위원회의 조정으로 해결되는 경우가 많음에 비하여, 분양자 내지 시공자를 상대로 한 하자보수 및 손해배상을 청구함에는 대부분 소송으로까지 전개되고 있다. 공동주택의 특성상 동일한 설계·시공상 하자에 따른 다수의 피해자가 존재하여 이에 따른 전체 손해액이 상당하다는 점과 차후 유사 사례에서 책임의 제한을 염두에 두고 분양자(시공자)가 적극적으로 소송에 임한다는 점, 나아가 공동주택의 분양시장에서 자사 브랜드 가치의 하락에 대한 우려 등이 종합적으로 작용한 것으로 볼 수 있을 것이다.

3. 층간소음 해결 방안

층간소음 문제는 다양한 상황에서 발생할 수 있으며, 이를 해결하기 위한 방안은 상황에 따라 다양하다. 다음은 층간소음 갈등을 해결하기 위한 여러 가지 방법과 해결책을 제시한다.

① 관리사무소의 도움 요청

관리사무소는 공동주택 관리주체로서 층간소음 발생 중단 및 차음조치를 권고할 수 있고, 사실 관계 확인을 위해 세대 내 확인 등 필요한 조사가 가능하며, 입주자 등은 협조할 의무가 있다.

② 층간소음관리위원회의 조정 요청

관리규약에 따라 단지 내 층간소음 분쟁조정, 예방 및 교육 등을 위해 입주자 등을 구성원으로 하는 층간소음관리위원회를 구성, 자체적으로 분쟁을 조정하며, 단지 내에서 이웃에 대한 이해와 배려를 기반으로 자치적 활동과 노력을 통해 문제를 직접 해결한다.

③ 층간소음 상담 및 조정 기관(공동주택관리 분쟁조정위원회)

500세대 이상 단지 또는 쌍방이 서로 조정을 받기로 합의한 경우에는 중앙분쟁조정위원회, 그 외에는 지방분쟁조정위원회가 관할하고, 환경분쟁조정위원회는 조정가액 1억 원 초과

시 중앙환경분쟁조정위원회, 1억 원 이하는 지방환경분쟁조정위원회에서 관할하고 또한, 층간소음 이웃사이센터, 지자체 상담센터에서도 담당한다.

④ 소음을 일으키는 기기나 장비 개선

음향 장비를 업그레이드하거나 방음 장치를 추가하여 소음을 최소화할 수 있으며, 주거 환경을 개선하여 소음이 적게 발생하는 공간을 조성할 수 있다. 예를 들어, 바닥에 카펫을 깔거나 가구 배치를 조절하는 등의 방법이다.

⑤ 관리 회사나 아파트 단지의 개입

관리 회사나 아파트 단지의 담당자에게 문제를 보고하고, 그들의 개입을 요청하며, 소음 문제를 정확하게 평가하고 처리하기 위해 전문가의 도움을 받는 것도 한 방법이다. 법적인 해결은 만일 대화나 협상이 실패할 경우 법적인 조치를 고려하여, 소음 규제에 위배되는 경우, 법원을 통한 해결을 검토할 수 있다.

⑥ 기타의 방법

대화와 협상으로 문제가 발생하면 먼저 이웃과의 대화를 시도하고, 소리가 발생하는 시간대나 특정 소음에 대한 협약을 세우는 것이 효과적일 수 있고, 중재는 중립적인 제3자의 참여를 통해 갈등을 조정하고 합의를 이끌어내는 방법이다. 이웃 간의 의견을 중재자의 도움으로 조율하여 갈등을 해결할 수 있으며, 소음 저감 시설 개선은 방음 시설을 개선하여 소음을 최소화하는 방법도 효과적이다. 천장에 사운드프루핑을 설치하거나 벽에 방음재를 부착하는 등의 방법을 고려할 수 있고, 전문가에게 소음 측정을 의뢰하고 문제의 원인을 확인하여 정확한 대책을 채택하는 것과 소음이 심각한 경우, 지역의 소음 규정을 확인하고 법적인 조치를 취할 수 있다. 소음을 일으키는 이웃에 대해 법적으로 처벌 요청을 할 수도 있다.

　이러한 방법들은 상호 협력과 이해를 기반으로 소통하며, 상황에 따라 유연하게 조절하는 등의 기술이 매우 중요하다.

12

층간소음 예방을 위한 관리 방법

이 장에서는 층간소음 예방을 위한 관리 방법으로 층간소음 예방을 위한 건축 및 시공 방법을 살펴보고, 층간소음 예방을 위한 생활 습관과 규칙에 대해 알아보며, 층간소음 예방을 위한 문화와 거주자 인식 변화를 살펴보고자 한다.

+ 층간소음 예방을 위한 건축 및 시공 방법을 살펴본다.
+ 층간소음 예방을 위한 생활 습관과 규칙을 알아본다.
+ 층간소음 예방을 위한 문화와 거주자 인식 변화를 분석할 수 있다.

1. 층간소음 예방을 위한 건축 및 시공 방법

공동주택 거주비율이 70%에 가까워지고, 층간소음이 사회문제로 인식됨에 따라 공동주택에서 발생하는 층간소음 해소방안 기술 개발을 위한 연구로 바닥충격음 저감용 타설형 완충재 개발, 층간소음 저감형 바닥구조시스템 개발, 화장실 소음 저감기술 개발, 상하층 공기전달음 저감을 위한 시공지침 개발, 바닥충격음 저감용 매트류 개발, 층간소음 분쟁 해결 가이드라인 개발, 층간소음 관련 정책 제안 등 정부와 기업에서는 많은 노력을 기울이고 있다(김태민 외, 2016).

1) 바닥충격음 저감 타설형 완충재 및 바닥구조 개발

일반적으로 사용하는 완충재인 EPS, EVA는 콘크리트 슬래브와 기포콘크리트층 사이에 사용할 경우, 이질층에 의한 뜬바닥구조를 형성하여 공진현상 및 특정 주파수의 증폭 등의 문제점이 생긴다. 이와 같은 문제를 해결하기 위하여 이질계 재료로 제조된 완제를 사용함으로써 야기되는 뜬바닥구조를 동일 재료인 무기질계를 이용한 단일구조화가 필요하였으며 이에 강성 증대, 낮은 열전도율, 고내구성 등을 갖춘 무기완충재를 개발하였다.

2) 층간소음 저감형 바닥구조시스템 개발

기존의 공동주택은 대부분 벽식 구조로 시공되어 있다. 기존 연구에 의하면 벽식 구조물은 벽체를 통해서 전달되는 진동소음(30%)이 상대적으로 크기 때문에 중량충격음에 불리한 구조로 알려져 있다. 이번 연구에서는 수직부재의 진동전달을 최소화하기 위하여 벽식 구조와 기둥식 구조의 장점을 활용한 혼합형 바닥구조시스템을 개발하였다. 바닥구조시스템은 중공층을 가지는 밴드빔 구조이며, 진동절연재와 중공체 부력방지 장치로 구성된다.

구조체의 진동에 기인한 중량충격음을 효율적으로 제어하기 위하여 수직부재에 전달되는 진동을 효과적으로 차단할 수 있는 접합부 상세를 개발하였다. 접합부에 적용되는 진동차단재는 수평 보강근의 간격재, 균열조절 줄눈 및 필요시 전단보강근의 역할을 겸용할 수 있다. 진동차단재는 진동흡수성이 뛰어난 고무 계통의 재질로 설치 위치 및 세부 형상은 다양하게 구성할 수 있다(송한솔, 2019).

3) 화장실 급배수 소음 저감기술 개발

화장실에 설치되는 설비기기의 배수음은 급수소음에 비하여 높게 나타나고 있으며, 양변기의 배수소음은 세면기나 욕조에 비해 소음레벨이 높다. 화장실 배수소음저감을 위하여 저소음배관, 충상배관, 새로운 형태의 화장실 모듈을 제안하였다.

양변기에 연결되는 엘보우 및 횡지관 교체를 통하여 배수소음을 저감했다. 엘보우 내부에 물의 낙하 시 충격음을 흡수할 수 있는 재료를 설치하거나, 외부에 진동방지패드를 설치하여 진동을 줄이는 방법을 적용하였다. 횡지관은 기존 배관 내부에 흡음재나 진동패드를 설치하는 등의 공법을 적용하여 소음저감 정도를 파악하였다.

시판되고 있는 저소음 배관에 비하여 최대소음레벨이 약 4dB가량의 효과를 보였다. 또한 환기덕트를 통하여 전달되는 소음을 저감하기 위해서 에어 덕트(Air Duct)에 설치할 수 있는 소음기를 개발하였다. 소음기는 내부에 팽창형과 헬름홀츠 공명형을 조합하여 구성되었으며, 냄새 차단을 위한 댐퍼가 부착되어 있다(송한솔, 2019).

4) 공기전달음 차단 성능 향상 시공지침 개발

시공지침서는 신축 및 기존 공동주택을 대상으로 단위세대, 특정실 등으로 구분하여 소음 문제 해결을 위한 설계·시공 지침을 제시하였다. 시공지침은 화장실, PD(Pipe Duct), AD(Air Duct), 화장실 벽체(조적조), 슬래브, 세대 간 벽체, 세대 내 벽체, 창호, 현관문, 공용부 등에 대한 부분을 포함한다. 현관문의 차음 성능을 향상하기 위하여 덧문을 개발하였으며, 바닥충격음 저감을 위한 매트의 구성 방법을 제안하였다.

5) 층간소음의 기술적 해결을 위한 공법 및 재료 개발

삶의 질 향상과 거주공간에 대한 입주자들의 쾌적한 생활환경 요구에 따라 공동주택 층간소음과 관련 민원 및 분쟁 발생빈도가 높아지고 있다. 특히, 층간소음 중에는 바닥충격음과 화장실 소음에 대한 불만이 높은 것으로 나타나는데 이들 불만 정도를 낮추기 위해서는 기술적 해결을 위한 공법이나 재료개발과 더불어 거주문화 개선과 정책적 접근이 필요하다. 이를 위해 새로운 구조시스템 및 완충시스템, 저소음배관 등의 기술적 개발과 사회문화적 해결 방법, 정책 제안 등에 대한 연구가 수행되었으나 개발된 기술의 성능이 현장에서 그대로 재현될 수 있도록 하기 위한 추가적인 연구개발 노력이 필요하다고 판단된다.

2. 층간소음 예방을 위한 생활 습관과 규칙

층간소음을 예방하기 위해서는 건축 및 시공 단계뿐만 아니라 주거자들의 생활 습관과 규칙도 중요하다. 아래는 층간소음을 예방하기 위한 생활 습관과 규칙의 몇 가지 예시이다(층간소음 이웃사이센터).

① 뛰거나 문, 창문 등을 큰 소리 나게 여닫는 소음 예방
㉠ 실내 슬리퍼 착용 생활화
㉡ 어린아이가 있는 세대는 소음방지 매트 설치
㉢ 방문에는 도어 가드 설치
㉣ 현관문은 도어 완충기로 여닫는 속도를 조절
㉤ 층간소음 발생의 70% 이상은 발걸음과 뛰는 소리

② 가구 이동 시 발생하는 소음 예방
㉠ 자주 사용하는 가구(탁자, 의자) 등에 소음저감 용품(소음방지 패드) 설치
㉡ 가구를 이동시킬 때 특히 주의

③ 가전제품의 진동 소음 예방
진동이 있는 가전제품(믹서, 커피머신, 블렌더 등)에 소음저감 용품(진동방지 패드) 설치

④ 수리 및 이벤트 소음 예방

㉠ 이벤트 소음(인테리어 공사, 집들이, 이사, 친척모임, 아이들 생일, 세대 내부 수리 파티 등)이 발생하기 전 이웃 세대에 미리 양해 구하기

㉡ 이웃 세대에서는 예상하는 소음에는 크게 놀라지 않고 이해하기

⑤ 악기 연주 소음 예방

㉠ 이웃 세대와 연주 시간 협의

㉡ 연주는 적당한 볼륨으로 낮 시간을 활용

㉢ 아름다운 음악소리도 누군가에겐 소음이 될 수 있음

⑥ 운동기구 소음 예방

㉠ 늦은 밤과 이른 아침에는 운동기구(헬스기구, 골프 연습기 등) 사용 자제

㉡ 운동기구에 소음저감 용품을 설치

⑦ 일반적인 활동시간 외에 발생하는 생활 소음 예방

㉠ 신발 착용 규칙 : 실내에서는 신발 대신 슬리퍼나 양말을 착용하여 바닥충격음을 최소화한다.

㉡ 주의 깊은 소리 조절 : 특히 밤에는 소음을 최소화하도록 주의한다. 높은 소리가 필요한 경우, 헤드폰이나 이어폰을 사용하고 별도의 방에서 활동한다.

㉢ 음향 시스템 사용 시간 조절 : 음향 시스템의 볼륨을 낮추고, 특히 늦은 시간에는 사용을 자제하도록 한다.

㉣ 공동주택 규칙 준수 : 아파트나 콘도 등의 공동주택에서는 주거 규칙을 준수하여 소음을 최소화하는 것이 중요하다. 주거 규칙이 있는 경우, 이를 엄격히 지키도록 한다.

㉤ 파티 및 이벤트 알림 : 파티나 이벤트를 개최할 경우, 이웃들에게 미리 알리고 시간을 조절하여 주변 이웃들에게 불편을 주지 않도록 한다.

㉥ 반려동물 훈련 : 반려동물이 층간소음을 발생시킬 경우, 훈련을 통해 특정 시간에 소리를 최소화하도록 한다.

㉦ 진동 발생 피하기 : 공동주택에서 특히 바닥에 진동을 일으키는 활동을 자제하고, 무거

운 가구나 운동기구를 사용할 때 주의한다.

◎ 소음 방출 피해 : 환기 시스템이나 가전제품에서 발생하는 소음을 최소화하기 위해 유지 보수를 하고, 필요시 전문가의 도움을 받는다.

㉛ 오피스 및 작업 공간의 소음 관리 : 재택근무나 집에서 일할 때는 소음을 최소화하도록 노력하고, 필요하면 사무실 또는 작업 공간을 분리한다.

㉜ 이웃 간 대화 : 이웃 간에 소음 문제가 발생하면 직접 대화하여 문제를 해결하는 데 적극적으로 참여한다.

층간소음을 예방하기 위해서는 주거자들이 이러한 생활 습관과 규칙을 일관되게 유지하고 지키며, 각자가 이웃을 배려하는 마음을 갖는 것이 중요하다.

3. 층간소음 예방을 위한 문화와 거주자 인식 변화

1) 층간소음 문제 완화를 위해 변화한 문화

(1) 악기 연습을 위한 방음처리나 헤드폰 활용

층간소음 예방을 위해서는 타인을 배려하는 문화와 층간소음이 발생할 수 있는 환경으로부터 벗어나서 생활하고자 하는 거주자의 인식 변화가 일어나고 있다. 과거 개인주택이 주류였던 시절에는 피아노는 물론 여러 가지 악기를 연습하는 것이 수월했다. 하지만 아파트가 주류가 되면서 악기 연습 자체가 힘들어졌다. 따라서 피아노를 처분하는 경우도 많이 늘어나고, 피아노 학원 수도 점차 줄어들었다. 전공을 하는 사람 입장이라면 방음부스를 시공해 방음 처리를 해서라도 연습을 하거나 전자피아노나 신디사이저에 헤드폰을 이용한다. 전자기타는 오인페(기타의 소리를 USB로 변환하는 장치)와 앰프시뮬(앰프에서 나는 큰 소리를 컴퓨터 시뮬레이션으로 구현한 것)을 조합하여 무소음으로 사용하기도 한다.

(2) 닌텐도 등 집에서 몸을 움직이는 시뮬레이션 게임 수요 감소

국내 판매량이 100만 대를 돌파한 닌텐도의 Wii(가정용 비디오 게임 콘솔) 또한 한때 층간소음의 원인으로 꼽히기도 하였다. 몸을 움직이는 것을 전제로 해서 개발된 콘 솔과 게임이 많은데, 이것이 층간소음의 원인이 될 수 있다. Wii의 몸을 움직이는 많은 게임들은 층간소음에 대한 자체 경고를 한다.

(3) 층간소음으로 인한 탑층 선호

층간소음을 심하게 겪은 사람은 아파트든 원룸이든 꼭대기층(탑층)을 찾게 된다. 위층이 없다는 것만으로도 층간소음이 확연히 줄어들게 되기 때문이다. 건축기술 발전으로 결로, 냉난방비 증가 등 기존 탑층의 단점이 해소된 면도 있지만, 층간소음 가해자로부터 벗어날 수가 있는 것이다. 하지만 꼭대기층이라도 바로 아래층과 옆집 꼭대기층에서 층간소음을 내는 경우에는 별다른 대책이 없다.

(4) 어린아이가 있는 집의 1층 선호

어린아이를 키우는 집의 경우 층간소음 문제를 줄이기 위해 1층으로 이사를 가기도 한다. 아파트 어린이집의 경우 1층에 있다. 그러나 1층이라 더 부주의한 탓에 바닥에 아무것도 깔지 않고 뛰어다닐 경우 소음이 위층으로 올라온다. 한국 아파트의 대부분이 콘크리트형 벽식 구조이기 때문에 이러한 현상은 더욱 자주 나타난다.

2) 거주자에 대한 인식 변화 교육

(1) 층간소음분쟁 당사자의 기본권에 대한 교육과 홍보

공동주택의 층간소음 분쟁을 거주자들의 개인적인 갈등의 문제 위주로 인식하고, 인간으로 생활하면서 내는 소리를 내지 못하도록 규제하는 방식으로 법제도를 구성해온 정책의 방향이 과연 국민의 기본권을 보장하는 올바른 것이었는지 돌아보아야 한다.

공동주택 거주자들 모두 층간소음으로부터 자유로운 주거환경에서 살 권리가 있다. 따라서 층간소음 피해자와 층간소음 유발자 모두의 기본권이 보장되고 공동주택 거주자로서 누려야 할 권리의 실현이 이루어질 수 있도록 층간소음 분쟁 당사자의 기본권과 권리의 법

제화가 이루어져야 할 것이다. 층간소음으로 인한 거주자 간 분쟁의 경우에도 층간소음 분쟁 당사자 상호 간에 기본권의 충돌이나 제3자에 의하여 기본권의 침해가 발생하는 경우 상충하는 기본권이 최대한 보장될 수 있는 조화로운 해결 방법을 찾아야 할 것이다.

통상의 용도에 적당한 것인지는 지역이나 시대에 따라, 나아가 해당 생활방해에 대한 인식에 따라 달리 판단될 수 있는데, 이와 관련하여 현재 층간소음의 가장 큰 원인인 아이들이 발생시키는 소리에 대하여 사회의 인식 변화와 법제도적 근거를 마련할 필요성이 있다.

거주자 간 층간소음 발생의 주 소음원으로 아이들 뛰는 소리를 생활에서 나는 자연음향으로 인식하면서, 거주자 간에 수인한도 내의 소리는 다소간 참고 이해하려는 노력이 필요하다고 판단된다.

서로 가치관이 다르고 생활방식이 다른 사람들끼리 이웃하여 살아가는 공동주택에서 무엇보다도 역지사지의 마음으로 서로 이해하고 배려해 주는 문화가 자리할 수 있도록 층간소음 당사자의 기본권과 권리 의무에 대한 정부의 적극적인 홍보와 교육이 필요하다고 판단된다.

(2) 층간소음 수인한도의 인식을 위한 교육과 홍보

공동주택의 거주자들은 층간소음 법제에서 규정하고 있는 층간소음의 개념과 아울러 층간소음 수인한도의 기준을 잘 알지 못하고 생활한다.

공동주택 거주자들이 생활하면서 자연스럽게 나오는 소리를 층간소음의 수인한도 이내에서 낼 수 있는 권리가 있으며, 이웃 거주자들도 상린관계에서 수인한도 내의 소리는 어느 정도 참을 의무가 있음을 인식하게 된다면 층간소음 분쟁이 많이 줄어들 수 있을 것이다.

따라서 거주자들이 층간소음의 수인한도 이내의 소리를 낼 수 있는 권리가 있으며 수인한도 내의 소리는 상린관계에서 어느 정도 참을 의무가 있다는 사실을 층간소음 법제에서 선제적으로 규정할 필요성이 있다. 또한 공동주택 규약 등으로 공동주택 거주자들에게 지속적인 교육과 홍보가 이루어져야 하며, 공동주택 거주자 상호 간의 기본권과 층간소음 수인한도의 당사자의 권리를 인정하는 노력이 필요할 것이다.

층간소음 문제가 근본적으로 건설업체의 경제성을 우선시하는 행정에 기반을 둔 정책적 부산물이며, 층간소음이 발생하는 근본적인 원인이 벽식 구조로 지어진 공동주택의 구조적 문제임을 거주자들도 인식할 수 있도록 지속적인 교육과 홍보가 이루어져야 할 것이다.

〈그림 12-1〉 층간소음 예방 홍보 포스터 '공동주택의 예'

출처 : 중앙 환경분쟁조정위원회 홈페이지

공동주택 **층간소음,**
조금씩 양보하면 줄일 수 있어요!

층간소음 문제 해결을 위해 실천해야 할 사항은 무엇이 있나요?

하나

아이들이 쿵쿵 뛰는 소리, 문 쾅 닫는 소리
조심해주세요!

둘

늦은 시간이나 이른시간에 세탁기·청소기·
운동기구·연주소리 등을 자제해주세요!

셋

늦은 밤에는 샤워나 설거지를 자제해주세요!

넷

왕~!!
애완견 짖는 소리와 TV·라디오 소리도
조심해주세요! .

나보다 먼저 이웃을 배려하고 충분한 대화를 통해 해결해 나갑시다!

층간소음은 일시적이고 불규칙적이며, 무심코 발생하는 경우가 많기 때문에 입주자간의 지속적인
관심과 실천이 무엇보다 중요합니다.

우리의 보금자리인 생활공간을 보다 편안하고, 쾌적한 곳으로 만들기 위해 서로 조금씩 양보하는
이해와 배려의 정신이 문제해결의 열쇠입니다.

 환경부 [www.me.go.kr], 중앙환경분쟁조정위원회 [http://edc.me.go.kr]

〈그림 12-2〉 층간소음 예방 홍보 포스터 '이웃 배려의 예'
출처 : 중앙 환경분쟁조정위원회 홈페이지

층간소음 분쟁의 기준과 처리 방법을 명확히 명시함으로써 분쟁 초기에 주민들이 자율적으로 해결을 제시하여 분쟁 확대를 예방하고 행정기관의 업무낭비를 방지하는 역할을 할 수 있을 것이다.

(3) 층간소음에 대한 과도한 항의 및 보복성 소음 자제

법원(서울지방법원 민사합의 51부, 2013년)은 층간소음 문제로 법정공방을 벌인 사건에 대하여 일종의 층간소음 항의의 기준을 제시하였다. 재판부는 층간소음 갈등을 겪던 위층 주민이 아래층 주민을 상대로 낸 접근금지 가처분 신청을 일부 받아들이며 아래층 주민의 항의 방법으로 전화와 문자 메시지, 천장 두드리기는 허용하고, 집에 찾아오기, 초인종 누르기, 현관문 두드리기는 불허하여 층간소음 분쟁에서 항의의 기준을 제시했다는 데에 의미가 있다.

층간소음 갈등의 확대는 제3의 중재자 없이 당사자 간의 직접적인 접촉이 계속되는 데 있고, 관리규약에서 정한 생활소음 수칙 역시 층간소음 유발자만을 제재하는 사항 위주로 되어 있어 층간소음에 대한 과도한 항의를 증가시키는 측면이 있다.

따라서 지나치고 지속적인 항의방식을 통해 층간소음 유발자를 괴롭히는 행위를 제재할 필요성이 있으며, 법적으로 제재하는 규정을 층간소음 관련 법규에 포함시키고 이에 대한 기준을 마련할 필요가 있다.

층간소음을 형사적 제재로서 규제하고자 한다면 이와 아울러 우퍼스피커 등의 고의적인 보복성 소음유발행위를 포함시켜 규제하는 것이 층간소음 분쟁을 사전에 예방하고 완화시키는 방법이 될 수 있을 것이다.

공동주택의 거주자들이 서로 배려하고 이해하는 공동체 의식의 함양을 위해 노력해야 하며, 지나치고 지속적인 항의방식을 통해 층간소음 유발자를 괴롭히는 행위를 자제해야 할 것이다. 층간소음에 대한 과도한 항의 및 보복성 소음을 법적으로 제재하는 규정을 층간소음 관련 법규에 포함시켜야 할 것으로 보이며, 그 내용을 공동주택 관리규약에 포함시켜 교육과 홍보가 이루어진다면 공동체 간 상호 배려와 이해를 통한 공동체 의식 함양에 도움이 될 것으로 보인다.

공동주택 층간소음 문제는 당사자들 간에 갈등과 분쟁이 계속되다가 폭력의 형태로 비화되는 경우가 많으므로 개인 간의 노력도 중요하지만 '개인이 감당할 수준을 넘어선 경우 어떻게 할 것이냐'가 핵심이며, 개인뿐만 아니라 제3자인 정부, 지자체, 자치관리기구 등의 객관적 분쟁해결시스템이 마련되어야 한다.

3) 층간소음 예방을 위한 커뮤니티 활동

층간소음 예방을 위한 커뮤니티 활동과 교육은 이웃 간의 소통과 상호 이해를 증진시키는 데 도움이 된다. 아래는 층간소음 예방을 위한 커뮤니티 활동과 교육의 몇 가지 방법이다 (강선미 외, 2014).

(1) 이웃 간 모임 및 대화
정기적인 이웃 간의 모임이나 커뮤니티 이벤트를 조직하여 이웃들끼리 소통할 수 있는 기회를 마련한다. 이를 통해 층간소음에 대한 의견을 나누고 해결 방안을 찾을 수 있다.

(2) 층간소음 워크숍 및 세미나 개최
층간소음에 대한 워크숍이나 세미나를 개최하여 이웃들에게 층간소음의 원인과 예방 방법에 대해 교육한다. 전문가나 소음에 대한 전문 지식을 가진 강사를 초빙하여 이론과 실제 해결책에 대한 정보를 제공할 수 있다.

(3) 소음 예방에 대한 안내 책자 및 자료 제작
소음 예방에 대한 안내 책자나 자료를 작성하여 커뮤니티 멤버들에게 배포한다. 이를 통해 주거자들이 소음 예방에 참여하고 더 나은 주거 환경을 만들 수 있다.

(4) 주거자 투표 및 의견 수렴
층간소음에 대한 주민들의 의견을 수렴하고, 주거자 투표를 통해 소음 관련 규칙이나 정책을 결정하는 것이 가능하다. 주민 참여를 통해 공동체의 결속력을 높일 수 있다.

(5) 커뮤니티 게시판 운영
층간소음에 대한 정보나 문제 해결을 위한 의견을 나눌 수 있는 커뮤니티 게시판을 운영한다. 이를 통해 이웃들 간에 의견을 교환하고 소음 문제를 해결할 수 있다.

(6) 주거 규약 및 공동체 규칙 작성

주거 단지나 아파트 단지에서는 주민 간의 원활한 협력을 위해 주거 규약이나 공동체 규칙을 작성한다. 이를 통해 층간소음 예방을 위한 기본 규칙을 마련하고 주민 간에 공감대를 형성할 수 있다.

(7) 봉사 활동 및 프로젝트 참여

주민들이 함께 봉사 활동이나 프로젝트에 참여하면 공동체 의식이 강화되고, 이웃 간의 소통이 늘어날 수 있다.

(8) 소음 감소를 위한 협력 사업체 참여

주변 상업 시설이나 사업체들과 협력하여 소음을 최소화하고 예방하는 프로젝트에 참여한다.

    한국의 주거 특성은 공동주택에 주로 거주하고, 실내에서 신발을 신지 않고 생활하는 방식이기 때문에 공동주택에서 구조적으로 발생하는 층간소음을 줄일 수는 있어도 없애는 것은 불가능하다.

    공동주택에서 발생하는 층간소음을 저감하고, 분쟁을 완화하기 위해서는 바닥구조의 공법적 개선과 함께 주거자는 서로 조심하고 배려하는 노력이 우선되어야 할 것이다.

13

층간소음 예방을 위한
발전 방향과 과제

이 장에서는 층간소음 예방을 위한 발전 방향과 과제를 제시하기 위해 층간소음 전문 진단과 상담의 방향을 살펴보고, 층간소음 갈등 분쟁 해결을 위한 종합적인 접근 방법에 대해 알아보며, 층간소음 갈등 분쟁 해결을 위한 사회적 지원과 제도 개선의 필요성을 살펴보고자 한다.

+ 층간소음 전문 진단과 상담의 방향을 살펴본다.
+ 층간소음 갈등 분쟁 해결을 위한 종합적인 접근 방법에 대해 알아본다.
+ 층간소음 갈등 분쟁 해결을 위한 사회적 지원과 제도 개선의 필요성을 논의한다.

1. 층간소음 전문 진단과 상담의 방향

1) 개 요

한국 국민의 약 60% 이상은 아파트 · 다세대주택 · 연립주택 등 공동주택에 거주하고 있다. 공동주택은 위층의 바닥과 아래층의 천장, 옆집과의 경계벽을 공유하는 구조로서, 이웃에서 발생하는 소음 및 진동이 바닥 및 천장, 경계벽 등을 통해 전달된다. 이는 이웃 간 갈등이나 분쟁을 유발하는 원인이 될 수 있고, 살인 · 폭력 및 방화 등 범죄행위로 이어지기도 한다.

층간소음은 소음의 종류, 발생시간 및 지속시간 등에 따라 사회통념상 받아들여지는 정도를 의미하는 '수인한도(受忍限度)'에 차이가 있기 때문에, 층간소음을 완화하기 위해서는 입법적 개선과 함께 관리 · 교육 등을 통한 사후 관리가 필요하다.

공동주택관리 분쟁조정위원회 및 관리지원센터에 접수된 층간소음 민원은 2016년 517건에서 2021년 1,648건으로 3배 이상 증가하였다. 또한 층간소음 이웃사이센터에 접수된 층간소음 상담의 경우, 1차 전화 상담은 2019년 2만 6,257건에서 2021년 4만 6,596건으로 2배 가까이 증가하였다. 전화 상담 이후에도 층간소음이 해소되지 않은 경우에는 추가 전화 상담 및 현장진단을 통한 2차 조정이 이루어지는데, 2012년 이후 2차 상담 및 현장진단도 증가하는 추세이다(국회입법조사처, 2022).

2) 중앙 공동주택관리 분쟁조정위원회

(1) 분쟁조정제도
「공동주택관리법」 제71조에 의거 공동주택관리 관련 갈등 및 분쟁을 변호사, 회계사, 주택관리사 등 15인의 전문가로 구성된 위원회를 통해 신속 · 공정하게 해결하기 위해 설립된 분쟁조정기구이다.

(2) 층간소음 관련 분쟁 해결
1차적으로 층간소음 관리위원회(또는 관리주체)에 피해 사실을 알려 해결을 유도하고, 해결이 되지 아니할 경우 공동주택관리 분쟁조정위원회나 환경분쟁조정위원회(층간소음 이웃사이센터)에 상담 및 조정을 신청할 수 있다.

(3) 분쟁조정 절차

조정은 상호 양보를 바탕으로 하는 자율적인 분쟁 해결 절차이므로 조정신청이 접수된 이후라도 상대방이 조정 참여 거부 및 중단 의사를 밝히는 경우 조정 절차가 종결될 수 있다.

중앙 공동주택관리 분쟁조정위원회의 분쟁조정 절차는 사건접수, 사실조사, 사전합의 권고(합의수락 시 종결), 조정안 제시(당사자 거부 시 조정 불성립), 조정 성립, 조정서 교부 등의 순으로 진행한다.

3) 층간소음 이웃사이센터

(1) 서비스 대상

① 공동주택 범위는 「주택법」 제2조 제3호 및 동법 시행령 제3조에 따른 아파트, 연립주택, 다세대주택이다.

② 공동주택 종류 중 아파트는 주택으로 쓰는 층수가 5개 층 이상인 주택을 말하며, 연립주택은 주택으로 쓰는 1개 동의 바닥면적(2개 이상의 동을 지하주차장으로 연결하는 경우에는 각각의 동으로 본다.) 합계가 660제곱미터를 초과하고, 층수가 4개 층 이하인 주택을 말한다. 또한 다세대주택은 주택으로 쓰는 1개 동의 바닥면적 합계가 660제곱미터 이하이고, 층수가 4개 층 이하인 주택(2개 이상의 동을 지하주차장으로 연결하는 경우에는 각각의 동으로 본다.)을 말한다.

(2) 서비스 내용

① 층간소음 전화 상담 서비스(콜센터)는 층간소음 관련 상담 및 업무절차 등을 안내하며 전국대상 단일번호(1661-2642)를 사용하고, 운영시간은 평일 09~18시(점심시간 : 12~13시)이다.

② 층간소음 현장진단 서비스는 공동주택 입주자 간 층간소음 갈등 완화를 위한 방문 상담, 소음 측정 서비스를 제공하며, 서비스 대상은 방문 상담(신청 및 상대세대), 소음측정(수음세대) 등이다.

2. 층간소음 갈등 분쟁 해결을 위한 종합적 접근 방법

층간소음은 비용 문제, 가해자와 피해자 사이의 합의의 어려움 등으로 인해 문제 해결이 쉽지는 않다. 층간소음 방지를 위한 공사를 하자니 본인의 집만이 아니라 윗집이나 옆집의 바닥이나 벽까지 건드려야 하는 문제가 발생하다보니, 그 집이 자가라 할지라도 쉽게 하는 것이 불가능하다. 법만으로는 쉽게 해결이 안 되는 상황이 연출되고 있다. 층간소음 갈등 분쟁을 해결하기 위한 종합적인 접근 방법은 다양한 측면에서의 대응과 협력이 필요하다(나무위키, 2024).

1) 정부와 공기관의 노력

층간소음이 폭행과 살인 등 사회적 문제로 확산하자, 정부가 규제를 강화하고 나섰다. 층간소음 기준을 충족시키지 못하는 아파트에 대해 '준공 승인 불허'라는 고강도 카드를 꺼내든 것이다. 이에 건설업계는 발등에 불이 떨어졌다. 정부가 2022년 사후 확인제를 도입한 이후 대형 건설사들은 이미 층간소음을 줄이기 위한 자체 기술개발을 추진해 왔지만 중소·중견건설사들은 관련 기술이 부족한 데다, 원자재값 인상으로 분양가 상승이 이슈가 되는 상황에서 향후 분양가 상승 압력은 가중될 수밖에 없다는 우려가 나오고 있다.

국토교통부는 2023년 12월 11일 공동주택 층간소음 대책으로 층간소음 기준 미달 시 보완시공을 의무화하고, 이를 이행하지 않으면 준공을 불허하는 등의 방안을 내놨다. 소음 기준을 충족할 때까지 보완시공을 하도록 의무화하고, 그 기준을 충족할 때만 지자체 준공 승인을 받을 수 있다. 장기 입주지연 등 입주자 피해가 예상되는 예외적인 경우에는 보완 시공을 손해배상으로 대체할 수 있도록 허용한다. 단, 손해배상 시 검사결과는 모든 국민에게 공개해 임차인과 장래매수인 등의 피해를 예방한다는 계획이다(브릿지 경제, 2023. 12. 12.).

2) 건설업계의 노력

건설 업계에서도 층간소음 전문 연구시설을 세우고 새 바닥구조를 개발하는 등 보폭을 넓히고 있다. 특히 신기술을 입힌 바닥구조 개발이 중점 과제로 떠올랐다.

현대건설은 층간소음 저감기술 개발부터 실증까지 원스톱으로 가능한 'H 사일런트 랩'을 구축했으며, GS건설은 GS용인기술연구소 친환경건축연구팀이 층간소음 예방기술을 개발하고 있다.

2022년 층간소음 저감기술 개발을 위한 업무협약(MOU)을 맺은 삼성물산과 포스코건설, 롯데건설도 각자 기술 개발에 한창이다. 삼성물산 건설부문은 층간소음 차단 신기술로 LH 품질시험인증센터에서 1등급을 획득해 기술력을 인정받았으며, 롯데건설은 삼성물산, 포스코건설과 리모델링 세대의 노후한 슬래브 상태를 진단·보강하는 기술과 얇은 슬래브에서 3dB 이상 우수한 층간소음 저감성능을 지닌 바닥구조를 개발했다(화이트 페이퍼, 2023).

3) 층간소음 예방 바닥재

종종 층간소음 해결이라며 바닥재를 추가로 설치하라든지 하는 여러 업체 광고가 있지만, 소비자 보호원 실험 결과 대다수가 소음 차단에 그다지 효과가 없음이 드러났다. 층간소음 방지를 위해서는 공사할 때부터 신경 써야 한다는 게 건축 관련 전문가들의 일관된 반응이다.

4) 외부 소음 문제

건물만 하나 잘 지어도 안 되는 이유는, 건물 간의 소음이라고 해서 다른 건물에서 소음이 흘러들어올 수 있기 때문이다. 예를 들어, 옆 건물에서 대형견을 밖에서 키운다면 개 짖는 소리가 근처 다른 건물에 사는 사람들까지 들려 스트레스를 주게 된다. 빌라나 주택들이 밀집한 곳에선 건물들 간격이 상당히 좁기 때문에 건물 내부보다 외부에서 들어오는 소음이 더 큰 경우도 자주 발생한다.

5) 층간소음 사각지대

한국 주택 10채 중 6채는 아파트다. 1,800만여 호(통계청·2021년 기준)의 주택 중 1,166호가량이 아파트란 것이다. 흔히 빌라라고 부르는 공동주택도 숱하다. 주택 10채 중 1채를 차지한다. 총 1,441만 호에 이르는 아파트와 빌라의 공통점은 내가 사는 집 아래에 사람이 살고, 내가 사는 집 위에도 사람이 산다는 것이다. 이 때문에 피할 수 없는 부작용이 바로 층간소음이다. 아파트와 빌라의 통계를 감안했을 때, 한국 주택의 최소 70%는 '층간소음' 문제에서 벗어나기 어려운 셈이다.

국가소음정보시스템에 따르면, 층간소음에서 기인한 신고 건수는 2018년 1만 142건, 2019년 7,971건, 2020년 1만 2,139건, 2021년 9,211건이었다. 이 중 실제 현장 진단으로 이어진 신고는 연평균 18.3%에 이른다. 100건의 층간소음 신고가 접수될 때 18건은 현장 파악까지 진행된다는 것이다.

문제는 층간소음으로 인한 피해를 줄이는 것이 쉽지 않다는 점이다. 거주자가 주의를 기울이면 해결되는 경우도 간혹 있지만 실질적인 설계 변경, 시공 없이는 해결이 어려운 경우가 더 많다. 이에 따라 국회는 공동주택 층간소음을 줄이기 위한 법 개정을 시도했다. 2022년 2월 국회를 통과한 주택법 개정안을 근거로 정부는 새로운 '층간소음 검사'를 공동주택에 적용한다. 이전에는 바닥재를 적용한 실험실에서 층간소음 검사를 진행하고, 그 검사를 통과한 바닥재를 인증하는 방식이었지만 2020년 8월부터는 실제 바닥재가 시공된 주택에서 검사를 진행한다. 실험실이 아닌 실제 주택이다 보니 정확한 평가를 내릴 수 있다. 아울러 「주택법」 개정안에는 변경된 소음 기준, 소음 평가 방식과 함께 사업주체의 대응 의무기간(10일 내)도 적시됐다(Market Analysis, 2022).

6) 층간소음 논란, 중대한 변곡점

개정된 「주택관리법」은 층간소음을 잡기 위해 많은 장치를 마련했다. 그래서인지 '층간소음을 해소하는 데 도움이 될 것'이란 말도 나온다. 가령, 개정된 「주택관리법」에 따라 감독기관이 '층간소음 차단 바닥재'를 적용한 신설 주택을 검사하고, 추가 조치를 요구하면 건설사는 10일 이내(대응 의무기간)에 대응해야 한다. 주택을 다 지은 다음 층간소음을 검사하고,

그 결과에 따라 건설사에 조치를 요구할 수 있다는 것이다. 여기에 층간소음을 막는 건설 기술이 진일보했다는 점까지 감안하면, 층간소음 문제는 중대한 변곡점을 맞을 수도 있다.

관련법이 생기고, 기술이 진화해도 층간소음의 문제를 완전히 해소할 순 없다. 이미 만들어져 있는 아파트와 빌라가 1,441만 호에 이른다. 개정 주택법이 효력을 발휘해 층간소음을 인정받더라도 재건축 사업을 하듯 부수고 새로 짓지 않는 한 기존 주택의 층간소음까지 해결하는 건 어렵다는 것이다. 여기에 1인 가구가 주로 거주하는 오피스텔은 공동주택에 포함되지 않는데 공동주택처럼 사용되는 신축 오피스텔은 새로운 층간소음 검사 기준을 적용받지도 않는다는 것이다. 건설업계 관계자는 '완전히 재건축하지 않는 이상 리모델링을 한다 해도 새로운 소음 차단 기술을 적용할 수 있을지는 미지수'라고 말한다. 기존 주택은 사각지대에 남을 수밖에 없다는 것이다.

인구 밀도가 높은 한국의 특성상 공동주택은 사라지지 않을 주거 형태다. 기존 공동주택과 신축 공동주택의 공존도 이어질 것이며, 늘어나는 1인 가구가 오피스텔에 사는 경우도 마찬가지다. 개정된 법과 신기술은 언제쯤 가려진 사각지대를 메울 수 있을지 기대가 된다 (Market Analysis, 2022).

기존 공동주택에서 발생하는 층간소음을 저감하기 위해서는 공법적인 개선도 필요하지만, 입주자 및 관리주체의 합의와 노력도 요구된다.

「공동주택관리법」과 공동주택 관리규약에서는 공동주택 층간소음을 예방할 수 있는 생활수칙 및 대처방안을 마련하고 있지만, 해당 규정은 의무관리 대상 공동주택에 적용된다는 한계가 있다. 의무대상 공동주택에 해당하지 않은 소규모 공동주택은 관리주체 및 입주자 자치조직이 부재하고, 공동주택 관리규약이 적용되지 않아 층간소음이 발생하였을 때 이를 중재 및 조정하기가 쉽지 않다. 소규모 공동주택에서 층간소음으로 인한 분쟁이 발생한 경우, 지자체가 사실조사 및 중재를 통해 분쟁을 조정하는 방안을 검토할 필요가 있다.

3. 층간소음 갈등 분쟁 해결을 위한 사회적 지원과 제도 개선의 필요성

1) 개 요

공동주택에서 발생하는 층간소음은 이웃 간 갈등 및 분쟁을 유발할 수 있고, 살인·폭력 등 범죄행위로 이어지기도 한다. 층간소음을 예방하기 위해서 '바닥충격음 성능등급 인정제도'가 시행되고 있는데, 이 제도의 도입 전에 완공된 공동주택은 구조적으로 층간소음에 취약할 수 있어 해당 공동주택에 대한 지원 방안을 제시한다(국민권익위, 2022).

(1) 기존 공동주택의 공법적인 개선 비용 지원

바닥충격음 성능등급 인정제도가 도입되기 전에 건설된 공동주택에는 층간소음을 완화할 수 있는 바닥구조가 적용되지 않으며, 다세대주택·연립주택 등 소규모 공동주택은 아파트에 비해 구조적으로 층간소음에 더욱 취약할 수 있다.

이미 완공된 공동주택은 층간소음을 저감하기 위해서 기존 바닥구조에 완충재 등을 보강·보완하는 방법을 적용할 수 있는데, 시공성, 구조안전성, 층고 제한 등의 한계, 공사비용의 부담으로 입주자 스스로가 층간소음 저감 공사를 시행하기는 쉽지 않다. 이에 기존 공동주택의 층간소음을 저감할 수 있는 바닥구조로 개선하는 데 소요되는 비용을 지원하는 방안을 고려할 수 있다.

이와 관련하여 '민간건축물 그린리모델링 이자지원 사업'을 참고할 수 있는데, 해당 사업

권익위 110콜센터, '공동주택 층간소음' 온라인 설문 결과(2013년)

응답자들은 층간소음 문제를 해결하기 위해 공동주택 층간소음 방지기준 강화(40%), 생활예절 홍보 강화(20%), 공동주택 자율규정 마련(13%), 벌금·과태료 등 처벌 강화(10%), 유치원과 초등학교 저학년을 대상으로 층간소음 예방교육(9%), 환경분쟁조정위원회 및 층간소음 이웃사이센터의 화해조정 서비스 강화(8%)가 필요하다고 응답하였다.

은 노후 건축물의 건축주가 창호를 교체하거나 자동환기장치 등을 설치하는 공사를 시행하면, 정부가 공사비의 대출 이자 일부를 지원하는 사업이다. 노후한 공동주택의 층간소음 측정 및 진단, 바닥 및 천장의 보강·보완 등의 공사에 소요되는 비용의 일부를 지원하는 방안을 검토할 수 필요가 있다(한국건설기술연구원, 2019).

공동주택에서 발생하는 층간소음을 저감하기 위해서는 공법적인 개선도 필요하지만, 입주자 및 관리주체의 합의와 노력도 요구된다. 「공동주택관리법」과 공동주택 관리규약에서는 공동주택 층간소음을 예방할 수 있는 생활수칙 및 대처방안을 마련하고 있지만, 해당 규정은 의무관리대상 공동주택에 적용된다는 한계가 있다. 의무대상 공동주택에 해당하지 않은 소규모 공동주택은 관리주체 및 입주자 자치조직이 부재하고, 공동주택 관리규약이 적용되지 않아 층간소음이 발생하였을 때 이를 중재 및 소정하기가 쉽지 않다. 소규모 공동주택에서 층간소음으로 인한 분쟁이 발생한 경우, 지자체가 사실조사 및 중재를 통해 분쟁을 조정하는 방안을 검토할 필요가 있다.

(2) 신규 공동주택에 적용되는 바닥충격음 성능검사의 실효성 확보 방안

신규로 건설하는 공동주택은 바닥충격음 성능등급을 인정받은 바닥구조가 설계도서에 반영되는데, 시공상의 하자, 성능인정서와 시공 현장 간 품질 차이 등으로 층간소음 저감 효과가 크지 않다는 문제가 제기되어 왔다. 국토교통부는 시공 전후의 바닥충격음 차단성능을 검증하기 위해서 바닥충격음 성능검사를 도입하였는데, 제도의 시행 전부터 검사 대상 및 조치사항 등에 대한 실효성이 우려되고 있다.

사업주체는 성능검사 기준에 미달하였을 때 보완 시공 및 손해배상 등의 조치를 하게 되는데, 건축공사가 완료된 건축물에 대한 보완 시공은 시공 방법 및 건축구조상 쉽지 않을 수 있고, 사업주체는 시간과 비용이 소요되는 보완 시공보다 손해배상 조치를 선택할 가능성이 높으며, 특히 이러한 조치는 권고사항으로서 층간소음 저감 효과가 크지 않을 수 있다.

층간소음이 발생하는 원인이 시공상의 문제라면, 이미 완공된 건축물을 보완 시공하기보다 착공 전에 품질에 대해 면밀하게 검사하는 방법을 마련하고, 공사감리를 강화하는 등 시공성을 향상하는 방안을 검토할 수 있어 보인다.

또한 바닥충격음 성능검사의 대상은 공동주택의 평면 유형, 면적 등을 고려하여 무작위 방식으로 추출하게 되는데, 동일한 평면 및 위치에서도 성능검사결과가 다르게 나타날 수 있다는 점에서 성능검사의 대상 선정 및 방법 등에 대한 논의도 지속적으로 이루어질 필요가 있다.

한국의 주거 특성은 공동주택에 주로 거주하고, 실내에서 신발을 신지 않고 생활하는 방식이기 때문에 공동주택에서 구조적으로 발생하는 층간소음을 줄일 수는 있어도 없애는 것은 불가능하다. 공동주택에서 발생하는 층간소음을 저감하고, 분쟁을 완화하기 위해서는 바닥구조의 공법적 개선과 함께 서로 조심하는 배려와 노력이 우선되어야 한다(박영민 외, 2014).

2) 국토교통부의 공동주택 층간소음 개선 방안

(1) 층간소음 성능보강 지원 및 자율적 갈등 해결 촉진
① 성능보강 지원사업 추진
현실적으로 재건축 외에는 층간소음 성능보강이 어려운 기축 주택에 대해 층간소음 문제 해결을 위한 제도정책이 미흡한 실정이다. 이를 개선하기 위해 입주자가 층간소음 저감 성능이 입증된 매트를 설치 시공하는 비용에 대해 저리 융자지원(최대 300만 원)을 추진하기로 한다.

설문조사 결과, 소음매트 융자지원 활용 의사는 약 50%(2022, 대한주택관리사협회)로 파악되었다. 따라서 저소득층(약 1~3분위)과 유자녀 가구(약 4~7분위)를 대상으로 저리(무이자 또는 1%대) 융자를 지원하는 방안을 추진한다. 복수 소음측정 공인기관 인증을 받아 성능이 입증된 제품으로 제한, 제품에 따라 1~3dB의 성능 개선이 가능하며 어린이·고령자의 낙상사고 방지에도 유리할 것이다.

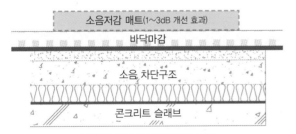

(a) 기축 주택 소음저감 매트 예시

(a) 적용 예시(전 → 후)

〈그림 13-1〉 기축 주택 소음저감 매트
출처 : 국토교통부 보도자료(2022. 8. 18.)

② 층간소음관리위원회 의무화

현재는 소음 발생 시 관리소장 등이 소음 발생 중단 등을 권고(「공동주택관리법」 제20조)하고 있으나, 입주민에게 효과적으로 수용되지 못하고 있다. 소음은 개개인의 주관적 성향에도 좌우되므로, 층간소음 발생 시 갈등 해소를 위해 단지 내 입주민 간 자율적 해결이 중요하다.

이를 개선하기 위해 일정규모(500세대) 이상 단지는 층간소음관리위원회를 의무적으로 구성토록 하여 입주민 자율 해결 기능을 활성화한다.

즉, 단지 내에서 갈등 중재 · 조정, 민원상담 절차 안내, 예방교육 등을 수행하는 주민 자치조직으로, 관리사무소장 · 동별대표자 · 입주민(임차인)대표 등으로 구성하는 것이다. 또한 유관기관 등을 통해 층간소음관리위원회의 층간소음 분쟁조정 업무를 지원하고, 소음 측정 및 관리주체 대상 교육도 실시한다.

대한주택관리사협회에서는 「공동주택관리법」에 따라 소음관리 업무를 수행하는 관리주체와 연계가 용이하며, 층간소음 업무의 전문성 확보를 위한 자체 교육을 실시할 예정이다. 아울러 부처 협업과제(국토부, 환경부 등)로 분산되어 있는 민원상담, 분쟁조정에 대해 대국민 접근성을 높일 수 있도록 다각적인 방안을 검토하고 있다.

현재, 층간소음 관련 민원은 공동주택관리지원센터(국토부), 이웃사이센터(환경부), 분쟁조정은 공동주택관리분쟁조정위원회(국토부), 환경분쟁조정위원회(환경부)로 운영 중이다.

③ 층간소음 우수관리단지 선정

현재 단지별로 갈등 중재 등 층간소음 갈등 관리의 체계적인 운영이 필요하나, 층간소음 관리 실태 파악은 부족한 실정이다. 이를 개선하기 위해 층간소음 관리 실태를 파악하여 지자체가 '층간소음 모범관리단지'를 선정하고, 그중 '층간소음 우수관리단지'를 국토부가 선정한다.

유사사례로 공동주택 관리 모범사례를 발굴 전파하고자 지자체에서 매년 '공동주택 모범관리단지'를 선정하고, 그중 '공동주택 우수관리단지'를 국토부에서 선정하고 있다.

〈그림 13-2〉 층간소음 갈등 상담 절차 단계

(2) 사후확인제도를 활용한 고품질 주택 확대

① 사후확인 결과 공개

현재 사후확인 결과에 대한 공개 규정이 없어 입주민이 주택에 대한 정보를 확인하기 어려우며, 시공사 능력 파악도 곤란하다.

이를 개선하기 위해 해당 주택의 입주민에게 사후확인 결과를 개별 통지토록 의무화하여 입주민들의 알 권리를 보장하는 것이다. 사후확인 결과로 매년 우수시공사(예시 : 중량 1 · 2등급 이상)를 선정하여 건전한 경쟁을 유도하되 성능검사기관 지정 예정인 국토안전관리원에서 사후확인 결과를 관리한다.

② 사후확인 결과 향상을 위한 점검 강화

고성능 바닥구조를 사용하더라도, 공사 단계에서 견실한 시공이 뒷받침되지 않으면 실제 세대의 층간소음 품질은 저하될 수밖에 없다.

이를 개선하기 위해 바닥구조 시공 후 1회 제출(감리자 → 사업 주체 → 사용검사권자(지자체))하는 바닥구조 시공 확인서를 단계별로 3회 이상 제출토록 하는 등 품질 점검을 강화한다. 즉, 슬래브 시공(타설) 후 → 완충재 시공 후 → 바닥구조 시공 후 등 총 3회를 제출하도록 한다.

③ 사후확인 결과 우수기업에 대한 인센티브 확대

사후확인제도 시행으로 기준 강화 등 규제는 두터워진 반면, 민간의 자발적 층간소음 저감 노력을 위한 보상책은 미흡하다. 즉, 바닥충격음 차단성능 기준은 이미 상향하였으며, 환경부와 공동부령으로 관리 중인 생활 층간소음 기준도 강화할 예정이다.

이를 개선하기 위해 업계의 자발적인 층간소음 차단성능 향상 노력을 유도하고, 사업성도 일부 보완해줄 수 있는 인센티브를 확대한다. 구체적으로는 분양보증료를 할인하는 것으로 사후확인 결과가 우수한 분양주택을 대상으로 주택분양보증을 받을 때 지불하는 분양보증 수수료를 할인하며, 분양가 가산은 바닥충격 차단구조 1 · 2등급 시공 시 분양가를 가산하는 방식이다.

④ 사후확인제 시범단지 운영

사후확인제도는 2~3년 이후부터 본격적으로 적용되므로, 제도 내실화와 공공 주도의 우수사례 발굴이 필요하다. 즉, 공공주택단지(LH) 중 시범단지를 선정(반기별 1~2개)하여, 사후확인제도를 시범운영하고 우수사례를 적극 발굴·홍보하는 것이다.

성능검사기관 지정 예정인 국토안전관리원이 참여하여 사후확인 절차·방법 등을 사전에 점검토록 함으로써 제도 운영을 내실화한다. 또한 시범운영 경과 등을 고려하여 샘플세대 비율을 향후 5%(현 2%)까지 확대(~24년)하고, 기준 미달 시 사후권고(보완시공 등) 가이드라인을 마련한다.

(3) 층간소음 저감 우수 요인 발굴·적용

① 층간소음 저감 우수 요인 기술개발 추진

층간소음의 근본적인 해결을 위해 라멘구조에 대한 효과성 검증 및 층간소음 영향 요인(바닥두께, 층고 등)에 대한 심층 분석이 필요하다.

이를 위해 라멘구조의 효과 검증을 위한 실증 R&D를 추진하고, 바닥두께, 층고 등 영향 요인 분석을 위한 연구용역 추진도 검토한다. 효과 입증 시 라멘구조 확산을 위해 용적률 높이제한 등 건축기준 완화를 추진하고, 바닥두께 층고 등은 최소기준 상향도 검토한다.

② 우수기술을 선도 적용

사후확인 도입으로 바닥구조 개발은 활발해진 반면, 사후확인 본격 적용 전에 우수 바닥구조의 실제 적용은 미미할 것으로 예상된다. 따라서 공공주택(LH)에 층간소음 차단성능이 우수한 고성능 바닥구조를 임대주택부터 선도 적용하는 등 우수기술 적용 확대 및 우수성을 검증한다.

이를 위해서 자재선정위원회(건기연)를 통해 우수 바닥구조 선정을 검토하고, 기술개발 추이를 고려하여 고성능 바닥구조 제품 의무화(4등급 → 2등급)를 검토한다.

(4) 신축 아파트 층간소음 기준 미달 시 보완공사 의무화

2023년 발표한 '공동주택 층간소음 해소 방안'은 2022년 도입한 '층간소음 사후확인제'(공동주택을 다 짓고 층간소음을 확인하는 제도)가 실효성이 낮다는 지적이 일자 나온 조치다. 건

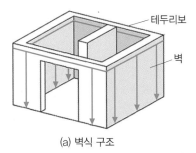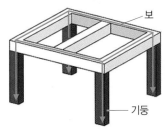

(a) 벽식 구조   (b) 라멘구조(기둥-보 구)

〈그림 13-3〉 층간소음 저감 기술 개선 방안

출처 : 국토교통부 보도자료(2022. 8. 18.)

설사가 층간소음 기준에 미달해서 아파트를 지을 경우 책임지고 보완 공사를 하는 방안이 의무화된다. 기준을 충족할 때까지 입주가 금지되고 건설사는 이 기간 지체 보상금 등을 물어줘야 한다.

우선 건설사의 책임 시공을 유도하기 위해 권고에 그쳤던 층간소음 보완 공사를 의무화했다. 입주 지연에 따른 지체 보상금과 금융 비용은 전액 건설사가 부담해야 한다. 보완 공사를 하지 않으면 지방자치단체가 준공 승인을 해주지 않아 입주 자체를 할 수 없다. 층간소음 기준 미달에 따른 손해배상은 장기 입주 지연 등 예외적인 경우에만 하되, 해딩 단지의 층간소음 측정 결과는 기존엔 입주 예정자에게만 통보했었지만 향후 아파트 매수자나 세입자까지 알 수 있도록 국민에게 모두 공개한다. 층간소음 검사 표본도 전체 단지 중 2%에서 5%로 늘린다.

이미 지어진 아파트의 층간소음 문제를 해결하기 위해 2025년부터 자녀가 있는 저소득층 가구에 매트 설치 비용을 전액 재정으로 지원한다. 기존엔 융자만 해주다 보니 올해의 경우 20여 가구만 지원하는 등 실적이 저조했다. 다만 층간소음 보완 공사 의무화와 손해배상 시 검사 결과 공개는 모두 「주택법」 개정이 필요해 대책 시행까지 시일이 걸릴 것으로 전망된다.

3) 국민권익위원회의 층간소음 갈등 해소 방안

(1) 층간소음 기준 강화
① 합리적인 층간소음 기준 마련

수면방해 소음에 대한 WHO(국제보건기구)의 국제 기준과 층간소음 주요인을 고려해 층간소음 기준을 강화하기 위해 공동주택 층간소음의 범위와 기준에 관한 규칙을 개정한다(2022).

② 공동주택 내 반려동물 소음 제재 기준 마련

공동주택에서 반려동물로 인해 발생하는 소음 피해를 최소화하기 위한 소음 기준을 마련하며, 공동주택 내 반려동물 관리 소홀로 발생한 과도한 소음 피해 예방을 위해 최소 소음 기준 초과에 대한 제재기준을 신설한다. 즉, 소음 관련 일반 법인 「소음·진동관리법」상 소음 개념을 확대해 반려동물 소음 기준을 마련한다.

(2) 조정 강화 및 소음기준(야간) 초과에 대한 제재 마련
① 층간소음 관리위원회 활성화

층간소음 관리위원회를 통한 자율적인 분쟁조정 강화를 위해 관리주체를 통한 분쟁 미해결 시 관리위원회 조정 요청 의무화, 조정 기한 등 절차를 구체화하여 자체 갈등조정을 유도한다. 즉, 지자체는 정기적으로 층간소음 관리위원회 미구성 단지를 대상으로 위원회 구성을 독려하고, 공동주택 관리 조례의 공동체 활성화 사업 등을 통해 위원회 구성 및 운영 실적에 따른 예산·비용 등 지원을 추진하는 것이다.

[표 13-1] 「소음·진동관리법」 개정

현 행	개선(예시)
제2조(정의) 이 법에서 사용하는 용어의 뜻은 다음과 같다. 1. '소음(騷音)'이란 기계·기구·시설, 그 밖의 물체의 사용 또는 공동주택(「주택법」 제2조 제3호에 따른 공동주택을 말한다. 이하 같다.) 등 환경부령으로 정하는 장소에서 사람의 활동으로 인하여 발생하는 강한 소리를 말한다.	**제2조(정의)** 이 법에서 사용하는 용어의 뜻은 다음과 같다. 1. '소음(騷音)'이란 기계·기구·시설, 그 밖의 물체의 사용 또는 공동주택(「주택법」 제2조 제3호에 따른 공동주택을 말한다. 이하 같다.) 등 환경부령으로 정하는 장소에서 사람의 활동 등(반려동물소음을 포함한다.)으로 인하여 발생하는 강한 소리를 말한다.

[표 13-2] 「공동주택관리규약 준칙」 개정

현 행	개선(예시)
제60조(층간소음 분쟁조정 절차 등) ①~② (생략) ③ 제1항에 따른 조치에도 불구하고 층간소음 발생이 계속될 경우, 관리주체는 공동주택의 층간소음관리위원회에 이 사실을 알리고 층간소음 분쟁의 조사, 조정을 요청할 수 있다. ④ 제3항에 따른 관리주체의 요청이 있는 경우 층간소음관리위원회는 층간소음 피해를 입은 입주자 등과 층간소음 피해를 끼친 입주자 등과의 다자면담 등을 실시하고, 면담결과에 따라 분쟁조정(차음조치 권고, 발생중단 요청, 소음완화 대책 제시 등)을 할 수 있다. 이 경우 층간소음관리위원회는 사실관계 확인을 위해 필요한 조사를 할 수 있다.	**제60조(층간소음 분쟁조정 절차 등)** ①~② (생략) ③ 제1항에 따른 조치에도 불구하고 층간소음 발생이 계속될 경우, 관리주체는 공동주택의 층간소음관리위원회에 이 사실을 알리고 층간소음 분쟁의 조사, 조정을 요청하여야 한다. ④ 제3항에 따른 관리주체의 요청이 있는 경우 층간소음관리위원회는 ○일 이내에 층간소음 피해를 입은 입주자 등과 층간소음 피해를 끼친 입주자 등과의 다자면담 등을 실시하고, 면담결과에 따라 분쟁조정(차음조치 권고, 발생중단 요청, 소음완화 대책 제시 등)을 하여야 한다. 이 경우 층간소음관리위원회는 사실관계 확인을 위해 필요한 조사를 할 수 있다.

② 정부의 층간소음 갈등 조정 기능 강화

층간소음 분쟁으로 인한 다툼을 신속히 예방하기 위해 층간소음 전문기관을 지자체, 한국토지주택공사로 확대하여 지자체는 상담인력 확보를 통해 기존 공동주택 외에 자체적으로 조정기구 설치가 어려운 다세대주택·연립주택, 오피스텔에 대한 중재를 실시한다.

또한 지방분쟁조정위원회의 조정대상 확대 및 조정기한 단축, 신청정보 간소화를 통해 지역주민의 분쟁 조정신청 활성화를 유도하고, 특히, 지자체가 확인 가능한 상대세대에 대한 정보(이름, 연락처)는 선택적으로 기재할 수 있도록 신청서식을 변경 또는 기재요령으로 안내하며, 지자체는 미취학 아동의 뛰는 소리로 인한 층간소음 분쟁조정 시 매트 설치 등을 권고하고 층간소음 방지를 위한 홍보를 강화한다.

층간소음 112 신고접수 시 출동기준을 명확히 해 단순 층간소음 신고는 관련 기관(층간소음 이웃사이센터)을 안내하되, 층간소음으로 다툼이 있었던 경우나 경찰 출동 후 보복소음 등이 있는 경우 출동 지령을 내리고, 층간소음으로 출동 시 신고세대 방문을 통해 상황 파악 후 단순 층간소음에 해당할 경우 계도하고, 상호 대화를 통한 근본적 문제 해결 의지가 있는 경우 각 당사자 동의를 전제로 회복적 경찰활동을 연계한다.

[표 13-3] 「소음·진동관리법 시행령」 개정

현 행	개선(예시)
제3조(층간소음 관리 등) ① 환경부장관은 법 제21조의2 제2항에 따라 다음 각 호의 어느 하나에 해당하는 기관으로 하여금 층간소음의 측정, 피해 사례의 조사·상담 및 피해조정지원을 실시하도록 할 수 있다. 1. 「한국환경공단법」에 따른 한국환경공단(이하 '한국환경공단'이라 한다.) 2. 환경부장관이 국토교통부장관과 협의하여 층간소음의 피해 예방 및 분쟁 해결에 관한 전문기관으로 인정하는 기관	**제3조(층간소음 관리 등)** ① 환경부장관은 법 제21조의2 제2항에 따라 다음 각 호의 어느 하나에 해당하는 기관으로 하여금 층간소음의 측정, 피해 사례의 조사·상담 및 피해조정지원을 실시하도록 할 수 있다. 1. 「한국환경공단법」에 따른 한국환경공단(이하 '한국환경공단'이라 한다.) 2. 환경부장관이 국토교통부장관과 협의하여 층간소음의 피해 예방 및 분쟁 해결에 관한 전문기관으로 인정하는 기관 3. 지방자치단체(신설) 4. 한국토지주택공사(신설)

[표 13-4] 「지자체 공동주택관리 조례」 개정

현 행	개선(예시)
제2조(적용범위) 이 조례는 「주택법」 제49조에 따른 사용검사를 받은 공동주택에 적용한다. **제10조(조정의 기간 등)** ① 위원회는 제9조 제1항에 따른 분쟁의 조정신청을 받은 날로부터 60일 이내에 이를 심사하여 조정안(별지 제3호 서식에 의한다.)을 작성하여야 한다. 다만, 부득이한 사정이 있는 경우에는 위원회의 의결로 그 기간을 연장할 수 있다.	**제2조(적용범위)** 이 조례는 「공동주택 관리법」 제2조 제1항 제1호에 따른 공동주택에 적용한다. **제10조(조정의 기간 등)** ① 위원회는 제9조 제1항에 따른 분쟁의 조정신청을 받은 날로부터 30일 이내에 이를 심사하여 조정안(별지 제3호 서식에 의한다.)을 작성하여야 한다. 다만, 부득이한 사정이 있는 경우에는 위원회의 의결로 그 기간을 연장할 수 있다.

③ 야간 수면권을 방해하는 층간소음에 대한 제재 마련

층간소음 분쟁조정에 대해 조정을 거부하고 지속적으로 소음을 유발하는 행위에 대한 과태료 부과 규정을 마련한다. 즉, 야간(22:00~06:00)에 휴식·수면권을 침해하는 과도한 소음유발 행위에 한해 엄격히 제한할 필요가 있으며, 가급적 소음유발 행위에 대한 자제 유도를 위해 층간소음 기준을 최초 위반 시 경고 조치하고 이후에도 개선이 안 되는 경우 과태료를 부과한다.

[표 13-5] 「소음·진동관리법 및 동법 시행령」 개정

현 행	개선(예시)
제60조(과태료) ③ 다음 각 호의 어느 하나에 해당하는 자에게는 200만 원 이하의 과태료를 부과한다. 1.~2. (생략) 2의2. 제21조 제2항에 따른 생활소음·진동 규제기준을 초과하여 소음·진동을 발생한 자	**제60조(과태료)** ③ 다음 각 호의 어느 하나에 해당하는 자에게는 200만 원 이하의 과태료를 부과한다. 1.~2. (생략) 2의2. 제21조 제2항에 따른 생활소음·진동 규제기준을 초과하여 소음·진동을 발생한 자 2의3. 제21조의2 제3항에 따른 층간소음 범위와 기준(야간 소음기준을 초과한 경우에 한정한다.)을 초과하여 소음·진동을 발생한 자(신설)

[표 13-6] 「주택건설기준 등에 관한 규정」 개정

현 행	개선(예시)
제14조의2(바닥구조) 공동주택의 세대 내의 층간바닥(화장실의 바닥은 제외한다. 이하 이 조에서 같다.)은 다음 각 호의 기준을 모두 충족하여야 한다. 1. (생략) 2. 각 층간 바닥충격음이 경량충격음(비교적 가볍고 딱딱한 충격에 의한 바닥충격음을 말한다.)은 49데시벨 이하, 중량충격음(무겁고 부드러운 충격에 의한 바닥충격음을 말한다)은 49데시벨 이하의 구조가 되도록 할 것	**제14조의2(바닥구조)** 공동주택의 세대 내의 층간바닥(화장실의 바닥은 제외한다. 이하 이 조에서 같다.)은 다음 각 호의 기준을 모두 충족하여야 한다. 1. (생략) 2. 각 층간 바닥충격음이 경량충격음(비교적 가볍고 딱딱한 충격에 의한 바닥충격음을 말한다.)은 48데시벨 이하, 중량충격음(무겁고 부드러운 충격에 의한 바닥충격음을 말한다)은 48데시벨 이하의 구조가 되도록 할 것

(3) 바닥 성능검사 기준 강화 및 하자보수 도입

① 바닥충격음 성능검사 기준 강화

공동주택 세대 내 바닥성능기준을 현 수준 평균치보다 상향해 거주자의 바닥충격음 만족도 향상 및 건설사의 충격음 차단성능 기술 개발을 적극 유도한다. 즉, 층간소음 기준을 강화하고자 하는 취지 달성을 위해 새로운 층간소음 측정방식 도입에 따른 평균결과값보다 최소한 상향기준을 제시하는 것이 취지에 부합하는 것이다.

② 하자 기준에 바닥성능 기준 추가 및 하자담보 기간 마련

시공 후 기능상 문제인 바닥구조 기준미달을 하자판정 기준에 포함해 건설사가 성능 기준을 반드시 준수하도록 이행을 담보할 필요가 있으며, 건축소재 변화에 따른 성능 감소로 인한 피해 예방을 위해 일정기간(3년 이상)을 하자담보 책임기간으로 설정한다.

[표 13-7] 「공동주택 하자의 조사, 보수비용 산정 및 하자판정기준」 개정

현 행	개선(예시)
제42조(지하주차장) ① 설계도서와 달리 주차 및 주행로 폭이 확보되지 아니한 경우에는 기능상, 안전상 지장을 초래하는 변경시공자로 본다. (이하 생략)	**제42조(지하주차장)** ① 설계도서와 달리 주차 및 주행로 폭이 확보되지 아니한 경우에는 기능상, 안전상 지장을 초래하는 변경시공자로 본다. (이하 생략) **제43조(층간바닥)** ① 「주택법」에 따른 바닥구조 기준에 미달하는 경우에는 시공하자로 본다.(신설)

[표 13-8] 「공동주택 분양가격의 산정 등에 관한 규칙 별표 1의3」 개정

현 행	개선(예시)
건축비 가산비용의 항목별 내용 및 산정 방법 5. 인텔리전트설비(홈네트워크, 에어컨냉매배관, 집진청소시스템, 초고속통신특등급, 기계환기설비, 쓰레기이송설비, 「스마트도시 조성 및 산업진흥 등에 관한 법률」 제12조에 따른 사업시행자가 설치하는 같은 법 제2조 제3호가목 및 나목에 따른 스마트도시기반시설로 한정한다.)의 설치에 따라 추가로 소요되는 비용	**건축비 가산비용의 항목별 내용 및 산정 방법** 5. 인텔리전트설비(홈네트워크, 층간소음관리시스템(신설) 에어컨냉매배관, 집진청소시스템, 초고속통신특등급, 기계환기설비, 쓰레기이송설비, 「스마트도시 조성 및 산업진흥 등에 관한 법률」 제12조에 따른 사업시행자가 설치하는 같은 법 제2조 제3호 가목 및 나목에 따른 스마트도시기반시설로 한정한다.)의 설치에 따라 추가로 소요되는 비용

③ IOT 기반 층간소음관리시스템 도입

층간소음 분쟁을 사전에 예방하기 위해 소음기준 초과 시 자동으로 데이터를 입주세대에게 제공해 소음 발생을 자제하도록 IOT 기반 층간소음 관리시스템을 설치하며, 소요비용은 건축비 가산비용에 포함시킨다. 특히 시스템 도입을 통한 소음 발생 자제 외에도 실제 소음원을 명확히 파악해 분쟁 조정을 위한 객관적 자료로 활용하는 효과도 기대할 수 있다.

이상과 같은 개선 방안을 조치하기 위해서 환경부, 국토교통부, 경찰청, 지방자치단체 등 대상 기관별로 조치사항 및 조치기한을 설정하여 시행하도록 하였다.

조치사항 중 주요 과제는 층간소음 기준 강화, 층간소음 분쟁조정에 대한 강화 및 소음기준(야간) 초과에 대한 제재 마련, 하자보수 도입 등을 설명하고 있다. 이러한 개선방안을 실천하여 아름다운 이웃 간의 삶에 질을 높이는 것이 중요하다.

참고문헌

국내문헌

강선미 · 김승인(2014). 공동주택 거주자들을 위한 커뮤니티 활성화 방안 연구-층간 소음 분쟁해결을 중심으로. 디지털디자인학연구 14(2). 한국디지털디자인학회.

권희재(1985). 동서양의 인간가정에 대한 비교 논의 : 성숙과정 인간모형의 제시. 한국행정학보 19(1). 한국행정학회.

김교헌(2000). 분노 억제와 고혈압. 한국심리학회지 건강 5(2). 한국심리학회.

김민지 · 장성욱(2020). 국내 스마트하우스 연구사례를 활용한 층간소음 문제해결 방안. 대한기계학회 춘추학술대회 2020(12). 대한기계학회.

김재수(2013). 소음진동학. 세진사.

김진영(2018). 사회자본과 층간소음 갈등. 한국정책학회보 27(2). 한국정책학회보 학술저널.

김태민 외(2016). 공동주택 층간소음 저감 방안-통계적 에너지 해석기법의 적용 연구. 한국소음진동공학회 학술대회논문집 2016(4). 한국소음진동공학회.

김해숙(2014). 주민참여가 주거만족에 미치는 영향. 국토연구 통권 제83권. 국토연구원.

박광현(2015). 소음에 관한 형사법적 고찰-층간소음 분쟁을 중심으로. 법학연구 18(3). 인하대학교 법학연구소.

박광현(2020). 층간소음분쟁 해결을 위한 형사법적 접근. 법학논총 제46집. 숭실대학교 법학연구소.

박미진(2016). 층간소음의 환경적 특성에 관한 연구: 바닥충격음의 성능측정을 중심으로. 한국주거환경학회논문집 14(1). 한국주거환경학회.

박영민 외(2013). 층간소음 관리를 위한 기초연구. 한국환경정책평가연구원.

박영민 외(2014). 층간소음 분쟁 완화를 위한 관리방안 연구. 한국환경정책평가연구원.

박철규(2018). 이웃 분쟁, 이렇게 해결하자 : 이웃갈등, 층간소음, 학교폭력, 공공갈등. 밥북.

방경식 · 이준호(2015). 공동주택층간소음 피해자의 대응태도. 한국주거환경학회논문집 13(2). 한국주거환경학회.

서수균(2004). 분노와 관련된 인지적 요인과 그 치료적 함의. 서울대학교 박사학위논문.

송경렬 · 이재우 · 최일문(2019). 환경분쟁 해결에 관한 인과성 분석 : 층간소음 분쟁사례를 중심으로. 행정논총 57(4). 서울대학교 한국행정연구소 행정논총 학술저널.

송한솔(2019). 흡음형 천장재의 바닥충격음 저감효과. 전남대학교 석사학위논문.

신형석(2014). 공동주택 층간소음분쟁의 효과적 해결을 위한 법적 소고. 아주법학 8(2). 아주대학교 법학연구소.

신혜경(2023). 층간소음 모니터링과 건강영향 연구. 소음진동 33(2). 한국소음진동공학회.

심수명(2009). 분노치료 : 건강한 분노표현을 위한 길잡이. 다세움.

심유진(2008). 청소년의 분노경험과 학교폭력 가해행동의 관계에서 분노사고의 매개효과. 숙명여자대학교 석사학위논문.

안정미(2013). 청소년들의 분노조절능력 및 공격성에 미치는 분노경험영역과 분노반응전략의 영향. 한서대학교 박사학위논문.

원혜욱(2006). 외국의 회복적 사법제도의 고찰을 통한 한국 소년사법정책의 방향. 피해자학연구 14(1). 한국피해자학회.

유양희(2019). 공동주택 층간소음분쟁에 관한 법적 연구. 한국방송통신대학교 석사학위논문.

유흥재(2014). 共同住宅層間騷音에 관한 法的研究. 광운대학교 석사학위논문.

이근배(2008). 분노기분에서의 반추사고와 반추초점의 효과. 경북대학교 박사학위논문.

이순배(2021). 분노관리 융합과 소통의 이해. 교문사.

이은기(2009). 영국의 소음규제 법제. 환경법연구 31(3). 한국환경법학회.

이재원(2013). 공동주택 층간소음 실태 및 현황. 소음진동 23(3). 한국주택협회.

이종덕(2018). 층간소음에 대한 민사법적 검토-민법 제217조 생활방해를 중심으로. 법조 67(4). 법조협회.

이철한 · 장도환 · 송우석(2014). 층간소음이 부른 피의 비극. 제27회 사단법인 한국화재조사 학회지 춘계학술대회. 사단법인 한국화재조사학회.

이현욱(2023). 공동주택관리분쟁조정위원회를 통한 층간소음 분쟁 해결 방안에 관한 소고. 변호사 제55집. 서울지방변호사회.

전겸구(2010). 똑똑하게 화를 다스리는 법. 21세기북스.

전요섭 · 황미선(2007). 생활 속의 심리효과. 좋은나무.

정갑철(2014). 층간소음공해 저감을 위한 층간차음재 개발 및 현장적용 평가. 한국산업기술평가관리원.

정정호(2013). 층간소음 해외기준 및 측정평가 방법. 소음진동학회지 23(3). 한국소음진동학회.

조성일 외(1990). 소음폭로가 일부 지역주민의 건강에 미치는 영향에 대한 연구. 한국역학회지 12(2). 한국역학회.

조의행(2013). 영국의 층간소음 관련법령과 적용사례. 외국법제동향 제7호. 한국법제연구원.

최명희(2007). 분노의 심리적 과정과 치료에 관한 연구. 국제신학대학원대학교 석사학위논문.

최성일 · 김중술 · 신민섭 · 조맹제(2001). 분노표현방식과 우울 및 신체화 증상과의 관계. 대한신경정신의학회.

최준혁(2014). 사전예방 중심의 형사정책 : 예방의 의미, 방법, 한계에 관하여. 형사정책연구 98. 한국형사정책연구원.

한영란 외(2022). 최신 지역사회보건간호학. 현문사.

국외문헌

Anderson, A. C. & Bushman, B. J.(2002). Human aggression. Annual Review of Psychology, 53, 27-51.

Averill, J. R.(1982). Anger and aggression : an essay on emotion. New York : Springer-Verlag.

Bandura, A.(1989). Human agency in social cognitive theory. American Psychologist, 44(9), 1175-1184.

Bandura, A.(1999). A social cognitive theory of personality. In handbook of personality, ed. L, Pervin, O.

John. 154-96. New York : Guilford. 2nd.ed.

Bandura, A.(2001). Social cognitive theory : an agentic perspective. Annual Review of Psychology, 52, 1-26.

Beck, A. T.(2000). Prisoner of hate : the cognitive basis of anger, hostility and violence. New York : Pernnial.

Berkowitz, L.(1989). The frustration-aggression hypothesis : examination and reformulation. Psychological Bulletin, 106, 59-73.

Bowlby, J.(1958). The nature of the child's tie to his mother. International Journal of Psychoanalysis, 39, 35.

Crabb, L. J.(1984). Basis principles of biblical counseling, Melbourne : S. John Bacon.

Davitz, J. R. Davitz. L. J. & Lorge, I.(1969). Terminology and conceps in mental retardation, New York : Teachers College Press.

Ellis, A.(1995). Changing rational-emotional therapy(RET) to rational emotive behavior theory(REBT). Journal of Rational-Emotive and Cognitive-Behavior Therapy, 13, 85-89.

Fava, M. & Rosenbaum, J. F.(1998). Anger attacks in depression. Depression and Anxiety, 8(1), 59-63.

Freud, S.(1923). The ego and the id. Standard Edition of the Complete Psychological Works of Sigmund Freud. vol. XIX. London : Hogarth Press.

Hazebroek, J. F., Howells, K. & Day, A.(2001). Cognitive appraisals associated with high trait anger. Personality and Individual Differences, 30(1), 31-45.

Howard, K. & Raymond, C. T.(2002). Anger management: the complete treatment guidebook for practitioners, Atascadero, CA : Impact.

Izard, C. E.(1991). Human emotion. New York : Plenum Press.

Jones, S. L.(1986). Psychology and the Christian faith : an introductory reader, Grand Rapids, Mich. : Baker Book House.

Lyubomirsky, S. & Nolen-Hoeksema, S.(1993). Self-perpetuating properties of dysphoric rumination. Journal of Personality and Social Psychology, 65(2), 339-349.

McAll, K.(1982). Healing the family tree : his amazing gift to cure the "incurable" told in. London : Sheldon Press.

McMinn, M. R. & Philips, T. R.(2001). Care for the soul : exploring the intersection pf psychology & theology, Downers Grove, Ill. : InterVarsity Press.

Novaco, R. W.(1979). The cognitive regulation of anger and stress. In P.C. Kendall & S. D. Hollon(Eds.), cognitive behavioral interventions, theory, research and procedures. New York : Academic Press.

Novaco, R. W.(1994). Anger as a risk factor for violence among the mentally disordered. In Monahan, J. & Steadman, H. j. (Eds). Violence and mental disorder. Chicago, Ill : The University of Chicago Press.

Papageorgiou, C. & Wells, A.(2004). Nature, functions, and beliefs about depressive rumination. In C. Papageorgiou & A. Wells (Eds.), Depressive Rumination: nature, theory and treatment (pp. 3-20). Hoboken, NJ : John Wiley & Sons.

Parrott, L.(1994). A counseling guide: helping the struggling adolescent, adolescence, 29(1), 248.

Potter-Efron, R. T.(2007). Rage : a step-by-step guide to overcoming explosive anger. 전승로 역(2014). 《욱하는 성질 죽이기 : 행복하고 싶으면 분노를 조절하라》. 다연.

Prochaska, J. O. & DiClemente, C. C.(1983). Stages and processes of self-changing of smoking : toward an integrative model of change. Journal of counseling and clinical psychology, 51, 390-395.

Spieberger, C. D. Jacobs, G. A., Russel, S. & Crane, R. S.(1983). Assessment of anger: the state-trait anger scale. Advance in Personality Assessment, 2, 159-187.

Suinn, R.(2001). The terrible twos-anger and anxiety : hazardous to your health. American Psychologist, 56(1), 27-36.

Tarvis, C.(1989). Anger : the misunderstood emotion. New York : Simon & Schuster.

Zaitsoff, S. L., Geller, J. & Srikameswaran, S.(2002). Silencing the self and suppressed anger : relationship to eating disorder symptoms in adolescent females. European Eating Disorders Review, 10(1), 51-60.

姜淳柱(2007). 環境共生認證集合住宅 の居住者 と管理者の評論 : 韓國のS 集合住宅團地 を中心 に, 都市住宅学, Vol. 2007 No. 59, 社団法人都市住宅学会.

蒙衡(2009). 中德儿童行为问题极其影响因素的跨文化比较研究, 博士学位学文, 华中科技大学.

기 타

공동주택 층간소음, 온라인 설문결과, 국민권익위원회(2013. 12.)

공동주택 층간소음 개선방안, 국토교통부 보도자료(2022. 8. 18.)

공동주택 층간소음 해소방안 연구, 한국건설기술연구원(2019.)

공동주택 층간소음 해소방안, 국토교통부 보도자료(2023. 11.)

공동주택 층간소음 현황과 개선과제, 국회입법조사처(2022. 5. 18.)

공동주택 층간소음의 범위와 기준에 관한 규칙(약칭 : 공동주택층간소음규칙) [시행 2023. 1. 2.] [환경부령 제 1019호, 2023. 1. 2., 일부 개정]

공동주택 행복지킴이, 중앙공동주택관리 분쟁조정위원회.

공동주택관리법[시행 2024. 1. 1.] [법률 제18937호, 2022. 6. 10., 일부 개정]

브릿지 경제(2023. 12. 12.)

소음 · 진동 공정시험기준 공동주택 내 층간소음 측정방법(ES 03305.1.2022.)

소음 · 진동관리법[시행 2024. 1. 30.] [법률 제20172호, 2024. 1. 30., 타법 개정]

주택건설기준 등에 관한 규칙(약칭 : 주택건설기준규칙)[시행 2023. 12. 11.] [국토교통부령 제1282호, 2023. 12. 11., 일부 개정]

층간소음 갈등 해소방안, 국민권익위원회(2022. 10.)

층간소음 갈등–어린이 대상예방교육으로 해소, 환경부(2015. 5. 11.)

층간소음 사라질까, Market Analysis(2022)

층간소음 정책 협의체 출범, 국토교통부 보도자료(2023. 7. 26.)

층간소음상담매뉴얼 및 민원 사례집 Ⅶ, 환경부 · 한국환경공단(2024. 1. 15.)

화이트 페이퍼(2024)

환경분쟁 조정법[시행 2021. 4. 1.] [법률 제17985호, 2021. 4. 1., 일부 개정]

참고 사이트

공동주택관리법(www.lawnb.com)

국가소음정보시스템(https://www.noiseinfo.or.kr/index.jsp)

다음백과(https://100.daum.net/encyclopedia/view/47XXXXXd1126)

세계보건기구(WHO), 환경소음 가이드라인, 2018(www.who.int)

소음 · 진동관리법(www.law.go.kr)

위클리뉴스(https://www.weeklynews.me)

이코리아(https://www.ekoreanews.co.kr)

인구주택총조사, 통계청(https://kostat.go.kr)

주택법(www.lawnb.com)

중앙 공동주택관리 분쟁조정위원회(https://namc.molit.go.kr/cmmn/main.do)

중앙 환경분쟁조정위원회(https://ecc.me.go.kr/front/user/main.do)

중앙공동주택관리지원센터(myapt.molit.go.kr)

층간소음 이웃사이센터(https://floor.noiseinfo.or.kr/floornoise/)

2025 인구주택총조사(https://www.census.go.kr/mainView.do)

찾아보기